商务印书馆（上海）有限公司　出品
The Commercial Press (Shanghai) Co.Ltd

学术史讲义

给硕士生的七堂课

葛兆光 著

商务印书馆
The Commercial Press

图书在版编目（CIP）数据

学术史讲义：给硕士生的七堂课 / 葛兆光著. —北京：
商务印书馆，2022（2023.6重印）
（葛兆光讲义系列）
ISBN 978 － 7 － 100 － 19427 － 3

Ⅰ.①学…　Ⅱ.①葛…　Ⅲ.①学术思想 — 思想史 —
中国 — 古代　Ⅳ.①B2

中国版本图书馆 CIP 数据核字（2021）第023720号

学 术 史 讲 义
给硕士生的七堂课

葛兆光　著

商 务 印 书 馆 出 版
（北京王府井大街36号　邮政编码 100710）
商 务 印 书 馆 发 行
上海盛通时代印刷有限公司印刷
ISBN　978 － 7 － 100 － 19427 － 3

2022年9月第1版　　　开本 670×970　1/16
2023年6月第2次印刷　　印张 17½

定价：68.00元

"葛兆光讲义系列"·说明

我对大学人文学科的教学，曾经有个说法，"给大学生常识；给硕士生方法；给博士生视野"，很多朋友引用过，觉得我讲得有那么一点儿道理。不过，说归说，做归做，真正能够按照这种方式上好课，却没那么容易。我在不同的大学讲了三四十年的课，也换着各种主题讲过很多门课，也曾尽力通过讲课实践这种理想，所以，准备课程和撰写讲义，要占去我大部分工作时间。不过，也因此从讲义到著作，出版了不少论著，包括我的《中国思想史》两卷本和《思想史研究课堂讲录》三卷本，其实原本都是讲义。尽管钱锺书先生曾经在《围城》里很讽刺这种拿"讲义当著作"又拿"著作当讲义"的车轮战法，可能那是因为他不必总在大学讲课的缘故。

我有一个基本固定的讲义撰写模式。为了准备讲课，我常常用纸笔先写详细的大纲，然后在这些大纲上，贴满各种抄录了史料或心得的签纸；在讲述一两轮之后，便把这些五颜六色乱七八糟的纸本，转录成电脑格式的文本，接着再把它打印出来，在天头地脚左边右边批注种种文字，并且继续贴满修补的签纸。这样经过三五轮增补和删订后，就成为最终的讲义，而我在完成了最终讲义之后，也就不再讲这门课了。为什么？因为既然已经完成，自己也已经没有新鲜感了，这就仿佛《世说新语》里说的王子猷雪夜访问戴逵，"吾本乘兴而行，兴尽而返，何必见戴?"其实，好的讲课人自己讲述也是要"乘兴而行，兴尽而返"的，那种凭一本讲义照本宣科讲几十年的事儿，我还真做不来。

讲义和著作毕竟不同。著作可能需要有思想和新见，而讲义最重要的不仅要明白，还要有知识。这个"葛兆光讲义系列"，收录了我多年讲课讲义的最终修订稿。除了已经丢失的《中国史学史讲稿》，已经由三联书店出版的《思想史研究课堂讲录》（三册）之外，这个系列大概应该包括以下若干种讲义，即针对大学通识课程的《中国经典十种》和《宋代文学十讲》，针对大学历史系本科生的《古代中国文化讲义》和《古代中国艺术的文化史》，针对硕士生的《学术史讲义——给硕士生的七堂课》，以及针对博士生的《亚洲史的研究方法——以近世东部亚洲海域为中心》。以上这些讲义，正在陆续整理出版中，如果还有余力，那么这个系列中也许还应该有一本给博士生的《亚洲中古宗教、思想与文化的交流》。

特此说明如上。

2021 年 4 月

目 录

开场白

　　这一门课前后开了近二十年，最早是十几年前给清华大学历史系的硕士生开的，后来在台湾的暨南国际大学讲过一学期，现在，又来给复旦大学的硕士生开。

　　"古代中国学术史研究"这门课，主要讲有关古代中国的学术研究的历史、应当掌握的学术方法，以及中国学术从传统到现代的转化。在十几年里面，我一直在反复修订这份讲义，做三件事情，第一是补充材料，第二是调整脉络，第三是添加例证。但是，我要跟你们说，在准备和修改这份讲义的时候，我脑子里面主要考虑的，是怎样改变现在文史类硕士研究生的教学方式，怎么样才能让刚刚进入硕士阶段的研究生，了解什么是中国学术，什么叫作"学术研究"？

　　我一直讲，"给大学生常识，给硕士生方法，给博士生视野"，读硕士生期间，是一个转型关节，为什么呢？因为这个时候，你开始从收入到产出，不再仅仅是学习，而且要创造了，否则怎么叫"研究"生呢？所以，学习怎样研究，研究有什么方法，就显得很重要了。而学术史就是告诉你，在你之前的人，是怎样研究的。当然，对不同领域的人来说，学术史是不一样的。比如中国民族史研究领域的研究生，你要了解的是从梁启超、蒋智由、刘师培到王桐龄、林惠祥、吕思勉，一直到江应樑、马长寿这些学者的研究；而思想史研究领域的呢，就要了解从梁启超、胡适、冯友兰、侯外庐，一直到李泽厚这些人的著作；而艺术史研究领域的，就得了解大村西崖、陈师曾、滕固，到方闻、高居翰等人的观点。归根结底，就是（一）观察前人做了什么，（二）前人怎么做的，（三）谁做得好谁做得不好，（四）谁的研究是典范，（五）还有什么地方什么课题可以做。

这样，你得多读书，包括古往今来各种人的著作。也就是说，我希望在这门课里，让研究生尽可能多地阅读最基本的历史文献和最经典的学术论著，也希望你们能够切实地理解三点：（1）目前学术界的心情和思路。这里所谓"心情"，是来自社会关怀和现实感受，它可能是学术研究的问题意识的社会背景和知识背景，它刺激着研究某个问题的冲动。这里所谓"思路"，包括了观察问题的角度，思考问题的预设、趋向和途径，分析问题的理论和方法，以及查找材料的范围等。（2）能够知道中国学术界有什么困惑和问题，你们将面对的学术瓶颈是什么样的。不了解这一点，你就不知道从哪里用力。（3）能够想一想，在古代中国思想、学术和文化史研究方面，为什么有些能够产生影响的问题和话题，不是来自我们，而总是来自欧美和日本。

下面我讲几个和学术史相关的问题，也交代一下课程的设想和内容。

一、重新给"学术"／"学术史"确定边界

大家都知道，叫作学术史的著作很多，但是我们有一种习惯，是不分"学术"和"思想"，笼统地把思想、文化和学术，都写进学术史里面。1999年，我给钱锺书先生主编，实际上是朱维铮先生编的《中国近代学术名著》十卷本写过一个评论，这套书编得很好，但我不太同意把这套

书叫作"学术"名著。原因是什么呢？因为"思想"与"知识"，或者说"思想"与"学术"，在现代研究领域里有各自的分野，这是我一直很坚持的观念，这套书名为"学术"，实是"思想"，朱先生在《编例》里面，明明说的就是"选辑思想学说名著"，这让我对于丛书的书名颇有些异议。

不过，把"思想"和"学术"烩成一锅煮，这也是个老传统，比如1904年梁启超写《论中国学术思想变迁之大势》，就是把"学术"和"思想"混在一起的，1905年刘师培写《周末学术史序》，也是用"学术"包括了"思想"。大家最熟悉的，当然是梁启超和钱穆那两部《中国近三百年学术史》，思想和学术不分。后来比如1932年、1935年刘汝霖编《汉晋学术编年》《东晋南北朝学术编年》，也是这样，很多人都不怎么区分思想和学术两者的界线。这些年来的几套大书，比如李学勤主编《中国学术史》（江西教育出版社，2001年）十一卷，张立文主编《中国学术通史》（人民出版社，2004年）六卷，最近的梅新林、俞樟华主编《中国学术编年》（华东师范大学出版社，2013年）十二册，大概都是思想史和学术史交织在一起，不怎么严格区分的。大体上，上古轴心时代思想学术的独立和繁荣，秦汉统一时代主流文化的选择与儒学正统地位的确立，中古佛教传入以及思想世界的变化，隋唐佛教成熟与禅宗兴起以及三教合流，宋明理学兴盛以及程朱、陆王之学的分歧，清代考据学的发展，等等，这些在所谓"学术史"的书里有，在所谓"思想史"的书里也有。

这是什么原因？我想原因有两方面。一方面是传统中"经学即理学"观念的影响，好像谈论思想不能"游谈无根"，所以要有学术打底，所以学术与思想不能分开；另一方面是现代中国大学里面，还没有对"思想史"和"学术史"做出一个理性、清晰和简单的界说，所以，往往混成一团。

先说第一点。"经学即理学"，是顾炎武特别强调的。为什么？古代都要"依经说义"，没有经典支持，道理说也白说，所以，经学传统里面的音韵、训诂、考证、注释这些看上去很技术很专业的"学术"，就成了阐发新"思想"的基础，没有学术的思想，叫作"空疏不学"，明代后期心学就被这样批评的嘛。顾炎武强调这一点，是针对明代后期的思想世界，没有经学知识的基础。的确，在古代中国，学术往往是思想的背景，学术也常常会支持，或者瓦解着思想甚至意识形态。举两个例子：

1. 清代的"考据学"。大家看江藩的《汉学师承记》，它写于1818年，当时记载的，好像只是一些有关"汉学"或"考据学"的人物和历史，但是，后人却从里面看到，清代的经史考据之学，一方面呈现了清朝"统治者实行文化分裂"的策略，以及对"本族汉化的忧虑"，另一方面更呈现了知识背景对于思想转型和演化的意味。朱维铮先生提醒说，"正是这班迂阔的书生，写出来的解经考史的种种论著，分开来看无不支离破碎，合起来看则可说此一拳，彼一脚，将五百年来高踞庙堂的'正学'，摧残得百孔千疮"（《汉学师承记·导言》）；"清代汉学家们的类似考证，大都近于琐碎饾饤，但汇聚起来，则使所谓圣贤经传，显出各属中世纪不同时期的历史产物的本相，因而其中教义，并非得自孔门嫡传的原教旨"（《訄书·导言》）。

2. 十九世纪后半的康有为，他的《新学伪经考》就通过文本考据的技术，"首先设定，清朝尊信的儒家经典，大部分不是孔子的本经"，然后用"原始圣经的权威，以打击中世纪经院哲学的权威"（《新学伪经考·导言》），从学术的领域一下子越界到了思想的领域，从历史的考证一下子引出了主流意识的不合理性和原教旨主义的合理性。可是，要想重建思想在理解与解释中的合理性，必须依靠重新建立的知识系统的支持。所以，康有为《实理公法全书》借用欧式几何的方式来推衍人类社会的公理，并支持他的历史与政治思想。这时，学术与思想似乎已经纠缠在一起，当然就很难区分它们的畛域了。

所以，很多人不愿意单提"学术"或"思想"，生怕只讲"学术"好像不够"思想"，光讲"思想"又没有"学术"，连王元化先生都说，要有学术的思想，有思想的学术，所以，"思想"和"学术"就很难单独成为一个领域了。

不过，我们还要看第二点。尽管古代中国的思想和学术往往纠缠在一起，但是到了现代，学术和思想，却常常是分化的。大家注意"分化"这个词，"分化"是现代转型的一个很重要概念。古代就好像没有凿七窍的浑沌，好像《水浒》里面的好汉"没面目焦挺"，最早的时代，自然、社会、人类都互相贯通，就是庄子所说的"道术"还没有被"天下裂"，《国语》里面说的"人为巫史"。但是渐渐"绝地天通"，人神、天地，要靠一批巫史祝宗来沟通，这就有了知识阶层和思想领域。只是自然法则和宗教神学，还在解释和控制着社会和生活，"天理"还在管着"人道"。可是，到了文艺复兴之后的"现代"，进一步分化，更是上帝的归上帝，恺撒的归恺撒，自然的归自然，社会的归社会，公领域归公领域，私领域归私领域，你不能混为一谈。

这种分化，你可以把它称为"现代性"。现在很多学者追时髦，对"现代性"批判得很厉害，可是你要承认，正是现代，使得各种领域各种学科的重新划分，在认识领域确实是一个很大的变化，它使得很多不同领域的知识，重新呈现、重新组合、重新认识，于是，好多过去在边边角角、犄角旮旯的东西，从边缘走向中心，从暗昧走向敞亮，于是成了新思想、新文化的资源。特别是现代学术，在现代的学院制度中，"小学"和"大学"分家了。它一方面越来越强调客观性、独立性，使它也被称为"科学"；一方面则强调分化，重新划分它们各自的归属。所以，当古代中国的经史子集，在近代被重新划分为文学、历史、哲学，很多混在一起的古代知识、思想和信仰，就要被区分开来了。所谓"文史不分"，当然既是过去的传统也是现在的理想，但是如果很多东西混成一团，恐怕既看不到新问题，也不好做新研究。就以"思想"和"学术"来说，我觉得有不一样的地方，"思想"没有好坏（它的好坏要看它对于当时社会、政治、生活的诊断，是否公平、正确和有效，它作为意识形态和常识世界，会带来什么后果），也谈不上进步（时代不同，提出的药方也不同，这个药方和那个药方不好比较），但是"学术"既有好坏，也有进步。

所以，我一方面同意，古代中国（其实全世界都一样）思想与学术有极其密切的关联，思想史、哲学史不关心知识领域，不管实际世界的"经验""技术""材料"，不考虑那个时代人们感觉世界中的万物"类别"，确实是不对的。我的《中国思想史》为什么要叫"知识、思想与信仰世界"，就是这个原因。但是，另一方面，我也觉得，思想史和学术史可以适当分家，学术史尤其是现代学术史，确实可以处理一些属于"知识"领域的东西。所以我觉得，学术史应该有它自己的研究领域、研究对象和研究方法。

可是，很长时间里面，"学术史"的面目是暧昧含混的。

二、什么才是学术史？九十年代学术史热中的问题

大家知道，1990年代，中国学界有一个学术史热，就是李泽厚讲的，"学问家上天，思想家落地"。我曾经在日本的《中国：社会と文化》杂志上写过一篇文章说，中国历史学界，自从1980年代以来，经历了1980年代的文化史热、1990年代的学术史热和2000年代的思想史热。1990那个时代，大家知道，由于经历了一个1989年的风波，思想世界很压抑，因此在学术界文化界，通过"学术"讨论"政治"，大家推崇的象征性人物，变成了王国维、陈寅恪等学者，这一点大家都可以感受到。我本人也算是这一波"学术史热"的推动者，我写过有关沈曾植、王国维、吴宓、陈寅恪的文章，大家看《余音》那本书就知道了。在当时，好像也确实起了一定的推波助澜作用。

但是，现在回想起来，1990年代这一波所谓的"学术史热"，还有不

少值得反思的问题。

第一个问题，是有人把学术史变成怀旧、抒情和对现实政治的批判。比如对王国维投湖自尽故事的追忆，对陈寅恪不奉马列的坚定立场的仰慕，对胡适温和自由主义立场的追捧，以及对冯友兰曲学阿世的贬斥等等。这些有它时代的合理性，但它并不是严格意义上的学术史，毋宁说是思想史（也有人说是"生命史"或"精神史"）。当然，现在又出现一个新趋势，就是把学术史，变成学术八卦史，专门去搜集各种各样的学术八卦，比如谁与谁有矛盾，谁讽刺过谁，谁瞧不起谁等等。特别是，现在各种学者的日记、书信大量出版，更加引起一些人钻头觅缝、寻章摘句，当学术史的索隐派，拿着放大镜在巨人身上找瑕疵，仿佛成语说的嗜痂成癖，这很无聊。

第二个问题，就是学术史研究者，往往缺乏对学术本身的把握，好像总是在学术之外发议论。很多人研究王国维，集中关心的是他的大清认同（诸如始终留辫子）、他的投湖自尽（究竟是殉清，是畏惧民国，还是与罗振玉儿女恩怨）、他的精神追求（常常引用陈寅恪《海宁王观堂先生纪念碑》碑文中的"独立之思想、自由之精神"）。但是，很少人真正懂得他的学术。比如甲骨文研究，他的《先公先王考》《殷周制度论》，以及辽金蒙元史的研究，有多少人真的懂呢？也有很多人研究陈寅恪，但他们并不真的理解当时学界对于中古史研究以及陈寅恪中古史研究的意义，更不懂得陈寅恪早期蒙古源流和佛教历史研究在所谓"预流"的国际学问中的意义；还有很多人研究陈垣，其实也并不懂得《明季滇黔佛教考》和《清初僧诤记》的好处在哪里；也有人研究胡适，但是，他们真的懂胡适的禅宗史研究吗？要了解胡适的禅宗史研究，恐怕得对二十世纪上半叶敦煌文献与禅宗史学的国际情况有点儿了解才行。我们不妨举一个例子，假定有人从学术史上研究周一良先生，他的《毕竟是书生》和《唐代密宗》《牟子理惑论时代考》《乞活考》，哪一个更重要呢？

第三个问题，现在研究学术史的学者，恐怕对于现代中国学术的国际环境，以及现代中国学术的国际意义，了解得太不够了。其实，很多中国学术史上的问题，特别是现代的学术，不放在国际学术大背景下，是没有办法了解的。我举几个例子，比如，晚清西北史地之学为什么不能像欧洲日本一样，成为亚洲研究有影响的学问，却成为绝学？又比如，满蒙回藏之学以及西北西南民族之学，为什么在二十世纪逐渐从边缘走向中心？中国考古学为什么从李济开始，就像张光直说的那样，走上民族主义的道路，并且一直在"西来说"和"本土说"之间纠缠？为什么北京周口店猿人、仰韶彩陶、二里头遗址、大汶口龙山文化、安阳殷墟，会这样引人瞩目？中国佛教史研究为什么只有禅宗的历史研究有成绩？为什么从杨文会开始的现代佛教研究，始终不如日本和欧美？

第四个问题是，没有针对当下学术问题，提出新的领域、新的方法、新的思路，而是成为一种"怀旧"和"回忆"。虽然我们并不是说，学术史要有这么实际的"用途"，但是，应当有这样一个意识，就是学术史不仅仅是"历史"，是过去时的"历史"，也是为了当下和未来推动学术研究发展的一门学问。

因此，学术史研究的意义，既不是"怀旧"（批判现实），也不是"表彰"（见贤思齐），而在于知道"一代有一代的问题和方法"。具体一点儿来说，我们要讨论学术史的目的是什么？大概是四个方面——

第一，通过学术史，了解今天我们从事的"现代学术"，是怎样从"传统学术"中转型而来的？也就是说，"学术转型"是一个重点。

第二，通过学术史，了解这一"学术转型"的背景和动力是什么？是域外刺激，是学术制度变化，是新资料新方法的推动，还是政治情势、国家危机和国际环境的作用？

第三，通过学术史，我们要了解当下学术研究的趋向、理论和方法，什么是真正重要的，什么是应当改变的？

第四，通过学术史，我们要看到未来学术发展的方向是什么？什么是"可持续发展"的学术问题，什么是"增长点"的学术领域？

请大家注意，我用了四个"通过学术史"，说明什么？说明"学术史"也是"舍筏登岸"的"筏"，"得鱼忘筌"的"筌"。以前，禅宗有一个故事就叫"指月"，说的是老禅师指着月亮向年轻学者说，这是月亮，可是年轻学者老是看他的指头，老禅师就痛斥他，只知指头，不知月亮。我的意思是，学术史也一样，研究学术史，最终目的是懂得如何做学术，不是仅仅把学术的历史说一遍。当然，指头也是有用的，以前说"点石成金"的故事，人最想要的不是金子，是能够点石成金的指头，如果通过学术史，你学会如何做学问，那也是得到了"指头"。

三、如何学习中国学术史？读基本文献和经典论著

这门课的一开头，我要先讲一个要求，请大家记住，就是我们这门课要以读基本文献和经典论著为中心。

之所以要以基本文献阅读为中心，是因为我深感现在是一个不读书的时代。我不爱参加学术会议，可是近年来被各方朋友苦邀，不得已参加了几个学术会议，在会上突然觉得，要么是我老朽落伍了，要么是学界被发泡剂弄成学术泡沫了。我坐在那里，体会到一种很无奈的新风气，有些人尤其是一些经常出席各种学术秀的人，特别喜欢讲大话空话，一出手就是大理论、大关怀，什么国家与社会、现代性批判、帝国与民族共同体、文化间性、语际交流的衰减与增值等等。但是，常常有点儿像"秀才买驴，书字三纸，不着驴字"，他们总喜欢绕开历史、文献和事实，像水上漂一样。御风而行好是好，像武侠小说中描写裘千仞的一样，可是就是有点儿蜻蜓点水，不知道他说的是中国还是外国，好像含含糊糊，有些似是而

非。说不对吧，又没法抓住具体哪儿不对；说对吧，好像又不着实处。仔细想，原来他不讲历史，不引文献，不讨论事实，原来是一种对批评的自动豁免，滑不溜秋的。但是，更让我担心的是，偏偏有的研究生还特迷这些，因为它很"海"（high）很"酷"（cool），为什么？因为一是免了啃文献的麻烦（天天钻故纸堆多苦呀，可说空话却很方便），二是国际通用（一旦上升到理论高度，就成"国际普遍话语"了，何况这些空话也是从洋人那里稗贩来的，大家互相懂），三是容易在媒体知识水准上得到喝彩（因为要将就观众、迎合大众胃口，媒体只能接受这个水平，喜欢很有"先进性"的东西）。

这让我很担心。其实，古代中国精读文献，是老传统，可是现在学界心浮气躁，反而是欧美人、日本人倒在那儿耐心地读书了。美国芝加哥大学1942年由经济史学家奈福（John U. Nef）创办的社会与思想委员会，它让博士候选人上的基本课程（the Fundamentals）就是读十来部经典，并不包括自己专业的书。日本京都大学人文科学研究所也在二十世纪五十年代以后，常常举办"研究班"，大家一起，多年细读一部书，仔细地翻译、注释、分析，参加的人包括教授和学生。

可是我们呢？过去，我们的各种"文选"、"参考资料"、教材，有些越俎代庖，好多学生习惯了读这些东西，不知道这些东西其实是他人筛过、拣过、嚼过的二手货。现在，很少有人细细地读完整的原始文献了，所以对于文献的常识就不多了。讲两个我自己经验的故事：一次，我让学生去读《鹖冠子》，过了很久，学生来告诉我说，奇怪，为什么《诸子集成》里面没有《鹖冠子》，听了这话，我是哭笑不得，只好反问，谁告诉你《诸子集成》就集了诸子的大成？还有一次，我给学生讲唐代历史和文化的研究方法，希望他们除了两《唐书》、《通鉴》、《全唐文》之外，自己找史料，可是他们中间有人就不知道，在这之外如何找资料。这让我想起邓广铭先生早就讲过的一个故事，就是他去图书馆借《旧唐书》，图书馆员去库里走了一圈，回来说，我们这里都是"新的"，没有"旧的"。

此外，大家还要去读重要的现代学术论著。除了第一手的历史文献，现代学者的一些经典学术论著，也是很重要的。为什么呢？因为第一，它们本身就是构成现代学术史的基本文献，如果说，现代学术史像一个大建筑、一个摩天大楼，那么，这些重要学者的、经典的论著，就是钢筋水泥，是承重墙，是骨架子，才能支撑起这个大楼，其他那些鸡零狗碎的、平庸琐屑的论著，大不了是填充剂，现代学术史上像梁启超、章太炎、王国维、胡适、顾颉刚、傅斯年、陈寅恪，都应当好好看看，至少要选择重要的、经典的东西看看，大体上就了解了现代学术来龙去脉。第二，你还可以"照猫画虎"，学习过去学者是怎样寻找问题、收集材料、撰写论文，以前的人说，"取法乎上"，你学这些好的论著，写出来的哪怕"仅得其中"也行。我以前一直想让研究生仔细揣摩几篇好的文章，比如王国维的《殷卜辞中所见先公先王考》和《殷周制度论》，比如陈寅恪的《天师道与滨海地域之关系》，比如胡适的《说儒》、吕澂的《大乘起信论考证》等等，也许你就会写学术论文了。

可是现在的研究生，只知道依赖网络，这已经很糟糕了。他们往往不看经典的论著，看书是朝着有用的看，看论文是从网上下载，为了写一篇文章，拿了主题词，就在google、Baidu和各种期刊网、资料库上乱找，直接有用的就扒下来，不分高低好坏，结果是什么？"取法乎下"，结果是越来越等而下之。

四、本课程的内容：古代和现代的两个线索

所以，我希望这门课，能够尽量让大家在中国学术、思想和文化史的大关节上，读一些文献资料，所以，我先选了古代几个领域，就是儒家的

经学、先秦诸子学、中古佛教、宋代和明代的理学和心学、清代考据学，请大家细读这一方面的文献，看看有关的论著，我也会做一些讲解，它们分别会涉及：

1.经学史的研究。请大家读一下《大学》《谷梁传》，有兴趣的，还可以读一下《礼记》和《左传》里面的部分，我们要讨论一下，作为学术史的经学史，有什么值得注意的问题和方法。

2.诸子学的研究。主要读一下《太一生水》，有兴趣的还可以多读一些简帛资料，当然，最好再读读诸子文献以及钱穆《先秦诸子系年》。从思想史角度说，《太一生水》是郭店楚简中最引人瞩目的一种，另外上博楚竹书中的《恒先》也很重要，我主要借着它们，来讨论一下过去诸子研究的问题。希望大家想一想，在出土资料越来越多的条件下，我们怎样重建古代中国思想世界的图景。

3.早期佛教史的研究。读《魏书·释老志》，除了介绍中古佛教史的情况，主要通过它与《隋书·经籍志》佛教部分的对比，让大家熟悉一下佛教史文献中的问题。

4.不能漏掉道教，道教是中国本土生长出来的宗教。在东汉末到南北朝时期它逐渐神圣化、组织化和理论化，这才使它能够成为三教之一。其中，《老子想尔注》起了什么作用？它是怎样被发现的？关于这份文献的考证有什么特点？借了这一文献，我们谈谈敦煌资料的重要性，和有关文献考据学的一些知识。

5.唐代禅宗，尤其是神会的研究。读《景德传灯录·神会传》和敦煌本《神会语录》，我之所以要选这个个案，是因为神会的研究，是了解唐代中国禅宗史转折时期的关键，也是中国学界特别是胡适，对禅宗史最重要的贡献，它不仅涉及禅宗史研究的新观念和新方法，还涉及了如何使用敦煌资料。

6.宋明理学的研究。我没有讲宋代，大家如果对宋代程朱学说有兴趣，可以看看余英时先生的《朱熹的历史世界》，也可以看看我给这部书写的长篇评论。这里，我只选了明代王阳明学说来做历史背景的分析，同时我希望大家选读《明儒学案·南中王门学案》，我们主要讨论一下，明代思想史该怎样研究，思想史应当如何重建历史语境，过去的研究里面有什么问题。

7.接下来是清代，我们讲有关学术和思想史上一个人物的研究，我以戴震为个案。请大家特别仔细读《戴震与段玉裁书第九札》。主要通过这个很小的个案，讨论一个问题，就是凡研究一课题，其本身不仅是思想史研究，而历来的研究本身，又构成了学术史，所以，我们也要看"戴震学"的形成和它的论述是怎样形成的。

这七次课，尽可能包括了先秦的儒家、诸子，中古的佛教、道教和禅宗，明清儒家学说和考据之学。也许对于你们来说，这门课有三个作用：第一是读一些基本文献；第二是知道了古代思想文化学术的一些基本问题；第三是了解了一下这些研究领域的基本论著和一般方法。也许，这比起"从头道来"的综述或概论式的讲法，可能会深入一些。

但最后，我还想附带说一句。我总觉得，作为"学术史"，这还不够，近几年我想了好久，觉得研究生还需要了解一下现代学术史。过去，我这门课里面，主要讲的是前面也就是古代的内容，但是实际上，在各个研究领域里面，我们都会涉及现代人的研究，了解到现代人的论著，也会知道一些现代的学者。所以我觉得，还需要对现代学术史有一个系列的了解，否则你还是不知道，为什么这些传统的学术领域，要用现代眼光、现代方法、现代取向和现代规范来研究。

所以，我在上这个课的同时，给大家增加了"现代学术"的阅读部分。虽然课上不讲，但也希望大家课后去读。我挑选八个重要的学者，梁启超、夏曾佑、胡适、王国维、顾颉刚、傅斯年、陈寅恪、钱穆，分别作为新史学的提倡者（梁）、现代历史教科书的写作（夏）、用西方方式整理中国学问（胡）、发现新史料和新问题（王）、现代性和客观性的历史学（顾）、史学就是史料学及民族主义历史学（傅）、中国学术的国际预流（陈）、对传统的温情和强调认同的历史学（钱）等方面的代表。我想以他们为例，让大家看看中国现代学术是怎样建立起来的，我们为什么要用这种现代学术手段和眼光来研究古代思想学术和文化？如果大家有时间读一读，也许更能理解，怎样把古代思想文化领域的研究传统，和现代学术方法嫁接在一起。

教这门课，真是煞费苦心。说老实话，很多老先生教后辈做研究，会让他们按照传统的方法，以经解经，以史证史，做做考证，但是，一般并不注意让他们了解现代学术的积累，这怎么行呢？我认识一位教授，人很好，学问也深，但是，研究生来了，他让他们各自找一个专门领域，一部书一部书地读，一个字一个字地认，绝不允许他们"出位之思"。他始终不告诉他们，这些问题前辈有什么研究，可以供你参考；什么问题已经解决了，不需要再费劲；什么是前人没有涉及，现在还是空白的地方。虽然"不越雷池半步"本身也是一种"始终回到出发点"的方法，但是，你不考虑如何按照现在的学术取向、学术规范、学术方法来做研究，你的成果是否最后在学术史上能留下来，很难说。

所以，你一定得了解二十世纪以来，从传统学术到现代学术的变化。我在这里简单说一下，你要知道，现代学术和传统学术，已经很不一样了，你必须要注意的几大变化，我在我的《余音：学术史随笔选》序言里已经说过，变化就是以下四个：时间缩短，空间变大，史料增多，问题复杂。大家可以去看看，我这里就不仔细讲了。

好了，如果你对现代学术史有一些了解，你就会知道，现代学术和传统的经学、子学、佛学、理学、考据学，其实不一样了。这样，你把传统的和现代的两个学术史合在一起，就既对古代学术有所了解，又对现代研究有所了解了。

今天的引言，讲的就是这些，下面，我们要一个一个地进入正题。

第一讲

经学史的研究方法

引言：经学衰，经学史兴

好多年前，我到台湾访问，曾经在"中研院"中国文哲研究所参加一次座谈，座谈中间，有一位很熟悉的台湾学者批评说，1949年以后，大陆经学传统就断掉了，没有人研究经学和经学史了，这是政治干预的结果，把经学当封建意识形态抛弃了。

这个批评虽然有一定的道理，但是问题却看得太表面，既没有把经学和经学史区分开，也没有把这个问题和现代中国学术制度的变化联系起来看。所以我当时回应说，经学研究在中国的整体衰落，一方面固然要看到，这有政治意识形态的原因；另一方面还要看到，否定经学的政治意识形态，却不是从1949年开始的，政治意识形态的变化不一定能和政权的更替画等号，应该说这是一个中国从传统向现代整体转向的意识形态，它有一个很长的，贯穿了清代、民国和中华人民共和国的百年历史过程，特别要看到，这和中国自身历史的变化、学科制度的现代化或者知识的西方化处理有很大关系。

为什么这么说呢？长话短说，我们来看一看经学最后一段历史。

表面上看，清代经学很盛，很多人一说到清代的经学，就想起乾嘉诸老，好像"忆昔开元全盛日"似的。可是，实际上经学到了清代，是有深刻危机的，这个危机既来自经学知识没有新的着力点和新的资源，又来自社会生活的变化。一方面，经学也好，理学也好，已经不再是人们自觉遵循的原则了，在真实的生活世界里面，也许是由于非汉族统治的缘故吧，丧礼用乐，男女混杂，士人经商，信仰多元，明末以来的社会变化并没有中断。我最近看朝鲜人的《燕行录》，就发现"旁观者清"。他们从外面来，早就看到，经学或者儒学的精神，在清帝国已经名存实亡，为什么？因为生活和伦理脱钩了，儒家的道理太高调太严厉了。过去总说，儒家的经"经天地，纬阴阳，正纲纪，弘道德"，这是清代《四库全书总目》里的话，可高得没有人做得到，严得让人受不了，所以，原本"指导的经典"就变成"背诵的教条"，很多权威经典都会变成这样。加上满族统治者尊崇程朱理学只是表面文章，所以底下的人就说一套，做一套，经学成了纸上谈兵的空头文本和政治标签。另一方面，经学研究自身已经没有政治动员活力和社会问题的诊断能力了，它只有依靠新的形式和方法，就是好像很严格的考据，花样翻新，引起读书人的兴趣和热情，可是这个新的方法和形式下面，恰恰又藏着很深的危机。

特别是，如果我们了解一下清代中后期知识社会的变化，就可以知道原本一统的知识世界开始出现"分化"：

第一，因为科举考试的门径狭窄，又有了商人（藏书、校书、印书事业）、官僚（幕僚和塾师）、地方（教育、诉讼、医师）的庇护，明清两代知识人逐渐从政府的学制、考试、教材制造的"儒生"中分化出来，有了自己的经济来源和生活空间，形成一个"有自己评价标准，由此获得荣誉，以及经济利益"的自我认同的群体，有自己的学术权威和学术秩序。

第二，他们获取名声、表达见解、出售知识，不再仅仅依赖过去的大学、书院、乡校和教谕、学官、考试，有了私人的藏书楼、私人的书院，不受科举考试的唯一门径的制约，可以互相靠作序、书信往还来赢得声望。

第三，大家都知道，清朝的嘉庆、道光时代，学术风气变化很大，有人批评单纯考据，追求"微言大义"（今文学派如庄存与、刘逢禄等），有人把天文地理生物医学中的西洋知识纳入传统学问（如以西洋知识讨论《禹贡》《尧典》），有人提倡诸子之学（如汪中），也有人讲"六经皆史"（如章学诚），形成了学术风气的变化。他们在主观上追求知识的确凿，在客观上不再依赖宗教权威或政治权威来认可，知识有了相对独立性，学术从意识形态中分化出来。所以，表面上给经学添火加风的考据学、异军突起的今文学，和后来官方的废科举，都给经学带来了深刻的、致命的打击。

为什么这么说呢？

大家都知道，乾隆时代逐渐形成了以考据为特征的学风，后人把它叫作清代考据学，关于这个考据学是怎么形成的，究竟是被文字狱逼出来的，还是由于学术内在逻辑走向近代科学，以后我们再讨论。这里要说的是，在这种以考据为特色的学术风气中，经学掩藏着两种倾向：**一个是"六经皆史"**，就是如果儒家六经是真理，六经理解的基础是注释、校勘、考订，那么，真理的标准就是真实和准确，它的依据就建立在追求真实的历史学基础上了，历史学成了真理的基石了。**再一个是"实事求是"**，为了追求知识的准确性，原来传统中国的经典、历史、博物知识不够，是否可以引进西洋的新知？比如天文、地理、数学、生物的知识？如果可以，那么儒家经典的权威就要受到挑战了，为什么？因为六经里面没有提到这些稀奇古怪的知识，传统世界没有这样准确和可测的知识呀。所以，乾隆、嘉庆年间流行的考据学，其实已经埋下了一种可能，就是以治史学之法治经学，这样一来，经学权威性降低了，"是非"要靠"真伪"来支持，真的才是真理，伪的就是错误，这下好嘛，历史学就越来越重要了。

接下来呢？很多人都知道，嘉庆以后关于经学又有一种新趋向出来，就是今文经学开始兴盛了，常州的庄存与、刘逢禄等就提倡，《公羊传》和它的西汉解释，更接近孔子原意。表面上看，今文经学比古文经学还要强调经典的权威性，要恢复更早的，就是西汉对经典的解释，越追越早，有点儿像原教旨主义呀。可是，反过来看，今文经学也有一些取向，在瓦解经学甚至今文经学本身。比如他们提倡的"微言大义"，什么三世说啦，内与外啦，华夷之辨啦，在读者看来，他们是把古代经典当作改制的文本，当作当下政治哲学依据，其实有点儿瓦解古代经典的神圣性呀。因为经典的神圣就是因为它有古今一以贯之的真理，可是你太明显地用它当标签当证据，它就只是随人使用和打扮的象征和标签，不那么神圣了，也不那么古典了。更麻烦的是，他们也是乾嘉学风的继承者。常州学派，以及以后的今文学家，要确立自己今文经学的合理和合法，又要强调古文经学的谬误和伪造，就拼命地用历史考证方法来做翻案文章，像后来康有为的《新学伪经考》《孔子改制考》等等，它恰恰导致了一个结果，就是经典的合法性，要靠历史文献学的考证来确立。这不又回到了"越古越真，越古越是"的思路上去了吗？如果我们说，以前阎若璩、胡渭考证《古文尚书》《易图》，是瓦解了经典文本的神圣性，瓦解了经典解释的权威性，那么，今文经学对古文经典的怀疑和批评，也同样让经学的权威被史学的权威所取代。

接下来的变化是晚清废科举，这个变化对经学是更大的打击。1905年废除科举，建立大学制度，从此，西洋的大学分科制度，对经史子集的传统分类进行了彻底的"资产重组"。当年的京师大学堂还有"经学"一科，1912年，国民政府颁布《大学令》，分大学为七科：文、理、法、商、医、农、工，这一来把"经科"彻底废掉了。蔡元培就说，他觉得十四经里面，《周易》《论语》《孟子》已经进了哲学系，《诗经》《尔雅》已经到了人文学系,《尚书》、三《礼》、《大戴记》和《春秋》三传已经入了史学系,再也没有经科的必要了[1]。此后,大学里面文科不再专门设立"经科",除了1915年袁世凯一度恢复中小学讲经之外,大学人文类的科系就是文史哲加上地理,没有经学了。

我们知道,经学作为汉代以来的政治意识形态的知识基础,原来的经学之所以有权威,有三个条件很重要:一是靠政治规定的经典为必读书;二是靠教育系统的从小教育,经典知识是必学的主要内容;三是靠考试制度的强力保证,它是上升的必经之路。这样,它才维持下来并且有权威性的。可这下子,你也不教了,我也不必考了,政府也没有规定必须读经,所以,它很快就失去了吸引力和约束力。更何况那个时候,西洋新知,富国强兵,更吸引人也更激动人,当然经学就风光不再了。老话说,"天不变,道亦不变",可是"天"已经变了,西风压倒东风了。当时有一句名言,说中国正遭遇"三千年未有之巨变",三千年大概指周公以下,也有人说中国正遭遇"二千年未有之巨变",无论是三千年还是两千年吧,两三千年里一直高高在上的经学,一下子衰落下来,也是出现在这大变动中的现象,所以,这个变化只能说,是"现代性"入侵中国之后,传统知识世界的结构性变化。

但有一点我应当强调,经学的衰落,恰恰意味着经学史要兴盛。

经学史是研究经学历史的专门史学科,它把经学当作一个知识史过程来研究,这是很有意义的。当然,在中国大陆,因为延续了"五四"以来打倒孔家店、批判孔圣人的现代新传统,对经学的鄙夷和批判,也连累了经学史,好像这也是不应当研究的,所以很长时间里,只有皮锡瑞、马宗霍、范文澜、周予同等少数人有过论著。当然,我也要说,这并不是说经

---

1 参看蔡元培:《我在教育界的经验》,载《蔡元培选集》,浙江教育出版社,1993年,第1354页。

学的内容已经被忘记了，其实它化身万千，经学原来所有的内容，也还在不断被研究，五经、九经、十三经，还是重要的研究对象，只是它们被西洋学科制度分割在文学、历史、哲学等等领域，像研究文学的，常常研究《诗经》，研究历史的，对《尚书》《左传》有很深的研究，研究哲学的，对《周易》《论语》，也常常有研究，可是这些研究是从西方的文学、历史、哲学角度来进行的，所以，这已经不能算是"经学"。

那么，"经学"是什么呢？我们从头说起。

一、什么是经学？

本来，《尚书》《春秋》《诗经》《仪礼》《周易》之类古典，可能孔子以前就流传着，也可能因为大家都读，而且常常引用，所以，也有人叫它们"经"，就是大家公认的经典，但是，一开始并不存在什么"经学"，只是后来儒家成了主流意识形态，把他们用来教育、作为依据的典籍，放在必读经典、绝对真理的高度，才有所谓"经学"。这和章太炎《国故论衡》下卷《诸子学九篇》中说的儒家情况很相似。章太炎说，儒本来有三重内容，第一是术士，知天地万物；第二是以六艺（礼乐射御书数）教人，所谓"乡里教以道艺者"；第三才是后来狭义的儒，所谓"宪章文武，祖述尧舜"，"游文于六经之中，留意于仁义之际"，以孔子为共同的宗师，这才是儒[1]。"经"和"经学"也一样，你不能把它和经典、古典画等号。第一，它们本来就是古代比较流传和比较常用的经典；第二，它们是儒家用来进行知识教育的基本教材；第三，才是用来规范人们思想和行

---

1 《国故论衡》卷下《诸子学九篇·原儒》，《章太炎全集》所收《国故论衡校定本》，上海人民出版社，2017年，第283—284页。

为，建立政治意识和政治制度基础的"经"。

近来，大陆有的人提倡"读经"，闹得沸沸扬扬，其实，"读经"这话头背后就有一个潜在的前提，就是你也得像古代儒家一样，承认这些古典是"经"。可是，承认它是"经"，就等于说，这是生活和政治上不容置疑的绝对真理，不能批评和研究，只能当作圣旨了，这就等于是回到"六经皆史"之前的传统时代了。这个前提我是不赞成的，所以，我不能赞成"读经"，只能赞成"读经典"或者"读古典"的说法。我们要说清楚，古典是传统，而传统不只是儒经。原因很简单，因为第一，传统并不只是少数儒家士人的传统，而需要注意主流之外的生活世界和边缘地带。第二，中国古代知识传统中，有儒家的知识，也有道家，后来还有道教、佛教的知识，并不只此一家，别无分号。第三，"传统"也是逐渐诠释起来的"传统"，"经典"也是逐渐被尊崇出来的"经典"，所以，需要重新在历史背景下认识。

那么，经和经学到底是什么呢？

其实，古代可能流传很多很多文献，这里面有一些，在后来逐渐被很多人引用，像日常生活里面，人们要按照一种礼节来交往，根据某些利益来交涉，在人们交往和交涉的时候，还会常常引用诗歌，引用古代著名人物的话，引用历史记载，不仅仅是它们有古代历史的支持，而且典雅有力，很能够支持自己的行为和话语的合理性，有点儿像"有诗为证"或者"有史为证"。所以《左传》僖公二十七年里才说"《诗》《书》，义之府也"，大概古诗歌和古典诰尤其是常常被引用的"格言"吧。慢慢地，这些经常被引用的书，就会成为大家都要学习的文献，老师要经常使用的教材，因此就有了"经典"的地位。

其实，不只是中国，外国也一样。大家都知道西方有《圣经》，可是这个《圣经》，其实在它还没有成为经的时候，也是各种文献，当它成了经，大家都觉得它很神圣，不能追究它的来历了。可是，大家知道不知道死海古卷？六十多年以前，是在1947年到1952年间，巴勒斯坦西部就是在死海附近叫库兰的地方，有放羊的人发现了大批古代的文书，其中一号洞发现《以赛亚书》（54栏，长达8米），四号洞发现两卷《撒母耳记》，这些都是《旧约》里的部分，此外，还发现了《申命记》《利未记》，不仅有希伯来文的钞本，还有希腊文的钞本，不仅有本文，还有注释，像《诗篇》《以赛亚书》就有一些注释。这些文献，大约在公元前250年到公元前68年间陆续写成的，由古代居住在库兰这个地方的宗教团体收藏的，你看这些文献，你就会知道现在天主教、基督教的《圣经》，其实就是一些这样的古文书，是在宗教性的解读和尊崇下，才成为经典的[1]。

儒经也是一样，《荀子》的《劝学》里面讲："学恶乎始？恶乎终？其数则始乎诵经，终乎读礼。"大概在战国中期，因为学者一再引用，一再学习，渐渐就形成了所谓最常用的六种经典，就是《诗》《书》《礼》《乐》《易》《春秋》，这六种书在《庄子》的《天运》《天下》两篇里都提到过，说明在战国晚期，这六种典籍，已经是大家公认的"经"就是权威的常识著作了。后来，《乐》可能佚失了，剩下的就是汉代通常说的"五经"。大家都知道，汉代独尊儒术，这五经设了官方的博士，这些博士对它们有一些权威的解释，所以奠定了它们经典的崇高地位。

那么，什么是经学？

直截了当地说，就是：1.以儒家推崇的五经（汉代说法）、九经（唐代说法）或十三经（始于宋代）为基本经典、基本教材和考试范本，进行学习和教育；2.以这些经典的标准解说为真理唯一依据裁判一切；3.以"疏不破注，注不驳经"的原则，以小学即语言训诂之学和历史学即考据

1　关于死海古卷的情况，参看西奥多·H.加斯特英译《死海古卷》，王神荫译，商务印书馆，1995年。

之学，对它进行解释和阐述，在传统时代作为政治意识形态基本依据和读书人基本知识的一门学问。大家注意，前面说的内容里面，有一个很重要的地方，就是作为整体的、在那个时代和历史里面的经学，应当包括：1.经学著作本身的**文本及其后世的种种解释**，这就要讨论儒经的各种注和疏，看看这些先前的文本和后来的注疏有什么样的差异。2.经学**体现的思想观念**，比如仁义礼智信之类的观念，关于国家、社会和个人的种种观念。3.经学规定的**礼仪、制度和政治理想**，像生活中的礼仪、国家的制度等等，以及这些东西在不同时代有什么变化。4.经学作为**主流意识形态的社会和制度保证**，比如孔子的祭祀和尊崇，科举考试中的教材、试题、判定标准，以及国家支持下它背后的政治利益等。5.经学**研究和诠释的一整套技术和方法**，像注释、疏解以及作为基础的语言学、历史学等等。

所以，经学不只是思想史的领域，可能也是社会史、政治史、制度史、学术史的领域，因为它不好用西方学科中的文史哲来切分。可是，就像前面我们说的那样，从清代以来，在经历了"二千年未有之巨变"的中国，这门学问已经渐渐开始瓦解。为什么瓦解？因为支持它的历史环境和政治条件消失了。现在有人要重新提倡经学，可是这大概是有困难的，为什么？就像胡适《〈国学季刊〉发刊宣言》说的，"近日民间小儿女唱的歌谣，和《诗》三百篇有同等的位置，民间流传的小说，和高文典册有同等的位置"，古代经典的神圣性，在现代启蒙主义眼光，也就是蔡元培讲的"平等的眼光"的观察下面，它失去了神圣光环了，所以，朱希祖说，"经学之名，亦需摈除"。为什么？他说得很清楚，后人说经，"是有天经地义，不可移易的意义，是不许人违背的一种名词"，可是到了现代，"我们治古书，却不（把古书）当作教主的经典看待"[1]。

---

1 朱希祖：《中国史学通论》，商务印书馆，2017年，第196页。

这话说得很对。所以我说，**第一，你不可能让人像旧时代一样无条件尊崇儒经，你不可能让人们依然从小读这些东西而不去更多地学其他知识，你也不可能用这些来考试取士，决定人的前途，你怎么让人奉它为"经"？第二，现在已经是多元价值的世界，你想用这一种知识来规范所有的人，让人觉得这是神圣经典，岂不是还要回到价值一元的时代？第三，儒家就算是有其现代的价值，但是它是否也有抵消民主和自由这些现代价值的负面内容？**尽管全面反传统是过分拥抱西方现代性，但是全面回归可能只是我们现在想象和虚构出来的"传统"，是否也是一种过分？

所以，不是经学，倒是经学史，就是把过去那个时代，曾经作为一个完整体系的经学，作为历史来研究的学问，倒是非常值得做的，所以下面主要讨论经学史。

二、传统经学史三类著作的检讨

传统的经学，在没有失去它的社会生活环境的时候，它还不是历史，是还处在进行时的学问。那个时候呢，也有一些可以勉强算在经学史领域的著作，但是都不算是真正的严格意义上的经学史，应该说是研究经学史的资源。周予同先生在皮锡瑞《经学历史》的注本《序言》里[1]，提到这些著作，把它们分成了三类：

第一类，以"人"为中心的。周予同先生举出像胡秉虔的《西京博士考》（见《艺海珠尘》续编）、张金吾《两汉五经博士考》（见《花雨楼丛钞》），以及著名的王国维《汉魏博士考》（《观堂集林》第一册卷四）等

1　皮锡瑞：《经学历史》，周予同注释，中华书局，2004年，《序言》第5—6页。

等，这些著作讨论的是经学史上的人，什么人是什么经的博士，有什么经学著作，其实，这一类著作还很多，比如各个正史中的《儒林传》，还有《宋元学案》《明儒学案》，里面也涉及很多研究经学、著有经学著作的儒者，在清代，像江藩的《汉学师承记》、洪亮吉的《传经表》，也都是以"人"为中心的，穿起来一个以"人"为中心的经学史脉络，毕竟经学史也是由经师一个一个地连接起来的。——但是这种著作呢，缺点也很多，一是因为人的生活时代很短，断代的记载，常常看不到经学演变的大势；二是见"人"而不见"学"，有点儿像"点鬼簿"，看不到经学是怎样的，多数看到的是经师是怎样的；三是较简单。

第二类，以"书"为中心的。像朱彝尊的《经义考》、翁方纲的《经义考补正》，加上各个史书的《艺文志》《经籍志》，加上《四库全书总目》和《续修四库全书提要》的经部、子部儒家类，大体上可以以"书"为纲，勾勒出一个经学史的脉络来。——不过它的缺点和上面讲的一样，也是：1. 不能分析和归纳经学演变的大趋势，可以看见"书"但是看不见"史"；2. "书"也常常只是提要，简单而平面，关键的关节容易被大量的书目淹没，即所谓的见木而不见林。

第三类，以"典章制度"为中心的，周予同先生举出像顾炎武《石经考》、万斯同《石经考》、杭世骏《石经考异》、王国维《五代两宋监本考》，加上《通志》里面的《选举略》，《文献通考》里面的《选举考》《学校考》，还有我们现在常常用到的书院史、教育史之类，都是这一类。——但是，这也还不是经学史，而是在经学周边打转，虽然能够看到考试制度、刻印情况、学校贡举等，却看不见经学整体的历史。

所以，周予同先生说，因为这个缘故，晚清皮锡瑞的《经学历史》虽然比较早也比较简略，却成了最合格的经学史。他花了很大力气来给这本书做注释，作为经学史的入门途径。那么，皮锡瑞的书为什么可以成为中国经学史的开创著作？因为恰好这个时代，经学作为意识形态主流学说的语境消失，经学渐渐要成为历史，所以，可以回头去整体观察嘛。皮锡瑞虽然是今文经学的传人，不过，他也是接受很多新思想的人物，大家有兴趣可以看他的《师伏堂春秋讲义》，什么叫"师伏"？就是效法西汉的传《尚书》的伏生呀。不过，你看他讲《春秋》，倒是用"天下"和"夷狄"讲中国和世界万国，用《春秋》讲《万国公法》，用管仲、子产讲变法自强，他的儿子都说他是因为欧化盛行，为了保存国粹，就不再作"艰深之论"，一定要用和当时政教相关的事情来讲，可见他还是一个"与时俱进"的人[1]，所以他的《经学历史》，就有了近代的意味。

皮锡瑞的《经学历史》是光绪三十二年（1906）出版的，有意思的是，它的手稿现在还在，收藏在湖南师范大学图书馆，据看到过它的学者说，手稿和现在通行的印刷本，有不少差异，你可以从中看到从草稿，到修订，再到定稿的变化。

不过，皮锡瑞并不是第一个或唯一一个撰写经学历史的学者，在他之前，有刘师培的《经学教科书》，是光绪三十一年（1905）出版发行的，比皮锡瑞早一点儿。刘师培是近代中国学者中，最敏感最善于抓题目的人，他的著作影响很大。不过从经学史研究方面来说，他的那本《经学教科书》不如皮锡瑞的这本《经学历史》。在刘师培和皮锡瑞之后，经学史又有很多论著，有的已经比皮锡瑞的更详细更系统。比如，日本的本田成之《中国经学史》、中国的马宗霍《中国经学史》等[2]。1935年翻译本田成

1　皮锡瑞《师伏堂春秋讲义》（《续修四库全书》经部148册，上海古籍出版社影印本，1996年）借助《春秋》的华夷、天下、中国观念，对《万国公法》、中国统一、东西各国竞争、文明野蛮所发的议论。见《师伏堂春秋讲义》第466—482页。参看书后《皮锡瑞之子皮嘉祐识语》，第494页。

2　本田成之：《中国经学史》，吉川弘文馆，1927年；马宗霍：《中国经学史》（重印本），商务印书馆，1998年。

之这部书的孙俍工，虽然也承认从皮锡瑞《经学历史》以后才有系统的经学史，但他对皮锡瑞还是不满意，他觉得，因为皮锡瑞还是站在经学内部，用一种来自传统的经学家观念来固执地评价经学史，所以"每易陷于主观，故入主出奴、门户之见"。所以，他觉得反而是日本人的书，"不致为孔子所迷，不致为经学所迷"[1]，也就是说，这才是近代的、科学的学术史研究。另外，还有一个江侠庵也翻译了这部书，但是书名改成《经学史论》，他在《译者序》里也指出，日本人的经学研究，用因果关系、科学方法，"可以打破数千年来因袭的成见"，比如断定《春秋》应该是大约孟子时代的七十子或七十子之徒按照孔子的意图所作，《周礼》含有周初到战国晚期的制度等[2]。

除了本田成之的这部书以外，日本还有安井小太郎、诸桥辙次、小柳司气太、中山久四郎合作的《经学史》（东京：松云堂书店，1933年），泷熊之助的《支那经学史概说》（东京：大明堂书店，1934年）。前面这本著作，有台湾的连清吉、林庆彰等中文翻译本，由台北的万卷楼图书公司出版；后面这一部著作，有陈清泉的中文翻译本，1941年就在长沙的商务印书馆出版了。从近代学术的立场和方法上来说，应当说，日本经学史研究中的这些路数也许是对的，但这并不是说中国的经学史研究不对，只是这种现代性质的经学史研究，因为日本学术研究更早近代化的缘故，被日本人占了先，这是中国学者不得不承认的。

在后面，我列举了一些重要的经学史论著，供大家参考（只是略举例而已。要更深入详细研究的人，可以参看林庆彰所编《经学研究论著目录》）。

1　本田成之：《中国经学史》，孙俍工译，中华书局，1935年，《译者序》。

2　本田成之：《经学史论》，江侠庵译，商务印书馆，1934年，《译者序》。

三、经学史中值得注意的大关节

那么，作为历史的经学史，应当注意的大关节处是什么呢？经学历史很长，有人说经历了"十变"（皮锡瑞《经学历史》）；有人说经历了"六变"（一、汉代笃守传统，二、王弼、王肃到唐宋的变革，三、宋代理学，四、宋末至明初，五、正德、嘉靖以后的空谈，六、清代汉宋互为争端，见《四库全书总目》）；也有人说是"三变"（日本大田锦城《九经读》，即汉学长于训诂，宋学长于义理，清学长于考证。姜广辉主编的《中国经学思想史》用之）。但是，这是一个怎样划分历史时代的方法问题，我觉得，对经学史中的种种变化，更要有明确的问题意识和关键把握，所以，我以为经学史上以下几个方面的变化，就很重要：

第一，经何以成为经？成为"经"之前如何？

我们应当研究一下，在先秦的时代里面，古人为什么有引经据典的习惯，我们看到古书记载的历史场景里面，常常有人说"君子曰""子曰""夫子曰""诗云"。过去开玩笑的时候，常常说这个人怎么满口"子曰诗云"，那是说他比较迂腐，可是在古代，这些习惯却是有知识有教养的表现，是文辞好的表现。老话说"言而不文，行之不远"，不光是好听，而且这些引用的话就是有权威性的，所以，陈来在《古代思想文化的世界》里面就专门有一章讨论，春秋时代记言的文字增多，引证的实践也大量涌现，这是表现时代对价值权威的需要，引证文本，就是经典化，越来越多的引用，这些文本就越来越有权威，在引用中它们一方面权威化，一方面道德化，成了整个文化系统中的道德律令，于是五经就经典化了[1]。可是接下来呢？这个被经典化的文本，又渐渐促成了"托书说义"的习惯，好像没有古书古经，说话就不那么管用似的。因此，在古代中国传统中，就形成了一个习惯，就是要依傍古经的文字和古人的思想，来阐述当时的思想，所谓复古常常就是更新。那么，我们在经学史上，也要关心这个变化历程，就是从整理古典，到古典的经典化，从古代经典的教育，到作为教材的经典权威化和神圣化，这个过程，就是冯友兰《中国哲学史》里面说的从"诸子时代"到"经学时代"，原本，这些经典和儒家也就是诸子，可是，一旦被经典化，它就被垄断了，就变成"经学"了。

现在，由于简帛文献出土越来越多，那么，我还要提出一个另外的研究课题，就是在它成为权威的"经"之前，它是什么样子？这一点很重要。大家知道，近年来清华简很轰动，其中，包含了二十几种和古代《尚书》类文献相似的东西。一部分是以前承认为真本的今文《尚书》有的，比如《金縢》，清华简里面也有，而且首简背后还有"周武王有疾周公所自以代王之志"十四字，等于像提要或说明；还有一部分，是以前被认为是伪书的古文《尚书》里面有的，但是文字不同，像《尹诰》（咸有一德）和《说命》（傅说之命）。那么，这说明了什么？说明古文《尚书》的真呢？还是假呢？还有一部分，是收在以前不敢断定真伪的《逸周书》里面的，但后来又亡佚了的，像讲周文王妻子做梦，周文王和周武王占梦的《程寤》。甚至还有一部分，是过去根本不知道的，像记录伊尹和商汤对话的《尹至》、记录周文王重病时对周武王告诫的《保训》之类[2]。那

1　参看陈来：《古代思想文化的世界》，生活·读书·新知三联书店，2002年。

2　关于清华简的情况，可以参看刘国忠：《走近清华简》，高等教育出版社，2011年，第七章《尚书之谜》、第八章《周文王遗言》、第九章《清华简金縢与周公居东的真相》、第十章《大梦先觉：周文王的受命与清华简程寤》和第十一章《清华简九篇释文简注》。

好，我们就得想一想，为什么这么一些和《尚书》相类似的文献，会整体地出现在清华简里面，是不是战国中期（也就是清华简的时代），还有一些和后来《尚书》百篇篇目、文字、内容都不太一样的《尚书》呢？是不是汉代以后确定和流传的《尚书》，确实经过孔子或儒生们重新选择编辑了呢？

同样的问题，也出现在《周易》里面，现在出土的简帛里面，特别是马王堆帛书里面，我们看到：第一，《易》的卦序，和现在的通行本是不一样的；第二，有关《周易》的解说，也就是通常所说的《易传》，也是有好多和现在通行本不一样的。可见，一直到汉初，也就是马王堆汉墓的时代，还是有不少"异本"流传，在经典成为经典之前，它有很多不同的面貌。可是，说到这里，又有一个问题出来，就是在我们现在看到的出土简帛文献中，比如，清华简《耆夜》中，有好些不见于今本《诗经》的逸诗，像武王致毕公的《乐乐旨酒》、武王致周公的《輶乘》和周公致武王的《明明上帝》。可是，还有另外的呢？包括郭店、上博、安大等等竹简，也有很多涉及《诗经》的，不过，虽然也有一些逸诗，但大多数还是在现在流传的三百零五篇《诗经》里面。那么，问题就来了，是不是先秦秦汉之初，《诗经》虽然有不同传本，但已经有一个经过"孔子删诗"确定下来的通行本了呢？为什么各种出土竹简中的《诗经》，大体上还是在三百零五篇里面呢？此外，还有上海博物馆藏楚竹书里面，有一篇相当完整的《孔子诗论》，一共29简，1006字，引用了不少孔子对《诗经》的评价，比如"《宛丘》，吾善之；《猗嗟》，吾喜之"，比如评价《甘棠》说"得宗庙之敬，民性固然，甚贵其人，必敬其位，悦其人，必好其所为。恶其人亦然"，这好像不是假的，因为这些话在《孔子家语·好生》和《说苑·贵德》里面也有。有人说，这就是古老的《诗序》，那么，是不是在先秦时代，即使在儒家内部，也还有各种不同的《诗经》呢？

在"五经"成为"经"并大体固定之前，这些古典是什么样子？这些都是值得探讨的问题。

第二，关于汉代今古文之争

经学史上，今文和古文之争是很重要的一个大事。晚清的廖平《今古学考》认为，汉代有今文、古文两派，西汉今文兴盛，东汉古文代兴，东汉末郑玄调和古今，两派就消失了。他是鼓吹今文经学的，所以他有《辟刘篇》和《知圣篇》。后来，这个说法被康有为接下来，他写了《新学伪经考》《孔子改制考》，这使得今文古文两派的说法好像成了历史。但是，这种说法有简单化的毛病，后来钱穆则干脆认为两汉没有今古文之问题，很多问题是清代学者为了门户之见而夸张出来的[1]。当然，钱的说法也太干脆，汉代还是有今文和古文的差异，但这在经学史上有什么意义呢？

从根本上来说，经学中的今、古文之争是有意义的。意义有好有坏，其坏的一面，是表现了经学成为垄断性的意识形态以后，所发生的利益之争，所有思想学说一旦成了意识形态，掌握了权力，就一定要发生这种利益争夺、权力瓜分，这是没有办法的。其好的一面，是促成了经学的内在分化和紧张，促成了经典解释资源的多样化，后来，好多经学史上的新创见，都是借了两方面的资源来强化自己的合理性的，你想想，如果只有一个绝对正确，你还有什么自由解释的空间？有了两个，就可以松动了，就像围棋一样，一个眼死，两个眼活嘛。

不过，这个今古文之争又很值得重新研究，为什么？我们要说明的是，不能简单化。

---

1 参看钱穆《两汉经学今古文评议》《自序》，以及《东汉经学略论》，分别见于《钱宾四先生文集》第八册，（台北）联经出版事业公司，1998年，第5—8页；《钱宾四先生文集》第十九册《中国学术思想史论丛》（三），第91页以下。

（一）今文、古文并不是一开始就对立的。从汉代经学的历史来看，石渠阁会议（汉宣帝甘露三年，前51年），因为宣帝戾太子孙听说其祖好《谷梁》，便召荣广、皓星公等江公之徒，和董仲舒的弟子辩论，董仲舒不是古文派，而是信仰《公羊》的今文派，这是今文派的内部之争呀，《谷梁》一派赢了，汉宣帝就命令刘向等十人学习《谷梁》，而且在萧望之的支持下，立于学官，这就是说《谷梁》进入上层宫廷了，有了合法性了。可是要记住，这是今文内部之争，刘向可又不是今文派，按照过去的说法，他和他的儿子可是大大的古文派呀。

（二）经过王莽改制，据说古文经学因为得到王莽的支持，开始兴盛起来，并且和今文学派并立了，所以，这才引起了今古文之争，但好像也不那么绝对，这里看西汉到东汉之际的一些争论，刘向时代的经学争论，好像不那么像古文对今文的挑战，要到刘歆《移太常博士书》，才有点儿明确地表示以古文对抗今文的意思。

（三）而东汉初复兴今文经学，好像也不太像是经学内部的诠释、文本差异，而是政治，一是为了表示政治上反对王莽，确立刘秀的合法性，他们修太学，建三雍（明堂、灵台、辟雍），二是各种经典自己争夺地盘，像你看《后汉书》的《桓谭传》《杨终传》，那个推崇《公羊》的李育和信奉古文的贾逵之间的争论，就不见得是"今"和"古"的争论，倒是某经和某经的争论，你很难判断在这些争论里面，有多少理论和思想是明确属于"古文"特有的，有多少又是属于"今文"特有的。

（四）很多学者都看出了，原来说是古文派的许慎《五经异义》，也是兼采古今的。清代廖平写《今古学考》，主要依据的就是许慎的《五经异义》。可是，你仔细看，许慎是兼采今古之学的，比如《尚书》，就既用"今欧阳、夏侯说"，又用"古《尚书》说"；又如《诗经》，也是用了韩、鲁等今文说，又用毛《诗》古文说的；至于《春秋》就更明显，它既用《公羊》，又用《左氏》，并不是那么"师法森严"、泾渭分明的嘛。所以，到了后来，郑玄就兼采古今，把锅里搅乱一团，古文和今文就渐渐混淆了，即使有争端，也渐渐消失了。也就是说，关于汉代今文和古文之间的争论，要重新在历史中去考察，也许很多我们习惯的结论，确实像钱穆说的，其实只是后来想象和渲染出来的。

第三，注意重大历史转折时期，政治与社会的变化对经学的冲击，以及经学对历史变化的回应

举几个典型的例子：

（一）比如**秦始皇焚书坑儒**，对经学造成的困厄和刺激是什么？可以直接就反应的，一是造成秦朝之后，依赖文字文本的古文经典的暂时蛰伏（写在竹帛上用眼睛看的），而口耳相传的今文经学的率先崛起（靠口说耳听和背诵的），这个先后秩序很重要，因为它直接决定了汉代经学的历史过程；二是不要以为，这一变动就害了儒家经学，其实还有可能是帮了大忙，因为其他各派并不注意师徒相授和经典教育，所以一坑一焚，书也没了，师徒系统也没有了，可是，儒家虽然暂时处于低潮，但是因为他们有背经典的习惯，学说可以传续，又有师徒的传授系统，一旦平反就马上崛起，比其他各家更快；三是对经典解释的制度化和法理化趋向，可能会有帮助，为什么后来是重视礼法的荀子一系占优势？恐怕有关系。

（二）再举一个例子，像**安史之乱**，它的冲击和造成的观念和制度失序，对于孟子升格的作用是什么？为什么偏偏是这个时代出现这一运动呢？同样，这个时候出现的那么多"书仪"，说明了"礼学"的什么变化？而中晚唐的啖助、赵匡、陆淳对《春秋》重新诠释，究竟是什么道理？和宋代初期的《春秋》学有什么关系吗？这些都很值得考虑。

（三）再比如**晚清西学进入中国**，在经学的解释里面，为什么这么多

西洋的天文、地理知识会进来，像天算和历法知识，在解释《尧典》天象的时候，就改变了过去的传统说法，像地球的知识和五大洲的概念，就在解释《禹贡》的时候起了大作用，至于《礼》的解释，到晚清大变革时代，就有人开始试图用人类社会发展的观念来解释了，那么，这种改变，又如何使传统经学瓦解？

第四，经典不断重新解释中，产生的紧张和冲突

其实，经学史本身就是一个不断重新解释经典的历史。我们要知道，东汉以后，从魏晋的王肃、杜预、范宁、皇侃等，到唐代的《五经正义》，到宋代对经典的重新整理（比如"四书"重要性凸显）和重新解释（像朱熹的《四书集注》），甚至到清代乾隆、嘉庆年间对经学的重新考证和诠释，都是一个不断花样翻新，说得彻底一些，就是借了重新解释旧经典，不断发掘新思想和新知识的过程，我们完全可以把经学史看成是经典的诠释史。古代中国人有一个习惯，就是有话不直接说，因为，在中国古代，你直接说没有公信力呀，而依傍经典说事儿，好像就显得有根有据，大家就会相信这是真理呀。这是一个很强大的传统，这个传统的好处是什么？就是使古代中国的思想和知识有连续性，思想和知识都在这个经典周围产生和分蘖，所以看上去就好像是连贯的、蔓延的，这就是中国很多现代的思想、概念和词语，为什么还保留很多古代内容，古代很多知识一直能够延续到今天的原因。当然，它也有问题，就是这个经典背景太强大了，思想和知识不能另开一条道儿，只能依傍它，就像以前说大蒜那个谜语，"兄弟七八个，围着柱子坐，一旦站起来，衣服就扯破"。一旦知识和思想超越了经学、经典和儒家，原来支持一切的主心骨就会崩溃和坍塌。

此外，如果大家有兴趣，还可以注意，经学知识的普及与制度化、常

识化、风俗化过程（这一点，与中国教育史，比如科举考试、书院、私塾与塾师、通俗读本与教材相关），以及**日本、越南、朝鲜经典诠释与中国的差异**。（特别请注意日本的藤原惺窝、林罗山、山崎闇斋、伊藤仁斋、荻生徂徕，以及日本思想史上，从朱子学到古学再到国学的脉络。）

不过，在经学始终是思想、知识的权威背景及依据的古代中国，它在历史上任何一个细微的变化，都相当重要，围绕着它的解释、重新解释、解释的解释，就展开了种种思想史和学术史的问题。比如义理和象数（《周易》的卦爻认知和义理表达，哪一个更重要？它原来只是占卜，还是讲理？），比如历史和价值（是疑古还是信古？这些经典有没有真伪的问题？如果它是伪造的，它所表达的道理是否也应该被抛弃？经典的真理是否有历史环境的差异，它是永恒的还是历史的？），比如道理和制度（到底应当把道理和对道理的自觉放在首位，还是应当把它外化为制度强制遵循，这牵涉到对人性的善恶的基本判断），正是在这一系列问题上，展开了经学史的一系列话题。

所以，有人已经注意到了所谓"经学的诠释学"，那么，中国经学的诠释学特点是什么呢？

四、什么是中国经学诠释的特色？

最近，有不少关于中国阐释学的书出版，也有一些专门讨论儒家经典诠释学的文字，觉得好像很有一些问题。比如某一部比较大部头的《中国经学思想史》，这是很重要的经学史著作，其中不少章节写得很不错，但是，在《绪论二》里面，讨论"儒家经典的诠释学导向"的时候写的那些内容，恐怕有些不合适。它说，儒家经典的诠释特点是"知人论世，以意逆志"，"书不尽言，言不尽意"，"我注六经，六经注我"，"实事求是，六经皆史"，"返本开新，托古改制"，这当然都是中国的古代词儿，可是，这是在说中国的事儿吗？一方面，它总结得太笼统了，不光是儒家经典，什么经典的解释都可能是这样的，你看一看西方诠释学所说的那些东西，不也是有这些方面吗？要知道历史背景，要了解作者思想，要推测古人之心，语言的有限性，在历史中理解经典，偏向主观与客观的两种不同解释方法，好像一网打尽似的，可是你说是诗歌解释也可以，是文学解释也可以，为什么它就是儒家经典解释的特点呢？另一方面，我们看，甚至外国经典的诠释学，也一样有这种特点，比如西方的《圣经》诠释学，就是一样有这些东西的，所以要问：这算是中国经学的诠释特征吗？

我总觉得，大概要说的话，中国儒家经典的解释，有这样几个方面，算是特别的：

第一，它是用汉语撰写和记录的文献，它的解释首先是建立在汉语言文字的基础上的，所以它有所谓"小学"，就是汉语的音韵、文字、训诂为手段的解释方式，正是因为这个缘故，才能产生种种通过"改字""通假""音读"等方式来重新解释经典意义的可能，也最终会有经学家引以为自豪的小学功夫。大家都知道"必也正名"，儒家觉得，名与器是不可以随便给人的，而汉字恰恰给了他们通过"名"维护"实"以很好的基础，所以，才有所谓的"书法"（一字之褒，荣于华衮，一字之贬，严于斧钺），有所谓的"易之三义"（不易、变易、简易），有所谓的改字为训和望文生义（一贯三为王、背公为私、精气从米），才有像戴震以"字义疏证"、阮元以"性命古训"来瓦解旧说的事情。

第二，古代各种儒家经典，在历史、制度、思想等等方面，经过诠释者的诠释形成了互相支持和互相证明的关系，由于经典与经典之间关系密切，使得这些经典渐渐成为一个相当完整的整体。《春秋》三传历史记载之异同，三《礼》之间礼仪、等级、器物的互相关联，《诗经》解释和《春秋》笔法之间的互通，《易》在各种经典中的引用和史事关系等等，都很重要。像郑玄的解释之所以能够屹立不摇，就是因为他遍注群经，使得经典文本和注释文本成为一个完整的、攻不破的系统。因此，**这也使得古人对于经典所反映的古代社会、政治和文化，史实、典制和义理，都有一个互相贯通的认识。**

第三，经典解释的最终指向，是世俗的政治、伦理和仪制，而不是宗教的神迹、天启和崇拜，所以，中国儒家经典的解释，常常是政治和制度的依据，是生活伦理的依据，因为解释的不同虽有不同，但是经典从来没有成为一个超越世俗社会和政治的宗教圣经。因此，这也是儒家经典解释的特点：就是它的解释常常重视和落实在世俗政治、生活伦理和历史依据上。

这最后一点，我要多说一些，古代中国经典常常不是神圣的宗教典籍，而是社会意识形态的根据，甚至还是政治制度设计的基础，我举两个例子，一个是对外关系问题，一个是关于社会秩序。

先说古代中国王朝的对外关系。

实际上，关于周秦汉唐之际就是中央王朝和周边民族诸国的关系，过去，一说起来就是说"天下"和"四夷"，究竟是"以夷变夏"，还是"以夏变夷"，但是，在这种基本的对外观念里面，中国方面也有一些很细微的差异，知识人所依据的经典里，有一些立场、逻辑和理论很不同，这些不同，也会影响到政策。

比如说在汉代，如果根据今文经，比如《公羊》家董仲舒、何休所谓"三世异辞"的说法，在乱世应该是"内其国而外诸夏"，就是说各个诸侯国家自己守住自己的地盘，而外面的各诸侯国，虽然大家都是诸夏，也要多一份警惕和戒备，少一点儿宽容和大度；但是，在升平时代就是开始崛起和强大的时候，就要"内诸夏而外夷狄"，就是说诸夏可以算是一体，是一个文化和政治共同体，就像现在的欧盟一样，但对外面的夷狄，却要严格内外之分。到了真正的太平时代，则应当"远夷之君，内而不外"，"天下小大远近若一"，而且认为夷狄也是"一气之所生"，就是说，应当不分内外，平等看待，有点儿像大同世界了，当然就是搞国际主义了。但是，古文经学里面不一样，并没有"三世"的分别，古文经学似乎更重视一个永恒的严格价值，这就是华夷、内外和尊卑的严格区分，所以，《左传》的思想重心在"攘夷"。所以，汉王朝对外采取什么政策，有时候就在于：一是依据什么经典解释，二是如何对内自我定位。有人指出，汉武帝时代曾经征南越、西南夷、朝鲜，却又和匈奴和亲，可能是受到今文经学家的说法的影响，把自己这个时代看成是"升平世"。但我国台湾的蒋义斌指出，后来古文学的兴起，破坏了今文家建立起来的制度设计原则，所以，东汉后期决定对羌人的政策时，就受了古文家的影响，所以，后来才会有长期的民族战争和民族冲突[1]。

再说社会秩序问题。

据说，汉代以来因为经典依据和解释思路的不同，就影响到如何制定社会秩序的政策，比如游侠和复仇，这是一个贯穿了战国秦汉的社会问题，很麻烦呀，"侠以武犯禁"，犯禁就是破坏了社会秩序呀，你不按照社会的规则来处理纠纷，自己随心所欲，当然就碰上了一个如何、由谁、依据什么来处理社会关系的问题，所以"侠"虽然想象里面很伟大很浪漫，但是真正有序的社会里面，他们却是捣乱的人；复仇就更麻烦了，日本有一个学者日原利国在《复仇论》里面说，按照《礼记》的说法，复仇

1　蒋义斌：《汉代春秋经传对决策制定的影响》，1998年。又，关于汉代春秋之学，参看陈苏镇：《汉代政治与春秋学》，中国广播电视出版社，2001年。

是天经地义的事情，尤其是为父亲报仇，这当然是正当的，所以《曲礼》说"父之仇，弗与共戴天"，《檀弓》说，对父母之仇要"寝苫枕干，不仕，弗与共天下也"，《大戴礼记·曾子制言》说"父母之仇，不与同生，兄弟之仇，不与聚国，朋友之仇，不与聚乡，族人之仇，不与聚邻"，同样，在《公羊传》隐公十一年里也记载隐公被同父异母弟所弑，就说，"君弑，臣不讨贼，非臣也，不复仇，非子也"。

但是，这里就有了两个问题，第一，凡是为父亲报仇都是合理的吗？如果这个父亲是应当被杀的坏人呢？所以《公羊传》定公四年又说，如果父亲无罪不应当被杀，那么复仇就是正当的，如果父亲有罪应当被杀，那么复仇就变成了"推刃之道"了。什么是推刃之道，就是一来一往，像现在武侠小说里说的"冤冤相报"，这就不应当了，可是，这里面就有矛盾了。第二，如果每个人都以为"复仇"是正当的，即使在上面讲的道理上是应该的，那么是不是就应当是他自己去报仇？这样一来，是不是就会导致社会大乱？古文经学里面，《周礼·地官·调人》就对"调停"很关注，虽然它也承认父母、兄弟、君主、师长、朋友的仇应该报，但是它却提倡，一是把仇人迁到海外、异国、边地，二是主张向官府报告（"书于士"），所以它觉得应该规定"凡杀人而义者，不同国，令勿仇，仇之则死"，这就使复仇纳入政府秩序的轨道。这里其实有一个很根本的问题，就是道德和制度，究竟什么优先的问题，社会秩序究竟应该建立在正义上面，还是建立在法律上面，究竟应当由个人来裁决合理性问题，还是由政府来判别合法性问题？合理的是否就一定合法？

顺便说一下，汉代复仇之风就很盛，彭卫就写过一篇《论汉代的血族复仇》[1]，比如《后汉书·列女传》里面就有为丈夫报仇的吕荣，有为父亲

---

1 彭卫：《论汉代的血族复仇》，《河南大学学报》1986年第4期，第35—42页。

报仇的赵娥，汉画像石里面有《七女为父报仇》的图像，特别有意思的是，传说赵娥为父亲报仇之后，去自首，县官还悄悄把她放走，后来的凉州刺史、酒泉太守还给她立碑，皇甫谧还给她作了传[1]。关于这一点，你可以看看《秦女休行》这首诗。这是一直到现在还在讨论的大问题呀。所以，后来就争论不休，比如荀悦《申鉴》的《时事第二》里面讨论复仇，就提到有这两种不同看法，到了唐宋，陈子昂、韩愈、柳宗元，一直到王安石、苏轼，都讨论这个话题，而皇帝和政府呢？有时站在法理上，觉得这种复仇挑战了法律和秩序，有时又站在儒家立场上，觉得应当承认这种道德正义的合理性。这个话题有时还溢出个人，变成国家问题，比如宋人甚至把复仇的意义延伸到了中国与外国的战争上，例如宋国和辽国在燕云的争夺，北宋到南宋的收复失地，都有人把它看成是放大了的复仇[2]。这个话题，一直到晚清还在讨论，像光绪二十三年十一月二十一日，即新历1897年12月14日的《知新报》第四十册开篇，就发表了顺德刘祯麟的《复仇说》，不过，这个时候讨论的背景，已经是近代的问题了。

五、经学史研究方法释例（一）
——诠释史的变迁：以《诗经》为例

经学史是一个范围很大、资料很多的学问领域，这里我们只能用《诗经》为例，来看经学史应当怎么研究。

1　参看邢义田：《格套、榜题、文献与画像解释——以一个失传的"七女为父报仇"汉画故事为例》，载邢义田编：《中世纪以前的地域文化、宗教与艺术》，（台北）"中研院"历史语言研究所，2002年，第183—234页。

2　黄纯怡：《唐宋时期的复仇——以正史案例为主的考察》，载《兴大历史学报》第10期，台中，中兴大学，2000年，第1—19页。

研究《诗经》经学史，和从文学角度读《诗经》的人不同。他不是首先去欣赏，而是去追问。问什么？在关于《诗经》的经学史上，有四个问题很重要：第一，《诗经》是怎么来的，谁编的？第二，《诗经》最初的解释是怎样的，它怎样奠定了解释的基调？第三，《诗经》是什么时候，被什么人做了重新解释，这种重新解释怎样改变了理解的基础？第四，《诗经》的解释怎样走出了传统经学的范围？

先讲第一个问题。我们当然要知道，《诗经》是什么？它是什么时候编成的？简单地说，《诗经》就是殷商到春秋时代的各种歌谣总集，也可以说就像《圣经》里的《诗篇》，它包括了男女交往、君臣宴饮、瞽史传唱、庙堂祭祀的各种歌诗。这些诗篇在春秋末年已经被编辑成集了，公元前554年，就是孔子才八岁的时候，吴国贵族季札曾经到鲁国观看演奏音乐，鲁是周公后裔的地盘，有享用天子之乐的特权，季札就在那里欣赏了一番最高等级的乐舞，其中都是《诗经》里的乐歌，据说他听了以后，叹为观止，发表一番评论，对周、召二南，邶、鄘、卫风，王风，郑风，齐风，豳风，秦风都有一些议论，可见，那个时候《诗经》大体已经编成了。

接下来的问题是，《诗经》并不是孔子编成的，可是，孔子是不是整理过《诗经》呢？恐怕是的。研究《诗经》的人要知道，现在我们看到的《诗经》是经过删削的，有人做过统计，《左传》引《诗》217条，有10条是逸诗，《国语》引诗31条，有1条是逸诗，《论语》引过18条，有两条是逸诗。比如《论语·八佾第三》里面有"巧笑倩兮，美目盼兮，素以为绚兮"，《左传》襄公五年有"周道挺挺，我心扃扃"，《礼记·缁衣》有"昔吾有先正，其言明且清，国家以宁，都邑以成"，现在的《诗经》里面都没有。前面我们也说到，清华简《耆夜》里面，也有一些不见于现在的《诗经》的逸诗。可见，一方面在孔子时代，甚至更晚的时代，看到的诗篇要比较多，另一方面，大体上《诗经》的雏形也已经差不多完成了。

这里当然可能经过孔子的手,孔子很重视读诗,有所谓"不学诗,无以立"的话,而且觉得学习《诗经》还有两层意义:第一,可以多识草木鸟兽鱼虫之名;第二觉得它可以"兴观群怨",当作精神资源和动员力量。可见,他是把它当作教材的,也许现在的《诗经》的确是经过了他的一番整理。现在,上海博物馆收藏的战国楚简里面,有《孔子诗论》一篇,里面提到相当多的诗,大体上都在现在的《诗经》里面,而且又有了很道德化、理论化的解释,前面提到,其中记载孔子对《甘棠》的评价,是"得宗庙之敬,民性固然,甚贵其人,必敬其位,悦其人,必好其所为。恶其人者亦然"[1],这一段刚好在传世的《孔子家语·好生》里面也有,《说苑》卷五《贵德》中也有。所以可以相信,孔子可能整理和解释过《诗经》的。

再讲第二个问题。《诗经》的历史,除了上面的成书过程外,那么,下面就是解释的过程了。关于传统的解释,最重要的是,你要知道,第一,汉代有不同门派,被称作今文家的,就是齐、鲁、韩三家《诗》;传说是古文家的,就是毛《诗》。他们各有不同的传授系统。第二,他们虽然各有不同,但是除了一般的训诂之外,他们都倾向做很道德化、历史化的解释,像后来最有影响的毛《诗》和郑笺,就把《关雎》"关关雎鸠,在河之洲。窈窕淑女,君子好逑",解释为后妃爱慕君子的道德,无不和谐,又不只是贪恋美色,男女之间慎固幽深,就好像关雎一样,爱慕而又有分别。又比如,关于《邶风·静女》,本来也是讲男女幽会的,"静女其姝,俟我于城隅。爱而不见,搔首踟蹰",可郑玄的解释就说,是女子"待礼而动,自防如城隅",这种解释实在是好像痴人说梦。这里最重要的,就是《诗》的大序、小序,因为它托名于孔子和子夏,对每一首诗的解释,都引向了政治和道德,发明了所谓的"美刺说",好像每一首诗都

---

1 《孔子诗论》,有人认为这就是古代的《诗序》,一共29支简,1006字,这一段见马承源主编:《上海博物馆藏战国楚竹书(一)》,上海古籍出版社,2001年。

有政治和道德含义，这种解释方法影响很大。

再看第三个问题。经典的解释，常常是一个影响一个，前面的解释常常会影响后面的解释，引导性的说法会使后来的解释不自觉地受到暗示和限制，所以，汉代对于《诗经》的解释，就成了后来的标准，而后来的解释又常常强化前面的说法，好像考古的地层关系一样，成为"堆积"，这些解释建设了一个叫作"历史"的东西，然后又用"历史"取代了"过去"。直到一个敢于自己直接想象过去的人出来重新解释，所以，《诗经》的诠释史上，宋代的郑樵和朱熹就很重要，郑樵的《诗辩妄》开启了怀疑《诗》序的思路，而朱熹的《诗集传》更干脆否定了《诗》的大小序，朱熹说，这是汉代卫宏作的，因为它是汉代人作的，所以就没有什么权威性了。在这种历史的考证之后，他就自己进行了重新解释，所以，他的解释有一些就很合理，也接近历史原来的可能面貌。所以有人说，他在《诗经》的解释上，像是哥白尼革命一样。不过，这种朱熹式的解释，大体上还是在传统延长线上的，还是经学的范围里面。

可是到了近代，中国很快改变了传统的经学理解，不仅不再局限在传统的政治和道德解释上，而且也不再把《诗经》都想象成庄严的、神圣的、美丽的、道德的生活写真，开始直接发掘诗歌的历史背景和实际生活。举一个例子，过去对于《诗经·陈风·月出》[1]，即使不是把它解释成道德和政治诗篇，也一定想象是月下美人的情景。但是高亨《诗经今注》就说，第二章的"佼人懰兮"、第三章的"佼人燎兮"，是陈国的统治者杀害一个英俊的人物，因为他考证"懰"古作"劉（刘）"，就是杀的意思，"燎"通"缭"，就是捆绑的意思，于是，月下美人的风景，就变成

---

1 "月出皎兮，佼人僚兮。舒窈纠兮，劳心悄兮。月出皓兮，佼人懰兮。舒慢受兮，劳心慅兮。月出照兮，佼人燎兮。舒夭绍兮，劳心惨兮。"

了月下杀人的阴森场面，这也许就是新解释的力量。

但是，根本的颠覆性解释，倒是来自西方对东方的想象，像法国学者葛兰言（Marcel Granet，1884—1940）在《中国古代的祭礼与歌谣》里的新解释，不仅要比朱熹的激进得多，也超越了传统经学的范围，甚至完全不理会传统的说法。这样，我们就讨论到了第四个问题，就是经学被瓦解的历史。

葛兰言的说法是什么呢？第一，葛兰言学过当时法国流行的人类学，根据他所知道的各种民族学调查资料，特别是西藏资料，他觉得，古代中国也会有"岁时"祭祀仪式，在这些仪式上，也会像今天西南各民族一样，有竞争性的集团或村落的男女对歌，所以他认为，《诗经》的国风部分，就是古代中国农村举行盛大的集会时男男女女所唱的歌。第二，古代中国的这些岁时仪式，就是标志社会生活季节的集会，因为长期隔离的生活中止了，进入短暂的集会，各个小群落在这时形成共同体，进行大宴飨，闭塞被打破，交易的集会来临，通过婚姻结成同盟的时机成熟，所以，他认为古代这些祭祀礼仪主要的就是交换婚约，这种场合对男女来说很重要。第三，这种仪式经常是在与都邑很近的庙、市场、集会空地，大的集会更常常在祖庙和社稷处，这对于古代国家和文明的产生十分重要。大家知道，仪式是人类学家特别关注的社会现象，葛兰言的研究，曾经被收在法国大学者斯特劳斯（Claude Lévi-Strauss，1908—2009）编辑的《结构人类学》里面，说明他把法国的汉学传统、传教士的调查传统和新的人类学分析结合起来了，所以他的研究相当有震撼力，只是他的解释已经超越了传统中国的经学。

从汉代毛《诗》的政治化解释，到宋代朱熹打破大小序的新解释，从朱熹的新解释到葛兰言这样的人类学解释，连成了学术史上从古代到现代的过程，它也可以说是经学史的过程。当然，《诗经》的诠释史要比这个线索复杂得多了，关于这些历史，我们要看很多关于《诗经》的书，传统的《诗经》注释，当然是看《十三经注疏》本中的毛传、郑玄笺、孔颖达正义。朱熹的解释，当然看《诗集传》。但是清代的各种重要注本，也不能不看，其中特别可看的有——

陈启源《毛诗稽古编》三十卷。这是恪守传统毛、郑旧注的，但是他做了很多很好的疏通和解说。

马瑞辰《毛诗传笺通释》三十二卷。其中第一卷先考证毛《诗》的源流、篇次、传笺以及孔氏正义的异同得失，第二卷以下为笺释，有驳正旧注的地方，不过大多数还是在批评宋儒的解释。

陈奂《毛诗传疏》三十卷。这部书在恪守毛《诗》的时候更加激进，他连郑玄的笺注都不相信，认为到了郑玄就已经不纯了，比如《齐风·东方未明》"颠之倒之，自公招之"，多数解释都认为这是符合礼仪的行为，就是说是诸侯大臣紧张侍奉君王的心情，而陈氏则认为这是讽刺"未明见召，为失之太早"，即小序所说的"兴居无节，号令不时"，并坚持序是子夏"隐括诗人本志"，所以一定要追溯序的意思。

陈寿祺《三家诗遗说考》。这部书收集了汉代齐、鲁、韩三家遗说，很有参考价值。

六、经学史研究方法释例（二）
——文本和文字的考证：以《大学》诸本为例

《大学》本来只是《礼记》中的一篇，传说它出自孔子的弟子也就是"七十子"，但是，冯友兰却觉得，它和荀子一系有关，郭沫若认为它出自子思孟子系统，宋代的理学家认为出自曾子，到现代也很难说清楚。但它又是"四书"中的一种,从宋代推崇四书超过五经以来,它就成了最重要的经典,其中它的三纲领(明明德、亲民、止于至善)和八目(格物、致知、诚意、正心、修身、齐家、治国、平天下),在古代很重要[1]。

可是,从经学史上来看,它有很多问题要讨论,其中第一个就是,它原来就是一篇,还是分经和传的?第二,到底是"亲民"还是"新民"?它们究竟有什么大不了的差别,为什么后来为它有这么多的争论?

在宋代以前,上面两个问题都不是问题。《大学》是《礼记》里面的第四十二篇,位置在《儒行》之后,《冠义》之前,并不很突出,也没有人提出这些问题来。不过,宋代以后,严格地说是唐代韩愈以后,因为它有一个相当重要的逻辑推论,就是"修、齐、治、平"(修身齐家治国平天下),又谈到格物致知的问题和正心诚意的问题,所以,就渐渐被重视起来,特别是理学家,因为它把内在的道德修养放在了外在的事功前面,所以更推崇它。程颐说"《大学》,孔氏之遗书,而初学入德之门也",到了朱熹,就把它作为"四书"之一,他曾经说过,《大学》就好像是给人"定其规模"的基础,所以读书人应当"学问须以《大学》为先,次《论语》、次《孟子》、次《中庸》",所以,它是最重要的经典文献,因为后来《四书章句》是官方规定的必读书和考试用书,后来的科举考试都要考它,所以它就格外重要了。

但是,在宋代虽然它格外走红,但是,这里面又出了一点儿问题。二程到朱熹,对《大学》的解释里面,有两点是最重要的:

(一)据说,程颢、程颐兄弟俩读《大学》的时候,就觉得它引用经典,好像有点儿"参差不一",觉得有些奇怪,但是并没有大动,到了朱

1　宇野哲人《大学の三纲领》(《斯文》21卷5期)说,《大学》三纲领,一是明明德是修己之学,二是新民是治人之学,三是止于至善是立脚点。

熹，这个大学问家就干脆自己动手了，他觉得古代以来的《大学》都有问题，应当是一章经，十章传，也就是说，本来可以当作孔子所传的经来看待的，只有那么二百零五字，其余的都是一一解释经文的"传"。这并不是一时性起，心血来潮，我们看朱熹，三十八岁的时候他就写过《大学解》初稿，到了四十五岁的时候，他把《大学章句》《大学或问》寄给好朋友吕祖谦看，五十六岁的时候又说，这些年他对《大学章句》改来改去，到了六十一岁，他和陈淳谈话，又说到《大学解》大体已经很稳了，但是也许还会有改动，最后到六十五岁的时候，他又和王过说，"《大学》则一面看，一面疑，未甚惬意，所以改削不已"（《朱子语类》卷十九），可见，他一生都在研究这篇短短的《大学》。大家看《朱子语类》卷十四到卷十八，都是在和学生门人讨论《大学》，可是，这一改动是否正确呢？[1]

（二）《大学》的第一句里面讲"大学之道，在明明德，在亲民，在止于至善"，但是，程颐却提出一个说法，说"亲"应当是"新"，为什么？他没有提出任何文献学上的证据，只是因为古文字里面，"亲"和"新"是可以通用的。到了朱熹，他就从道理上解释，怎么解释呢？我们说，如果是亲民，那么就只是在上者，比如孔颖达的解释就是"言《大学》之道在于亲爱于民"（《十三经注疏》，第1673页），他说，《大学》的重要意义，一是明明德，就是彰明自己的光明德行，二就是亲爱于民，三是"止处于至善之行"。这是一个包括了内在和外在两方面的思想，但是朱熹就说，不对，应该是"新民"，只有这样，才能够突显人的本体精神和内在自觉，因为一般人被"气禀所拘，人欲所蔽，则有时而昏"，但是他们自己还是有"未尝息"之"本体之明"，所以《大学》就是要开发这种自己本来就有的光明，使人回到他的"人之初"，这就是"新"，即使其新的

1　参看李纪祥：《两宋以来〈大学〉改本之研究》，（台北）学生书局，1988年。

"新"，然后推广开去，他说，"新者，革其旧之谓也"。

这两条重要的改动，是对还是错？是依据文献原则，还是依据思想原则？思想如何能够与文献吻合，或者文献如何支持思想？这些后来变成了大问题，一直贯穿了儒家的历史。到明代的王阳明，为了证明和支持自己的看法，首先是就用了《大学》古本，来反对朱熹关于经传分章的改动。其次是反对"新民"的说法，认为还是应当是"亲民"。

关于《大学》是否应该按照朱熹的看法，分成经一章，传十章，这本来是一个很难有确凿证据作最后定案的问题，除非有一天从地下挖出战国以前的《大学》来。朱熹呢，在文献上并没有什么证据，只是从道理上感觉上，觉得应该这样分章析义才合适；而王阳明反对朱熹呢，本来，也并没有什么文献学上的根据，也是从道理上，从如何更好地阐述儒家思想上去论证，但是，他却提出一定要按照《大学》古本，就是唐宋以前的样子，这一下好像就有文献根据了，其实从骨子里说，王阳明就是要用古文献作武器，掀翻朱熹，确立自己的合法性。所以，他在解释的时候，主要还是靠道理，比如，他的一个学生蔡希渊问他，如果按照朱熹的《大学章句》新本，那么，就应当先是"格致"，然后是"诚意"，这好像和第一章的次序比较吻合吧。可是，如果按照王阳明所说的古本，那么"诚意"就在"格致"的前面了，这怎么解释呢？王阳明就强调，"诚意"就是中心，《大学》的"明明德"，就只是一个诚意，有了"诚意"去"格物"，才能有下落，为什么？因为"为善去恶"是学习儒学的人的出发点和落实处，如果按照朱熹的说法，先花了很大的力气去一个一个地格物，了解事物的各种道理，那么就会"茫茫荡荡，都无着落处"，就是说，没有抓住根本，反而被枝蔓的小节小理给捆住了，不能归结到心灵和道德那里去。所以，他痛斥过去的说法，说如果按照旧路子学习《大学》，光知道格物，还"须用添个'敬'字，才牵扯得向身心上来，然终是没根源"（《王阳明全集》卷一《传习录上》，上海古籍出版社，1992年，第38页）。大家记得王阳明早年格竹子的故事吧？他觉得这样没有导向，没有目标地格物，最终只能走向"博物"的路子，却不能走向《大学》要求的"至善"，所以不能用朱熹的新本。这本来就是儒家里面，兼重外在知识的"道问学"一路，和全力注重内在道德的"尊德性"一路的差异，但是为了说明自己这一路的正确性，他们要在经典的文献学上各自用力，所以才有朱熹用新本和王阳明用古本的不同，他们的落脚处，都不是在"真伪"而是在"是非"，所以，这在经学史上，并不是历史学、文献学的争论。

那么，为什么不是"新民"而是"亲民"呢？王阳明虽然也说要尊重古本，但是他的根本目的，是为了道理。他的学生徐爱问他，朱熹说"新民"，也不是没有根据，因为这样，下面那一段"汤之《盘铭》曰：'苟日新，日日新，又日新。'《康诰》曰：'作新民。'《诗》曰：'周虽旧邦，其命惟新'"，才对得上号，否则，后面的不是没有着落吗？王阳明就呵斥他说，不对。可是，为什么不对？他也没有多少道理，就说《康诰》的"作新民"和前面的"在新民"不同，前面必须是"亲民"，因为只有"亲民"这种向外的行为，才能发明和落实再下面向外的"治国平天下"，这些都是属于儒家"内圣外王"里面"外王"的事情。王阳明说，亲民好像《孟子》里说的"亲亲仁民"，亲之就是仁之，这样才符合孔子说的"修己以安百姓"，前半截是"明明德"，后半截就是"在亲民"，这样才能兼顾，他说，"说'亲民'便是兼教养意，说'新民'便觉偏了"（《王阳明全集》卷一《传习录上》，第2页）。

可是这样的说法有道理吗？既有也没有。说他有，是因为在他的解释中，他的道理是一贯的，在他的背景下，是有他的意义的。说他没有，是因为这些说法，原本都只是他们自己的思想，只是被他们投射到文献里面，因此未必都是古人的思想，也未必是古代文献的原来面貌。不过，我们在这里要说一个经学史上的常识，就是古代中国，所有的道理都需要

"有经为证"，谁想证明自己的思想有合理性合法性，就要攀附上经典，最好说它是经典中的真理，甚至它就是经典本身。为什么？因为经典和真理在古代中国是可以画等号的，每个时代的思想家，都要争夺经典的诠释权，好比抢占制高点一样，占住了制高点就是胜利。所以，朱熹要重新解释《大学》，王阳明也要重新解释《大学》，醉翁之意不在酒（《大学》），都在山水之间（思想），他们并不是真的在讨论文献文本，古话说"得鱼忘筌"，"舍筏登岸"，文献学常常就只是"筌"和"筏"。不过，大家要注意，这个"筌"和"筏"还是很重要的，因为谁证明自己拿到的文本是最接近圣人的经典原样的文本，谁就有绝对的发言权。所以在朱熹、王阳明以后，到明代嘉靖年间，一个叫作丰坊的人出来，说他发现了《大学》石经本，和新本不同，和古本也不同，当然后来都知道这是伪造的，据刘宗周说，明代末年的吴秋圃就已经写了《大学通考》证明这本是伪造的。那么，问题是为什么他要伪造古代的石经本《大学》呢？先是日本的荒木见悟，他说，丰坊是想用这个更古老的版本，来打击王阳明[1]，后来，台北的王汎森也写了一篇很出色的论文，说明丰坊伪造的目的，一是打击盲目信从朱熹的理学家，他对这些他所谓的"伪道学"是很恨的；二是同时打击被他说成是"禅学"的王阳明，在他看来，这也是"伪道学"的一种。他搞出这个石经来，左右开弓，一方面说朱熹新本是乱改，一方面也等于说王阳明古本也不对[2]。

对《大学》有兴趣的人，可以去看刘宗周《大学古文参疑》的序和毛奇龄《大学证文》卷一[3]，这里面把历来的论争、他们的疑问，说得很清

1 荒木见悟：《石经〈大学〉の表彰》，载其《明末宗教思想の研究》，（京都）创文社，1979年。
2 王汎森：《明代后期的造伪与思想争论——丰坊与〈大学〉石经》，载《新史学》（台北）第六卷第4期。
3 《刘宗周全集》第一册，（台北）"中研院"文哲所，1996年，第711—712页；毛奇龄：《大学证文》，上海古籍出版社影印文渊阁四库全书。

楚也很仔细[1]，我们这里就不再细说了。总之，看上去是版本、文字的问题，因为它在经学中间，涉及关键性的文本，所以就成了思想史上的大问题了。

七、经学史研究方法释例（三）
——在历史和价值之间：以《谷梁传》定公十年记载为例

这个故事，叫"齐鲁颊谷之会"（《左传》经传作"夹谷"），记载在《春秋谷梁传》鲁定公十年。

这件事情在《史记》卷三十三《鲁周公世家》、卷四十七《孔子世家》都有记载。这件事情多少有些过分，为什么？因为在后面这件事情中，如果按照我们后来对孔子和儒家的理解，孔子的举措有些过度严厉了。因为，孔子杀人建威，而且用了"首足异门而出"（或者"手足异处"）这种残酷的方式，不太像儒家的圣人。可是，这一事情只是在《谷梁传》里面有，在《左传》《公羊》中没有，最奇怪的是连范宁注、杨士勋疏，这些专门解释《谷梁传》的著作中也一字不提。这是怎么回事儿呢？后人怎么解释呢？

第一种解释，是并不否认曾经有过这件事情，但是，要特别强调孔子真伟大，一出手就可以镇住坏人，比如朱熹是这么解释的，他说，有人

1　关于《大学》的版本和文字，最后不仅是一个文献学的话题，而且也成了思想史的话题，像清代初期的陈确（乾初），在《答沈朗思书》里面就说，如果学习《大学》，一门心思都在"知止"上面，把它当作目的，"言知而不言行，必为禅学无疑"，如果觉得《大学》只是修身为本，只是懂得向内作功夫，那么"竟是空寂之学"。见《陈确集》下册，中华书局，1979年，第573页。清代中叶凌廷堪也批评理学家，对《大学》只是强调，"明德"是"以具众理而应万事"，"至善"是"事理当然之极"，"格物"是"穷至事物之理"，因此，都走向抽象超越的"理"的层面，结果只是佛教的路数，可是，俗儒却以为这理学就是圣学，结果是对外面的世界一无所用。见凌廷堪：《校礼堂文集》卷十六《好恶说下》，中华书局，1998年，第142页。

问，颊谷之会上，为什么孔子一下子就能镇住坏人？朱熹说，本来齐国老是欺负鲁国，鲁国没有办法和它对抗，可是孔子这样正气凛然地一呵斥，把齐国给镇住了，这就像蔺相如对秦王一样。后来的家铉翁在《春秋集传详说》卷二十七进一步说，后世的读者读到《春秋》这一段，就可以相信，圣人之道不为空言，儒者之学非无实用，这说明儒家不是说空话的，也是有实用本领的，比法家动辄以刑法治天下要强多了。

可是，也有第二种意见，不对，这是诬蔑圣人呀，圣人怎么能干这么残酷的事情？所以最好是把它删去。比如宋代的黄仲炎在《春秋通说》卷十二里面，就要站在儒家的立场上否定它，黄仲炎说，这些俗儒只是根据自己那一点知识和胸襟来妄测圣人，好像他们亲眼看见似的，可是，这样一来，孔子的"智数风采"不就降格了，等于是曹沫、蔺相如了吗？他说，这不像"圣人气象"嘛，圣人应当和普通人不一样呀，"何至疾声厉色，以兵刃为威，以敢杀为能，以求索为攻"？那么，为什么孔子可以折服齐侯？是因为孔子的风度和魅力，他反问道，如果圣人连这点力量都没有，岂非连汉宋两代的汲黯、司马光都不如了吗？所以，孔子诛杀倡优，首足异门而出，都是没有义理的瞎记载、乱议论。

后来，这两种意见好像都有追随者。（一）朱熹和家铉翁的解释，也许是因为理学的胜利的缘故，被很多私人或官方的著作所接受，像元代郑玉《春秋阙疑》卷四十一、明代胡广为官方编撰的《春秋大全》等等，这种说法一方面有朱熹这样的话为后盾，一方面有《谷梁》《史记》的记载为依据，所以还是有人坚持采用。（二）尽管朱熹的解释往往在元明清占有权威性，渐渐还是后一种却占了上风，因为后一种说法的立场，主要是维护圣人道德与胸怀，这种"政治正确"是可以压倒一切的"理"。像明代王樵《春秋左传集说》卷十就说，孔子明明是为了和平去主持礼仪的，所以根本不会有这样残酷的事情，倒是应当根据《史记》的记载，补充说明齐景公被孔子的庄严和正派所震慑，回去批评他的手下"鲁以君子之道辅其君，而子独以夷狄之道教寡人"，于是受了感动的齐君主动归还土地以谢过。这是怀了对圣人的崇敬的想象之辞。所以，很多为了维护孔子形象的或者为了回护儒家理想的学者，就比较偏向于接受这种想象。清代张尚瑗《三传折诸·谷梁折诸》卷六中就引了方定之的话说，前一次鼓噪而起要劫持鲁君，是犁弥一类人的阴谋，齐景公已经认错并且制止了，后一次倡优来歌舞，其实只要制止一下就可以了，比起前一次错误还更轻一些，为什么会加以这样严厉的刑法？所以他认为这不会是孔子所为。甚至连大考据家崔述，也不相信孔子会这样杀人，为什么？一方面，他从历史考据学的角度，觉得孔子当时不过是鲁国的司寇，并没有那么大的权力，怎么能做这样的事情？何况当时是鲁国背叛晋国而改与齐国交好，齐国不会因为鲁国用孔子而害怕，怀疑是《谷梁传》好奇，听到传闻而记载。一方面，他也是从感情的角度，觉得孔子太伟大了，伟大得不需要这么严厉，也可以平息事情。崔述还说，那些鼓噪来劫持鲁君的人罪很大，孔子只是驱逐他们，那些唱歌跳舞的人，罪不大呀，为什么要把他们杀了还首足异门而出？这明明是诬蔑孔子"刑罚颠倒"，何况，圣人应该像《诗经》说的"柔亦不茹，刚亦不吐"，圣人不会这样乱用严厉刑罚的。

　　大家仔细看，除了上面这些问题以外，这一记载中仍然还有其他问题。在《谷梁传》的记载中，来鼓噪并要劫持鲁君的是"齐人"，孔子只是因为他们的行为很野蛮，所以说他们是"夷狄"，所谓夷狄，也许是礼乐之邦鲁国人对于海滨之地齐人的蔑称，来鼓噪的倒并不一定真的是后人想象的蛮夷，这在《史记》中也一样，《鲁周公世家》也只说是"齐欲袭鲁君"，《孔子世家》也只是记载，那些来鼓噪的人奏的是"四方之乐"，而且拿着各种各样的武器，举着各种旗帜。可是，什么时候，这些来鼓噪的人被说成是"莱人"了呢？恰恰因为齐人用蛮夷"莱人"来破坏会盟的气氛，所以，孔子的严厉行为也就有了对抗野蛮、捍卫华夏的正当性呀。《谷梁传》里并没有说鼓噪者是莱人，记载这些人是"莱人"的是《左传》，可是，因为这一记载对尊崇孔子的儒家很有利，所以后来都用它了。一方面，莱是鲁襄公六年被齐灭掉的边缘小国，齐人以莱人来劫持鲁君，显出齐国确实有阴谋，不正当；另一方面，因为莱人是蛮夷，而用蛮夷来劫持鲁侯，齐人就犯了"裔不谋夏，夷不乱华，俘不干盟，兵不逼好"的大错误，而孔子所说的话，就成为对齐侯堂堂正正的有力教训。

所以，后来关于颊谷之会的记载中，《谷梁传》与《左传》的故事就合二为一，孔子颊谷之会的表现，因为一是符合礼仪的光明正大，一是抗击莱夷的保卫文明，因此就有了更伟大的意义。这里，我们看到，在历史考据与历史解释之间，就出现了一个困境：

——孔子诛倡优使"首足异门而出"这件事是真的吗？如果我们"信古"，相信古书记载，那么，既然《谷梁传》《史记》已经记载了，为什么特别重视历史证据的清代考据学家，面对这种情况，却不相信它确实有？《谷梁》《史记》不也是经典和正史吗？

——劫持鲁君的究竟是齐人还是莱人？如果我们"疑古"，怀疑古书记载，那么，既然经典冲突，《谷梁》不载而《左传》记载，那么，清代的考据学家为什么又不加考证，而很轻易地相信其中一种而不怀疑？

——清代乾隆年间，官方编纂的《钦定春秋传说汇纂》把"首足异门而出"这件事彻底否定，却把"莱人"劫持的事情全面接受，前者是因为圣人用"周旋揖让"就可以感化"鄙倍暴慢"，所以，化解蛮夷劫持是很容易的，说孔子杀人就败坏了圣人气象，是诬蔑圣人，所以要否定，后者涉及圣人尊华夏、攘夷狄的正义之举，所以又得全盘接受。我们知道，《钦定春秋传说汇纂》这部书是官方的定本，这种说法也可能成为官方的定论。我们的问题是，这部编于考据学大盛时代的书，它符合乾嘉学者所谓历史考据的"实事求是"的原则么？经学史里面，有多少这样的问题呢？

〜〜**【参考论著】**

林庆彰主编：《五十年来的经学研究（1950—2000）》，（台北）学生书局，2003年。

皮锡瑞：《经学历史》，周予同注释，中华书局，2004年重印本。

周予同：《周予同经学史论著选集》（增订本），朱维铮编，上海人民出版社，1998年。

本田成之：《中国经学史》，孙俍工译，上海书店出版社，2001年重印本。

马宗霍：《中国经学史》（重印本），商务印书馆，1998年。

吴雁南等：《中国经学史》，福建人民出版社，2001年。

安井小太郎等：《经学史》，连清吉、林庆彰等译，（台北）万卷楼图书公司，1996年。原本是1933年安井小太郎、诸桥辙次、小柳司气太、中山久四郎等人的讲义。

朱维铮：《中国经学史十讲》，复旦大学出版社，2002年。

姜广辉主编：《中国经学思想史》一、二卷，中国社会科学出版社，2003年。

钱穆：《两汉经学今古文评议》（重印本），商务印书馆，1996年。

黄彰健：《经今古文学问题新论》，载《大陆杂志》58卷2期、60卷1—2期。

《十三经注疏》（中华书局影印本，1980年）。

《四书章句集注》，中华书局，1983年。

朱彝尊编：《经义考》（中华书局影印本）。

《清经解》《续清经解》（中国书店影印本）等。

〜〜**【阅读文献】**

1.《诗经·陈风·月出》

月出皎兮，佼人僚兮。舒窈纠兮，劳心悄兮。

月出皓兮，佼人懰兮。舒慢受兮，劳心慅兮。

月出照兮，佼人燎兮。舒夭绍兮，劳心惨兮。

2.《礼记·大学》（用朱熹《四书集注·大学章句》本）

大学之道，在明明德，在新民，在止于至善。知止而后有定，定而后能静，静而后能安，安而后能虑，虑而后能得。物有本末，事有终始，知所先后，则近道矣。古之欲明明德于天下者，先治其国；欲治其国者，先齐其家；欲齐其家者，先修其身；欲修其身者，先正其心；欲正其心者，先诚其意；欲诚其意者，先致其知，致知在格物。物格而后知至，知至而后意诚，意诚而后心正，心正而后身修，身修而后家齐，家齐而后国治，国治而后天下平。自天子以至于庶人，一是皆以修身为本。其本乱而末治者否矣，其所厚者薄，而其所薄者厚，未之有也！——右经一章

【附录:《大学》朱注所分传十章】

《康诰》曰："克明德。"《太甲》曰："顾諟天之明命。"《帝典》曰："克明峻德。"皆自明也。——右传之首章，释明明德

汤之盘铭曰："苟日新，日日新，又日新。"《康诰》曰："作新民。"《诗》曰："周虽旧邦，其命惟新。"是故君子无所不用其极。——右传之二章，释新民

《诗》云："邦畿千里，惟民所止。"《诗》云："缗蛮黄鸟，止于丘隅。"子曰："于止，知其所止，可以人而不如鸟乎?"《诗》云："穆穆文王，于缉熙敬止!"为人君，止于仁；为人臣，止于敬；为人子，止于孝；为人父，止于慈；与国人交，止于信。《诗》云："瞻彼淇澳，菉竹猗猗。有斐君子，如切如磋，如琢如磨。瑟兮僩兮，赫兮喧兮。有斐君子，终不可諠兮!""如切如磋"者，道学也；"如琢如磨"者，自修也；"瑟兮僩兮"者，恂栗也；"赫兮喧兮"者，威仪也；"有斐君子，终不可諠兮"者，道盛德至善，民之不能忘也。《诗》云："于戏前王不忘!"君子贤其贤而亲其亲，小人乐其乐而利其利，此以没世不忘也。——右传之三章，释止于至善

子曰："听讼，吾犹人也，必也使无讼乎!"无情者不得尽其辞，大畏民志。此谓知本。——右传之四章，释本末

此谓知本，此谓知之至也。——右传之五章，盖释格物致知之义，而今亡矣。（下略）

所谓诚其意者，毋自欺也，如恶恶臭，如好好色，此之谓自谦，故君子必慎其

独也！小人闲居为不善，无所不至，见君子而后厌然，掩其不善，而着其善。人之视己，如见其肺肝然，则何益矣！此谓诚于中，形于外，故君子必慎其独也。曾子曰："十目所视，十手所指，其严乎！"富润屋，德润身，心广体胖，故君子必诚其意。——右传之六章，释诚意

　　所谓修身在正其心者：身有所忿懥，则不得其正；有所恐惧，则不得其正；有所好乐，则不得其正；有所忧患，则不得其正。心不在焉，视而不见，听而不闻，食而不知其味。此谓修身在正其心。——右传之七章，释正心修身

　　所谓齐其家在修其身者：人之其所亲爱而辟焉，之其所贱恶而辟焉，之其所畏敬而辟焉，之其所哀矜而辟焉，之其所敖惰而辟焉。故好而知其恶，恶而知其美者，天下鲜矣！故谚有之曰："人莫知其子之恶，莫知其苗之硕。"此谓身不修不可以齐其家。——右传之八章，释修身齐家

　　所谓治国必先齐其家者，其家不可教而能教人者，无之。故君子不出家而成教于国：孝者，所以事君也；弟者，所以事长也；慈者，所以使众也。《康诰》曰"如保赤子"，心诚求之，虽不中不远矣。未有学养子而后嫁者也！一家仁，一国兴仁；一家让，一国兴让；一人贪戾，一国作乱。其机如此。此谓一言偾事，一人定国。尧、舜率天下以仁，而民从之；桀、纣率天下以暴，而民从之。其所令反其所好，而民不从。是故君子有诸己而后求诸人，无诸己而后非诸人。所藏乎身不恕，而能喻诸人者，未之有也。故治国在齐其家。《诗》云："桃之夭夭，其叶蓁蓁；之子于归，宜其家人。"宜其家人，而后可以教国人。《诗》云："宜兄宜弟。"宜兄宜弟，而后可以教国人。《诗》云："其仪不忒，正是四国。"其为父子兄弟足法，而后民法之也。此谓治国在齐其家。——右传之九章，释齐家治国

　　所谓平天下在治其国者：上老老而民兴孝，上长长而民兴弟，上恤孤而民不倍，是以君子有絜矩之道也。所恶于上，毋以使下；所恶于下，毋以事上；所恶于前，毋以先后；所恶于后，毋以从前；所恶于右，毋以交于左；所恶于左，毋以交于右。此之谓絜矩之道。《诗》云："乐只君子，民之父母。"民之所好好之，民之所恶恶之，此之谓民之父母。《诗》云："节彼南山，维石岩岩。赫赫师尹，民具尔瞻。"有国者不可以不慎，辟则为天下僇矣。《诗》云："殷之未丧师，克配上帝。仪监于殷，峻命不易。"道得众则得国，失众则失国。是故君子先慎乎德。有德此

有人，有人此有土，有土此有财，有财此有用。德者本也，财者末也，外本内末，争民施夺。是故财聚则民散，财散则民聚。是故言悖而出者，亦悖而入；货悖而入者，亦悖而出。《康诰》曰："惟命不于常！"道善则得之，不善则失之矣。楚书曰："楚国无以为宝，惟善以为宝。"舅犯曰："亡人无以为宝，仁亲以为宝。"《秦誓》曰："若有一个臣，断断兮无他技，其心休休焉，其如有容焉。人之有技，若己有之；人之彦圣，其心好之，不啻若自其口出。实能容之，以能保我子孙黎民，尚亦有利哉！人之有技，媢嫉以恶之；人之彦圣，而违之俾不通。实不能容，以不能保我子孙黎民，亦曰殆哉！"唯仁人放流之，迸诸四夷，不与同中国，此谓唯仁人为能爱人，能恶人。见贤而不能举，举而不能先，命也；见不善而不能退，退而不能远，过也。好人之所恶，恶人之所好，是谓拂人之性，灾必逮夫身。是故君子有大道，必忠信以得之，骄泰以失之。生财有大道。生之者众，食之者寡，为之者疾，用之者舒，则财恒足矣。仁者以财发身，不仁者以身发财。未有上好仁而下不好义者也，未有好义其事不终者也，未有府库财非其财者也。孟献子曰："畜马乘，不察于鸡豚；伐冰之家，不畜牛羊；百乘之家，不畜聚敛之臣。与其有聚敛之臣，宁有盗臣。"此谓国不以利为利，以义为利也。长国家而务财用者，必自小人矣。彼为善之，小人之使为国家，灾害并至。虽有善者，亦无如之何矣！此谓国不以利为利，以义为利也。——右传之十章，释治国平天下

3.《春秋谷梁传》定公十年传（《十三经注疏》本）

（经）春，王三月，及齐平。夏，公会齐侯于颊谷。公至自颊谷。

（传）……颊谷之会，孔子相焉。两君就坛，两相揖，齐人鼓噪而起，欲以执鲁君。孔子历阶而上，不尽一等，而视归乎齐侯，曰："两君合好，夷狄之民，何为来为？"命司马止之。齐侯逡巡而谢曰："寡人之过也。"退而属其二三大夫曰："夫人率其君与之行古人之道，二三子独率我而入夷狄之俗，何为？"

罢会。齐人使优施舞于鲁君之幕下。孔子曰："笑君者罪当死。"使司马行法焉，首足异门而出。齐人来归郓、谨、龟、阴之田者，盖为此也。因是以见：虽有文事，必有武备。孔子于颊谷之会见之矣。

第二讲

诸子学的研究以及
《太一生水》

引言：从何炳棣的"画龙点睛"论说起
——为什么重视诸子学？

好些年前，大概是2002年左右，我在香港城市大学客座教书，有一次接到香港商务印书馆总经理陈万雄先生的邀请，约我和当时也在香港的李泽厚夫妇去中环一个饭店吃饭。去了才知道，原来是宴请何炳棣先生，他是来谈自传，也就是《读史阅世六十年》一书出版的。据说，是他点名叫我和李泽厚先生去赴宴。当时我很惊讶，为什么以研究经济史社会史著名的何先生，要找我们这些研究思想史的人一起吃饭？而且我记得，席间何先生就显出对思想史非常有兴趣的样子。当时没有多想，以为只是偶然的事情。后来，香港商务印书馆出版了何炳棣先生写的学术自传《读史阅世六十年》，看到最后，才发现何先生确实是对思想史有兴趣，并且说，如果历史研究不研究到思想史，就没有画龙点睛[1]。

这种对思想史的高度评价，我们这些研究思想史的人当然乐意听。当

1　何炳棣:《读史阅世六十年》,（香港）商务印书馆，2004年，第445—446页。

然，这句话最早是冯友兰《中国哲学史》里讲的，可是，研究经济和社会史的何先生为何要这样讲呢？我不很清楚，直到稍后我又读到他赠送的《有关〈孙子〉、〈老子〉的三篇考证》[1]，才慢慢懂得他的意思。他所谓思想史，主要是指先秦诸子的思想史，他说，最近这些年，他对先秦诸子有了兴趣，觉得这是后来几千年中国思想文化的重要时代，想懂得后来的中国，必须懂得那时的中国。这种看法很多学者都有，像美国的牟复礼（Frederick W. Mote）就在《中国思想之渊源》第一章《历史的开端》末尾说，"从孔子开始到秦完成统一的三四个世纪里，中国人的基本思想得以奠基。从那时起，支配着中国人心灵的观念以及周代的社会和政治元素，很大程度上塑造了今后中国的历史"。另一个学者史华兹（Benjamin Schwartz）从世界历史的宏观尺度来考察，觉得雅斯贝斯（Karl Jaspers）在《历史的起源与终结》中说的"轴心时代"太对了，因为近东、希腊、印度和中国，在那个时代都出现了"超越的反思"，有一种"高瞻远瞩的倾向，一种追问和反思，一种新的积极的视野与观念"，所以是一种世界普遍的"突破"，这种"突破"奠定了后来世界文明的基础。同时，英国学者葛瑞汉（A. C. Graham）也在《论道者》的"导言"里面，说到这一点，并且补充了一个说法，"那个时代的创造思维，似乎在任何地方都是涌现于敌对小国的多样性与不稳定性之中"。换句话说，这是一个思想辉煌与政治动荡的时代，正是这样的时代产生了丰富的思想[2]。

可是，何炳棣觉得奇怪，对于这样重要的时代，过去的学术界为什么连诸子谁先谁后，都一直没搞明白呢？所以，他要来重新研究，他觉得，

---

[1] 何炳棣：《有关〈孙子〉、〈老子〉的三篇考证》，（台北）"中研院"近代史研究所，"萧公权纪念讲座"讲演集2，2002年，特别是第55页以下。

[2] 牟复礼：《中国思想之渊源》（第二版），王重阳译，北京大学出版社，2016年，第33页；史华兹：《古代中国的思想世界》，程钢译，江苏人民出版社，2004年，"导言"，第2—3页；葛瑞汉：《论道者——中国古代哲学论辩》，张海晏译，中国社会科学出版社，2003年，"导言"，第1页。

自己能够有新发现。

何炳棣的研究有什么新发现呢？我们不能一一细讲，简单地说，最重要的一共有三点。

（一）他考证《孙子兵法》比《论语》要早。银雀山汉简《吴问》中有吴王阖庐和孙武关于晋被六家所据，六家谁先亡谁后亡的对话，他根据孙武的回答[1]，确定这应当是没有看到三家分晋的人写的，和《左传》昭公二十九年，也就是公元前513年，蔡史墨有关晋六家的一段说法相似。他根据这一资料推论，认为《孙子》应当成书于吴王阖庐三年（前512），这个时候孔子才四十岁。

（二）他考证老子的年代较晚。他根据《史记》记载老子的儿子名宗，为魏将，而魏在公元前403年才成为诸侯，所以，他断定老子的时代就不可能太早；他又根据老子八代孙和司马迁父亲，公元前二世纪的司马谈同时，按一代三十岁算，估计老子大约生在公元前440年前后，比孔子要晚111年，当然比孙子更晚。这个说法其实过去就有人讨论过，

1　《吴问》中记载，吴王问孙子曰："六将军分守晋国之地，孰先亡？孰固成？"孙子的回答是，范、中行氏先亡，智氏次之，然后是韩、魏，"赵毋失其法，晋国归焉"，即赵最后统一晋地。这个说法与《左传》昭公二十九年（前513）的记载相似，《左传》记载晋铸刑鼎，"著范宣子所为刑书"，并记载孔子叹息，"晋其亡乎，失其度也"。又，记载蔡史墨的话说，"范氏、中行氏其亡乎？中行寅为下卿，而干上令，擅作刑器，以为国法……其及赵氏，赵孟与焉，然不得已，若德，可以免"。见《春秋左传正义》卷五十三，《十三经注疏》中华书局影印本下册，1980年，第2125页；何炳棣认为，《吴问》成书时代，应当和蔡史墨年代一样。按：晋原来有六个贵族，公元前458年，范氏和中行氏先被智氏（荀瑶）联合赵氏、韩氏攻灭；公元前453年，韩、赵、魏三家又联手灭了智氏，形成晋国的三家贵族，公元前403年，三家得到周王室正式承认，成为诸侯。何炳棣先生的问题是：（1）如果真的在公元前513年，无论是蔡史墨还是孙子，可能预见范氏、中行氏、智氏的灭亡吗？（2）尽管后面韩、赵、魏的结局，《吴问》中的孙子和《左传》中的蔡史墨说得都不太对，但都说明他们看到韩、赵、魏的鼎立，这是在公元前403年了，那时孔子已经过世。（3）三家分晋之后，《吴问》和《左传》都没有预见到三家的灭亡，是因为一直到公元前230年、前225年和前222年，韩、魏、赵才分别被秦国所灭，这只能说明无论是《吴问》中的孙子还是《左传》中的蔡史墨的预言，都在三家灭亡之前，即公元前222年以前。（4）如果说，《左传》是战国时代的作品，那么，难道汉代的竹简本《吴问》不是和汉代传世的《左传》一样，都可能是看到三家分晋之后的事后记录吗？

下面我们再讲。

（三）他断定《老子》继承了《孙子兵法》。理由是（1）《老子》五十七章有"以正治国，以奇用兵"，这是发挥孙子"奇正"之兵权谋思想；（2）老子说"五色令人目盲，五音令人耳聋，五味令人口爽"一段，和《孙子》里面"声不过五……色不过五……味不过五……"相关；（3）《老子》三十一章讲"兵者不祥之器"，又讲"偏将军居左，上将军居右"，见于郭店简，但这一段表现的是，从单纯军事才能，转向战国时兼说礼仪的倾向。特别是，老子比起孙子来，一方面仍然有兵行诡道的权谋之术，一方面把它推衍到政治上来形成愚民政策。

何先生的意见究竟对还是不对？这另当别论。我们要讨论的是，到了八十岁的时候，为什么何炳棣会来关心这样的问题？

我想，当然是因为春秋战国是通常说的"轴心时代"，后来两千五百多年的思想史，几乎就是这个时代思想的不断解释和不断发现。后来的正统思想，通过这个时候确立的经典和圣贤的话语，经过种种解释不断地强化、发挥，经过意识形态和政治制度不断地落实。后来的异端思想呢？像道家啦、杨朱啦、墨家啦，也是在后人的不断重新解释和包装下，一次又一次地粉墨登场、借尸还魂。当然，那个时代百家争鸣嘛，还没有主流意识形态，没有绝对压倒一切的思想，所以，冯友兰说这是"子学时代"。最近，余英时先生花了很大力气，写了一本《论天人之际》，也是在讨论这个所谓"轴心时代"[1]。

这个时代里面，几乎所有后来的重要思想命题都提出来了，那个时代有些什么思想命题呢？归纳起来大概有四个，这里，我尽可能用现代的话语来表达：

---

[1] 余英时：《论天人之际》，（台北）联经出版事业公司，2014年；中华书局，2014年。参看葛兆光：《到"内在超越"之路》，《东方早报·上海书评》2014年3月16日。

第一，在强调"社会"（古代中国也叫作"群"）和"等级"的时代，怎样彰显"个人"和"自由"？在普遍尊崇"国家"（也包括实际控制权力的君主）的时代，怎样容许臣民保护他们的"利益"？换句话说，就是在越来越意识到，需要承认等级、尊重秩序、强调责任的背景下，怎样保障民众的自由、个性和超越的心灵？关于"秩序"和"自由"这个问题，至今还是世界性的思想话题，而当时的儒家和道家就在考虑这些问题。葛瑞汉就说过，古代中国人在轴心时代讨论的，不是西方哲学所争论的"真理是什么""本质是什么""如何通过逻辑与思辨达到真理"这种形而上的问题，而是指导和规范国家制度、社会秩序、个人生活的"道"[1]。请注意，这就是古代中国和希腊不同的地方，它也将影响后来几千年。

第二，在传统上普遍关注"人文""道德"等等伦理和精神领域的时代，如何使关于宇宙、自然和生活的知识、技术合法化，成为普遍适用的、大家都懂的"道理"？这是涉及后来的知识史和技术史走向的问题。当时，阴阳学说很流行，并没有阴阳家这一家，而是各家都讨论阴阳五行问题，其实，就是在处理这个知识、思想和技术领域的问题。

第三，在古代社会不计成本地讲究礼仪、等级、秩序的背景中，怎样才能使社会还保持平等、简约和实用？例如，究竟象征性的"礼"，和真实的"天""鬼"哪个更重要（"祭如在，祭神如神在""敬鬼神而远之" VS "天志""明鬼"）？繁文缛节与实际生活哪个更重要（"丧礼""丧服" VS "节葬""非乐"）？天命与人事哪个更重要（"天命" VS "非命"）？这正是儒家和墨家争论的问题，谁是谁非的最后结果，也会影响后来中国的走向。

第四，世界和语言的关系是什么？语言本身有确定性和实在性吗？我们可以相信语言吗？是不是可以通过语言或概念的清理来整理宇宙、自然和社会的秩序？这是当时儒家（正名）、墨家（墨辩）、道家（名辩）都

1　葛瑞汉:《论道者》，"导言"，第4页。

来讨论的事情。

以上这四个方面，几乎把一直到现在的各种政治学、伦理学、自然学和社会学的大问题都提出来了，而经过一次一次的角逐，后来的政治权力和思想话语的变化，又决定了后来汉族中国的思想取向往什么地方走。所以，我在《中国思想史》第一卷里面讨论战国诸子时代，就设立四章，一是"宇宙时空"，二是"社会秩序"，三是"个人存在"，四是"名辩之学"[1]。你看，这个时代的思想史是不是很重要？正是因为它很重要，所以，从二三十年代的《古史辩》开始，就是讨论这个时代的问题，比如，钱穆《先秦诸子系年》和郭沫若《十批判书》也是在讨论这个时代的事情，刚才我们提到的美国牟复礼《中国思想的渊源》、史华兹《古代中国思想世界》，英国葛瑞汉《论道者》，还是得讨论这个时代的事情，而何炳棣先生、余英时先生，他们到了八十来岁，也还会来关心这个"轴心时代"的老话题。

一、诸子年代的公案
——冯友兰的苦衷：不列出年代能写"史"吗？

可是你注意到没有，何炳棣要考证的，孙子早于孔子，孔子早于老子，首先就是先秦诸子谁先谁后，也就是年代问题。

确实，诸子研究里最大的麻烦，当然就是年代问题。诸子的年代混乱，主要是因为资料的混乱和不足，一是《史记》里面的老庄申韩、仲尼弟子、管晏等传记，虽然很有用，但是也因为记载含糊，搞得后来没法分清楚时代，留下很多打不清的官司。二是过去人没有著作权意识，写书的

1　参看葛兆光:《中国思想史》，复旦大学出版社，2003年，第一卷第二编的六、七、八、九、十节，第128—207页。

人不署名，有时候还伪托古人或者伟人，抄书的人不署名甚至还连抄带改，接着抄的人还更是东一段西一段，连拼带编，所以要判别作者，查考年代，成了很麻烦的事情，诸子的时代就是这样的。

其中，折腾最久也是最复杂的，就是老子和孔子的年代，这关系到道家、儒家两大家的问题，也关系到中国思想起源的大问题呀。据说，从宋代的陈师道怀疑孟子批判杨墨而不批判老子，想到可能在孟子时代还没有老子，一直到清代的崔述，怀疑战国时代每个学派都伪托古人自尊其说，觉得老子也是杨朱等人制造出来的；从宋代的叶适认为教孔子礼的老聃，恐怕不是后来批判礼的老子，到清代的汪中，觉得老子遇关尹，关尹和列子同时，列子死于孔子死后八十二年，可见老子不会比孔子早。关于这个问题自古以来一直有种种的怀疑声音，所以，到了二十世纪二十年代，要重新书写按照时代顺序的中国哲学史思想史，就出现了激烈的争论。

最先呢，像1919年胡适的《中国哲学史大纲》（上）依据的是传统说法，把老子放在孔子前面，因为传说里面，孔子到周室向老子学过礼，学生当然就比老师要小一些。胡适当时可能并没有仔细想，只是随从传统说法而已[1]。可是，这本书影响太大，很多人并不买账。所以，在1922年3月初，梁启超应胡适的邀请，在北京大学给哲学社做了一个演讲（那一年，梁启超正好在编他的《先秦政治思想史》），演讲的时候，就毫不客气批评胡适的《中国哲学史大纲》，好像是上门踢馆一样[2]，后来据陈雪屏的回忆，演讲在北大三院，先是梁启超评论，后面是胡适的回应，大概都有准

1　胡适：《中国古代哲学史》（即《中国哲学史大纲》上卷）第三篇《老子》第一节"老子传略"，根据阎若璩的考证，认为是鲁昭公二十四年到定公五年（公元前518年到前511年），孔子三十四到四十一岁的时候，曾去拜见老子。见《胡适文集》第六册，北京大学出版社，1998年，第193—194页。

2　胡适虽然豁达，但是内心也相当不愉快，事后他在给朋友的信里曾经说到，梁启超是代表一批反对他们的人而来挑战的。在1922年3月5日的日记里也说，"他讲孔子，完全是卫道的话，使我大失望"。曹伯言编：《胡适日记全编》第三册，安徽教育出版社，2001年。

备，所以很是精彩，让大家听得"如醉如狂"[1]。可是，大概是梁启超滔滔不绝讲得太多，留给胡适的时间很少，胡适不能充分反驳，这使得胡适心里很不平衡，所以在日记里面说，"他讲了两点钟，讲完了，我又说了几句话，闭会，这也是平常之事。但在大众的心里，竟是一出合串好戏了"。第二天，他又在日记中仔细记下梁启超关于《老子》为战国末期出品的说法。再过一天，有一个叫张煦的学生要为胡适打抱不平，反驳梁启超，胡适就很高兴，称赞他"用功很勤，方法也很精密"[2]。

这是两个学界领袖级人物的彼此竞争。后来梁启超的评论在《晨报》上发表，又收入同年出版的《梁任公学术演讲集》里面[3]，在这个评论的第五部分，梁启超举了六条证据来证明，老子应该是战国之末的人，比孔子要晚得多[4]。

这六条证据是什么呢？

老子的八代孙和孔子的十三代孙同时。

孔子和墨子都没有提到过老子。

《大戴礼记·曾子问》记载老子谈论礼，和《老子》一书的思想相反。

《史记·老子传》抄的是《庄子》里的"寓言"。

老子太激烈和自由，不像春秋末年的人。

《老子》中有的词语，不是春秋时代的词语。

这里面有的是道理，有的不是道理。不过，因为胡适和梁启超都是当

1　见胡颂平编：《胡适之先生年谱长编初稿》，（台北）联经出版事业公司，1984年，第484页。

2　见《胡适日记全编》第三册，1922年3月5日、6日、7日，第570—574页。

3　梁启超：《梁任公学术讲演集》第一集，商务印书馆，1922年，第19—21页。

4　夏晓虹编：《饮冰室合集集外文》（中册），北京大学出版社，2005年。从1921年11月《哲学》第4期辑梁启超《诸子考证与其勃兴之原因》一文，其中提到老子年代，仍将其列在第一，生年为约前570（？）年，而孔子则在第二，是前551—前479年，提到古书时，也说《老子》为真（第862—863页）。

时的大人物，争论的又是中国历史上的大问题，所以，一下子很多人都卷
进来了，一直争论了好些年。比如有张怡荪（驳梁）、顾颉刚（支持梁）、
钱穆（支持梁）、张寿林（折中）、刘泽民（折中）、唐兰（驳梁）等等。
后来看，其中最重要的是胡适、冯友兰、罗根泽、钱穆和郭沫若。

　　1930年出版的冯友兰《中国哲学史》，是胡适《中国哲学史大纲》
（上）以后最重要的哲学史，因为它是全史，所以成为取代胡适书的重要
著作。他在写这本哲学史的时候，一定也有超越胡适这个目标的，所以，
两个人互相之间很有别苗头的意思。冯友兰对先秦诸子排列的顺序，是孔、
墨、孟、老（老聃、李耳），最重要的，是他把老子放在很晚的地方。理由
是什么呢？除了上面提出的那些理由之外，他比较特别的，是第一，孔子
以前没有私人著述；第二，《老子》不是问答体；第三，《老子》是简明的
经体，这种"经"的形式在早期是没有的，应该是战国后期才有的。

　　可是，冯友兰的这几点是有漏洞的，完全是根据后来的情况反推过
去，你怎么就知道孔子以前没有私人著述？如果老子在孔子前，不就有了
吗？你怎么知道问答体就早，如果老子早于孔子，不就是格言体早于问答
体了吗？你怎么知道《老子》是经体？谁规定这种简明的文体就只能是
"经"，要有人作"传"？所以，一切的前提就是老子很晚，可是它要证
明的恰恰就是老子很晚，这不是悖论吗？所以当年6月，胡适就批评冯友
兰，而冯友兰又不服，进行反驳，于是形成了大公案。这里细节我们就不
说了，有兴趣的人可以看胡适1933年写的《评论近人考据老子年代的方
法》和冯友兰1934年的驳论。

　　总之，关于诸子的年代，成了二十世纪二十年代以后的学术公案，争
论不休。在这以后，渐渐出现了一些总结性的著作，对先秦诸子的年代做
了一个大体的排比，其中，最值得注意的就是：

　　（一）罗根泽的《诸子丛考》和《诸子续考》，分别发表在《古史辩》

第四册（1932年）和第六册（1937年）。这是相当详细的先秦诸子的考证，涉及孔墨老庄荀孟等等先秦人物，甚至还考证了杨朱、巫马子、邓析子、尹文子、惠施、公孙龙、商鞅、尸子、吕不韦、关尹、环渊等，几乎把所有先秦的文献和论著都搜罗在里面，进行了排比和考察。在大的脉络上，基本上确定了孔子最先，墨子其次，老子再次的顺序，这个顺序大体上还是对的。

（二）钱穆《先秦诸子系年》，这是1939年商务印书馆出版的，他所做的工作，一是以考证和列表的方式，按年排比了两百年的学术史[1]；二是几乎涉及诸子时代的各种学术人物，对各种著作也一一搜罗，比罗著还详细；三是不仅考察诸子本身，而且还考察了诸子的世系。

（三）郭沫若的《十批判书》，这是1943年到1944年写成的，但是出版略晚一些，这是用新思想和新观念，对先秦诸子进行考察和论述的一部著作。据郭沫若自己说，他把秦汉以前的材料，统统翻遍了，"考古学的、文献学上的、文字学、音韵学、因明学，就我所能涉猎的范围内，我都作了尽我可能的准备和耕耘"。他对诸子的论述对大陆影响很大，因为在评价上面，他的观念和方法是很新的，余英时曾经写文章，举了十二方面的例证，认为他剽窃钱穆的《系年》，引起很大震撼[2]。不过我想，在先秦诸

---

1 可以看它的《通表》，表与正文四卷互相配合，第一卷是以孔子生（前551年）开始到孔子卒（前479年）止，他认为这是孔子和他的门弟子的时代，也是先秦诸子学术的渊源所自；第二卷是以墨子大约的生年（前478年）开始到魏武侯卒（前371年），这一段是春秋变为战国，世袭之封建崩坏，游仕渐兴，也是墨子及其弟子，与孔子的弟子较晚出的一辈，儒墨抗争的时代，他认为这个时代儒术也开始分化出兵、农、法等家，是先秦诸子学术之酝酿期。第三卷是以周烈王六年（前370年）开始到周赧王十四年（前301年），这时商鞅、申不害用事，而惠施、庄周、孟子、许行等等在这一时代，背景则是秦变法、周室衰落、各国纵横、齐有稷下等等；第四卷则是从周赧王十五年（前300年）起到秦二世三年（前207年），这一时期有荀子、公孙龙、邹衍，到吕不韦、韩非、李斯等等，背景则是四公子崛起，秦国渐大而灭六国，等等。
2 余英时：《〈十批判书〉与〈先秦诸子系年〉互校记》，载氏著：《钱穆与中国文化》，上海远东出版社，1994年，第91—119页。

子的研究方法和评价观念上，大概他还是自成一家的。

在这之后，是不是先秦诸子的年代就考证清楚了呢？也没有，我们不要指望历史最终会有定论，有的时候历史可能永远没有定论，因为资料不足嘛。可是，是否就可以加上一个括号把它悬置起来呢？也不行，冯友兰说，你不排出一个顺序来，我的哲学史怎么写呢？这确实是一个很现实也是很困难的问题呀。所以，暂时的结论，暂时的次序，写暂时的历史，我们一定要有"不断重写的合理性"的观念，因为历史如果是今人和古人不断对话的过程，你不要说这个过程会中止。只能说，有时候因为资料缺少的缘故，对话会渐渐重复，重复就没有新鲜感。在几十年里面，先秦诸子年代的考证领域，如果仅仅依靠旧文献，已经大体没有什么可做的了，所以，各种通史、哲学史、思想史都是差不多的。

一直要到九十年代考古新发现的先秦资料越来越多，情况才略有变化。这是后话，一会儿再讲。

二、所谓"诸子时代"究竟是什么样子？

过去我们研究先秦特别是诸子的思想，常常首先去读各种后人写的书，这些后人写的书，可能加上了（一）历来文献的描述，历史文献不一定就是实录呀。（二）自己对文献的理解和想象，这就又多了一层眼镜片了，如果是有色的呢？（三）为了编织哲学史或思想史的需要，加上的所谓思想逻辑，而逻辑常常是要牺牲很多枝蔓的历史的。所以，这里描述出来的，未必真的就是原来的样子。

如果只是学习，这倒也罢了，如果你说我就接受一家之说，也还问题不大。但是，如果是学术史的研究，那么，就不要轻易地跟着人走。我觉得应该尽量回到当时的语境，透过一层一层的文献描述，竭力地去贴近历史，去看看当时人（或者是最接近当时的人）是怎么说的。下面，我们看《庄子·天下》《荀子·非十二子》《韩非子·显学》以及《史记·太史公自序》《汉书·艺文志》的记载[1]。

（一）《庄子·天下》

这篇文献的时代，大约在战国晚期，未必是庄子，可能是庄子后学的评论。它告诉我们的是，原来"道"是一个，大家都有一个共同的天下，有同一的思想，心也简单，思想也纯洁。以前我读席慕蓉的诗，里面有"一切开始在一条河边/心也简单/人也简单"，这就好像雅斯贝斯说的"原初之思"，好像庄子说的还没有凿七窍的浑沌，但是，由于时代变化，社会复杂，人们的智慧被开发，"多得一察焉以自好"，就是各自有各自的角度，横看成岭侧成峰，远近高低各不同，而且都觉得自己是对的，就好像后来佛经里面"盲人摸象"的故事一样，眼睛、鼻子、耳朵、嘴巴各自分裂，所以同一的世界崩溃了，所以他说，"道术将为天下裂……百家往而不返，必不合矣"。

永恒正确的"道"是不会分裂的，裂了的只是各为其所欲的"术"，那么，当时各自坚持而不同的"术"是什么样的呢？他就把自己视野里面看到的所谓"百家"一一开列出来，有：

1.墨翟、禽滑厘——主张非攻、节用、兼爱、非乐。这一系统的资料，可以在现在的《墨子》一书里找到，大体上是墨子和他的学生，从

1　1921年11月《哲学》第4期梁启超《诸子考证与其勃兴之原因》一文，也列出各书中所举诸子，其中除了下面提到的之外，还列举了《荀子·解蔽》有墨子、宋子、慎子、申子、惠子、庄子；《荀子·天论》有慎子、老子、墨子、宋子；《尸子·广泽》有墨子、孔子、皇子、田子、列子、料子；《吕氏春秋·不二》有老聃、孔子、墨翟、关尹、列子、陈骈、杨生、孙膑、王廖、儿良等。见夏晓虹编：《饮冰室合集集外文》（中册），第864页。

现在墨子的文献看来，他们后来分成了三派，所以《墨子》里的很多篇都有内容相差不大的上中下篇，可能就是出于三派弟子。在《庄子·天下》里面也说，相里勤之弟子、五侯之徒、南方之墨者，"以坚白同异之辩相訾"。

2. 宋钘、尹文——以软合欢，见侮不辱，禁攻寝兵。有一点儿像甘地的不抵抗主义和和平主义，大概是主张忍让吃亏的，所以庄子说他们"为人太多，自为太少"。

3. 彭蒙、田骈、慎到——齐万物以为首，有所可有所不可，弃知去己。这大概是搞相对主义的一伙，否定有永恒的价值和标准，也不相信什么知识不知识的，多少有点儿悲观主义。

4. 关尹、老聃——主张常无有，主之以太一，以濡弱谦下为表，以空虚不毁万物为实。大概思想里面是把"无"和"有"的讨论经常挂在嘴边的，推崇"太一"这种神秘的本原，主张柔弱胜刚强，以谦卑退让作为谋略，保存身体与精神的永恒。这好像就是我们后来说的老子一派了。

5. 庄周——以天下为沉浊，不可与庄语，故以寓言荒唐言言之，与天地精神相通。这是对现实社会的否定，觉得在这个颠倒的世界里面，什么道理，什么秩序都是假的，所以根本用不着认真，所以用无厘头的荒唐话应付它，用玩世不恭的态度来对待它，唯独认真的，是使自己和精神和天地相通，在这种相通中求得精神超越。

6. 惠施、公孙龙——至大无外，至小无内，天与地卑，山与泽平。这是什么意思呢？表面上看，他们好像也在搞相对主义，没有绝对差异，这不是和彭蒙一伙一样了吗？不是，他们并不是真的"齐万物"，而是在玩语言和概念的辨析，他们觉得，一切都是由语言表达的，语言给我们制造了一个差别世界，可是真的是有差别吗？我们常常并不知道，但是我们相信，其实并不是这样的，这些差别常常是语言告诉我们的，真正要了解面前的世界，就要超越对语言的习惯性信任，所以他们用语言在破坏语言，故意讲很多违反常识的话，目的就是要破坏这种对常识的依赖，从而自己去体验最终的"道"。所以，我常常讲，这些后来被叫作"名家"的人，其实不是"名"家，也是道者，他们一样在寻找"道"，只是他们寻找的方法是"辩"。

可是，这里面不包括儒，为什么？不知道，也许儒已经进入政治主流，不再是学说和思想，也许写这篇文字的人，他关注的就是这些领域的言论，总之，这可能是战国诸子一个不太完整的地图，但是就在这个思想地图里面，我们看到了，当时存在很多既相似又不同的学说和学者。

（二）《荀子·非十二子》

荀子大体上是站在比较坚定和正统的一部分儒家立场上来讨论战国学术的，他不仅批判和儒家直接相对的墨家，也批判当时瓦解儒家理想的道家，还批判各种其他的学派，甚至连儒家内部一些同道，他也相当严厉地批判，说他们把思想世界搞乱了，"天下混然，不知是非治乱之所存者"，所以他描绘的战国思想图像，是比《庄子·天下》更完整的，他把当时的学者分成六部分，每部分有两个代表，所以是"十二子"。

1.它器（一说即环渊）、魏牟——这一派的特点大概是快乐主义，希望达到个人的充分享受和自由，所以他们一直在论证快乐主义的合理性，荀子批判他们是"纵情性，安恣睢，禽兽行"。

2.陈仲、史鳅——这一派的思想，大致上是讲高调的理想主义，但是荀子却批判他们，觉得他们是大言欺人，假装的，自己搞出一副清高孤傲、自我克制的样子，好像很深刻严厉，其实是装装样子。

3.墨翟、宋钘——这在《天下》里面是两派，但是荀子把他们当作一伙看待，说他们并不懂得国家需要秩序，秩序需要等级和象征来管理，却一味高调地讲什么实用、节俭、平等之类的话，政治好像很正确，但是根本无法建立国家和秩序。

4.慎到、田骈——没有可以遵守和信任的原则，只有无穷无尽的差异，没有什么是可以信赖的，也没有什么是对的，全部是可以瓦解的，这样，就不能经世治国，也不能确定名分。

5.惠施、邓析——这是整天讨论奇奇怪怪的语言、概念、逻辑的名辩之士，荀子批评他们说，他们"治怪说，玩琦辞"，可是不法先王，不讲礼义，虽然雄辩，但是没有用处。

6.子思、孟轲——这是同室操戈了呀，儒家内部也有不同声音了，看来荀子时代的儒家，更讲究在政治世界的实际制度建设了，所以他批评子思、孟子说，虽然他们也说"法先王"，但是他们却不知道真正的纲领在哪里，整天抄袭古人的一些词语，讲"五行"之类的大话，根本不落实到制度建设的层面。

所以，荀子认为，应当正确地寻找真理的源头，这个源头就是上溯到仲尼、子弓、舜、禹，而必须消除十二子的各种说法，免得思想世界混乱，这样才是"天下之害除，仁人之事毕，圣人之迹著"。这一方面确立合法性，一方面建立合理性，强调国家需要秩序，要求思想转向制度建设，要求人们思想统一，就好像有点儿开始追求政治意识形态一家独占的样子了，所以荀子的思想很容易由礼转向法。不知道大家注意没有，在荀子的归纳里面，好整齐呀，两两相对，一共六组，但是先秦诸子能真的那么整齐地归纳成六派吗？

（三）《韩非子·显学》

韩非的评论，大概并不想求全，他只是说要讨论当时的"显学"，而当时最显赫的是什么？就是儒和墨，所以他说"世之显学，儒墨也"，可见什么道家法家名家都不是什么重要的学派，儒家和墨家大概在那个时候已经传播很广了，门人弟子一多，各地传播不同，就分了派了，所以他又说"儒分为八，墨离为三，取舍相反而不同"，孔子的门下，渐渐分出了八派，就是子张、子思、颜氏、孟氏、漆雕氏、仲良氏、孙氏、乐正氏，而墨子之后，则分出了相里氏、相夫氏和邓陵氏。这种说法有没有根据？好像是有的，比如现在的《墨子》很多篇都分成内容大致相近，文字略有不同的上中下三篇，可能就是三派各自的记录文本。

上面三种，都是先秦人自己的说法，换句话说就是当代人说当代史，也许这种当下说法的缺点，是归纳常常不那么清晰，有时候太琐碎太具体，就好像说"只缘身在此山中"，看不清大的身体轮廓，却看了小的鳞甲残片，好像"盲人摸象"一样，但是，它的好处是什么呢？就是看得亲切，没有后来人那些无意省略和有意忽略，也没有后来人的自作聪明或者攀龙附凤。

在这些当时人说当时事的文字里，你可以看到三条：第一，最初，儒、墨是最显赫的大头，当时孟子说的异端，不包括后来说的道、名，也没有什么阴阳家或法家，最多是墨子一派，加上杨朱，就是所谓的不归杨则归墨。后来则应当是儒家和道家，道家里面，由于出土文献的佐证，应当承认老子是比较早的，以前很多学者，包括史华兹、葛瑞汉他们把老子排在庄子之后是不对的。所以，战国时代的思想史顺序，粗粗排下来，就是儒、墨、道。我写思想史，大概就是这样的顺序。第二，战国中期以后，包括儒墨在内，当时各家各派也都四分五裂，所以是"百家"，《荀子·解蔽》就说，"今诸侯异政，百家异说"，《庄子·天下》也说，"其数散于天下而设于中国者，百家之学时或称而道之"，一直到汉代初期的《淮南子·俶真》也说，"百家异说，各有所出"。第三，是各种思想未必彼此界限很清楚，各自的立场、视角和价值都有差异，不一定各大派内部是大同小异，不同派之间是大异小同，其实可能各执一端，就像庄子说的"多得一察焉以自好"，"百家往而不返，必不合矣"，很难归纳成那么清楚的几派。

可是，现在我们对于先秦诸子的看法，包括各种思想史和哲学史，并不是从战国而是从汉代那儿来的。大家都知道，秦代是一个政治上大统一的时代，汉代是一个文化上百川归海的时代，天下统一了，文化要统一了，有人就要总结了。像《淮南子》，是想把各种思想整合起来的；而像司马谈写《论六家要旨》[1]，则是从学术立场和观念上对前人思想进行总结的，他把先秦百家干干净净地分成了六家，儒墨阴阳名法道，各自都很清楚。而后来刘向、刘歆到班固，则又加上当时书籍再分类，在《别录》《七略》到《汉书·艺文志》的"诸子略"里面，在司马谈的六家之外，又加上了纵横家、杂家、农家和小说家。

其实，这种总结问题很大，古代关于"儒""道""名""法"等的观念和范围，并不像我们后来哲学史、思想史说的那么狭窄。1910年的时候，章太炎在《国故论衡》卷下《诸子学》里面就说，"九流皆言道，道者彼也，能道者此也……自宋始言道学，今又通言哲学"，可是，道学只是宋代的一家，而哲学的名称又是西方的形而上学，所以不能用来理解先秦的学术思想。章太炎说得很对，在最宽泛的意义上，古代所有学者都可以叫作"儒"，他们讨论的终极目标都是"道"，所以说，"儒犹道矣，儒之名于古通为术士，于今专为师氏之守，道之名于古通为德行道艺，于今专为老聃之徒"，之所以后来概念变窄了，只是因为后来的分类，也是因为后来人的归纳。就像葛瑞汉说的那样，"这些思潮虽然大多只不过是后人回述时做的区别"，他认为，只有儒家和墨家，因为有"师徒时代相

---

1 《史记·太史公自序》。

传"，维系了真正的学派，其他的都很可疑，"道家学派，像儒墨之外的其他学派一样，是一种后人回溯性的产物，也是对诸子派系的最大混淆"[1]，可是，这个从汉代司马谈《论六家要旨》起就出现的归纳和分类，却造成了我们后来人的很多麻烦。

（一）司马谈说的"阴阳家"是根本没有的，阴阳观念是当时中国的普遍观念，几乎所有的学者都依托它来理解和解释世界，而它依据阴阳道理建立的知识技术，并不仅仅是解释和理解的思想学说，也是大家共享的东西。大家要是有兴趣，可以看一看傅斯年《战国子家叙论》，他说到一点，就是战国诸子是什么？其实"他们是些方术家"[2]，这个说法过于绝对，但是他也看到了，各种思想的阐述，背后其实都有一些"方术"，也就是阴阳五行之类的知识和技术的背景。这些"知识"和"思想"的分化，其实是一个过程，就像马王堆帛书《要》篇里孔子说的，他这批思想家和巫觋，其实是同途而殊归的。

（二）所谓"名家"也并不真的存在，像惠施，就是被庄子算在广义的道者中的。在古代中国，讨论"名"一般是为了讨论"实"和"名"的关系。可是"实"有不同，比如《七略》里面讲，"名家者流，出于礼官，古者名位不同，礼亦异数"，为了区分名分和等级，理顺两者的关系，所以要"必也正名"，通过"名正"而"位顺"，可是这是儒家的秩序观念呀。又比如古代有"刑名"，邓析、李悝都讲究"厝刑之本，在于简直，故必审名分。审名分者，必忍小理"，这是《晋书·杜预传》里讲的，那么，如果我们从这一方面看，这个"名"又好像应当属于法家。可是，如果在瓦解"名"的固定性方面，来理解超越语言的"道"，那么，他又像

1　葛瑞汉：《论道者》，第40、199页。
2　傅斯年：《战国子家叙论》，《傅斯年全集》第二册，第420页。

是道家一流。这样，你看有一个"名家"吗？

（三）至于法家，其实说白了，就是儒家的政治思想加上政府管理者的实用策略，就是"王霸道杂之"，就是入了官家、成为官员之后，"循吏"和"酷吏"的区别，都是"吏"，只是取径有别。法家有的（如商鞅）讲"法"，就是"宪令著于官府，刑法必于民心，赏存乎慎法，而罚加乎奸令"，强调的是臣下的责任；有的（如申不害）讲"术"，就是"因任而授官，循名而责实，操杀生之柄，课群臣之能"，强调的是君主的权力；有的又讲"势"（如慎到），也就是利用权势，推动政治管理，其实从他们思考的出发点和目的地来看，也就是从立场、目的到策略，都是和儒家一样的，为的就是两个字"秩序"，也就是统治的秩序。所以，蒙文通《法家流变考》里面说，儒和法就是"新旧两时代思想之争，将两家为一世新旧思想之主流，而百家乃其余绪也"。他觉得法家（包括纵横、兵、农）是秦国和北方的思想，儒家是东方诸国的思想，但都是追求政治秩序的建立[1]。钱穆《国史大纲》也说，孔子之后，贵族阶级堕落崩坏，儒家转入消极的路子，但另一批人走上积极的路子，就成了后来的法家。"法家用意，在把贵族阶级上下秩序重新建立，此仍是儒家精神。"他认为吴起在楚，商鞅在秦，都是想恢复秩序的，可是最终被杀，所以继承他们的人像申不害，就"渐渐变成以术数保持禄位的不忠实态度"[2]。所以，我们说司马谈所谓"六家"之说里，把儒、法分开，并不可信。可是它影响太大，还害得"文革"的时候，讨论了好久的所谓"儒法之争"，连屈原、柳宗元都要分出谁是儒家，谁是法家，这简直是儿戏。

（四）在刘向到班固的"九流十家"分类里面，也一样有麻烦。比如，

---

1 蒙文通：《法家流变考》，载氏著《古学甄微》，巴蜀书社，1987年，第295页。

2 钱穆：《国史大纲》（商务印书馆重印本）上册，第二编第六章，第104—105页。

纵横家存在吗？虽然确实有一些以合纵连横为职业的说客，但是，他们好像并没有特别的思想立场和价值观念，就像现在的律师一样，他们辩才无碍，但是立场多变，为了说服他人，他们用种种方式游说，这也是学术思想上的一派？农家算是思想学术的一派吗？农家只是重农一派，他们的书很多是关于农业技术的，充其量是在治理国家上重视"三农"，也不能算是学术或思想的一派。如果这也能算，那我们的农学院就统统应当另入一门了。兵家也不能算一家，按照蒙文通《法家流变考》的说法，他们和农家、纵横家一样，都是法家的工具。至于小说家，就更不用说了，不能把街谈巷议的东西，算成有立场、有团体、有世界观与价值观的一派吧。至于杂家，其实就是因为一方面很多先秦学术与思想没有办法归类，就只好另搞一个大筐把他们装起来，一方面也是因为先秦之后的融合取向，出现了《吕氏春秋》和《淮南子》这样海纳百川的著作，所以才被迫设立了一个"杂家"。

这样看来，这些"后见之明"只是汉代人的分类。

可是，这个勉强把先秦思想学术和著作装进去的分类法，却反过来限制了我们的哲学史和思想史。现在的哲学史和思想史，是"回头看"的，是站在后来人的立场，用后来人的眼睛来看的，当儒家在汉代以后一统思想学术的天下，并且确立了自己对历史的解释，又把这种解释当作唯一合理的解释的时候，人们渐渐习惯了也相信了这个说法。每当我们想起先秦的思想和学术，我们就会借了汉代的、宋代的、清代的一重重眼镜，靠着清末民初以来各种哲学史思想史的叙述脉络，把它当作孔子、墨子、老子、庄子、孟子、荀子时代的真的状况，这就是所谓"后设的回忆替代先在的历史"，可是我们如果没有这种自觉意识，那么"历史"就被"回忆"制造出来了，这就是后现代激烈批评的所谓"制造历史"（make history），就好像"道统"一样。我曾经写文章说过，我们现在哲学史、思想史的主要脉络的来源，一是"道统"，就是古人对真理谱系的想象，二是东洋和西方的哲学史叙事，三是马克思主义叙事。这就是顾颉刚他们当年讲的"层层积累"呀。

这种"层层积累"的分类和脉络，为什么我们现在开始怀疑了呢？主要原因之一，就在于近年考古发现了很多新材料，这些新的发现，至少在局部，请注意我说的是局部上修订了过去我们关于古代诸子学术与思想的理解，也提供了重新绘制这个图景的可能性，更重要的，是使我们对过去哲学史和思想史的叙事有了方法论上的怀疑。

三、考古发现与诸子时代的再认识

有一句老话讲"地不爱宝"，其实不是大地不爱宝贝，而是近年来搞开发，常常要动土，一动土就挖出地下埋藏的东西来了。所以，最近这四十年里，出土的古物和古籍很多。下面，我们要介绍一下，国内近三四十年来因为考古而新发现的古文献，这样的发现很多，不过这里只介绍和先秦诸子研究有关的部分。我不是这方面的专家，下面说的，是采取了很多学者的二手研究[1]。

（1）马王堆帛书（1970年代）——通常人最注意的是《周易》经传（如：卦序的不同、传文与今本之差异甚大。《昭力》《缪和》《二三子问》《要》等等，以及另一种《系辞》文本）和《黄帝书》（包括了在《老子》

1　特别建议阅读裘锡圭：《谈谈地下材料在先秦秦汉古籍整理工作中的作用》，载《裘锡圭学术文集》（复旦大学出版社，2012年）第4册《语言文字与古文献卷》，第378—388页。又，裘锡圭：《四十年来发现的简帛古籍对传世古籍整理工作的重要性》，第447—450页。

帛书甲乙本后附的《十大经》《称》《经法》《道原》等等）的重新发现，包括《老子》最早的汉代写本（在郭店楚简以前最早的写本《道德经》，注意上下经次序的互乙）；其中，还有帛书《五行》篇，它揭示了一个很重要的问题，过去荀子曾批评子思和孟子"倡为五行"，"五行"究竟为何物（是金木水火土，还是仁义礼智圣）？可以看出在思孟时代"五行"是比附于仁义礼智圣，是内在的道德，而不是阴阳五行。此外，还有《刑德》，它用阴阳数术解释四季，"刑"象征天杀，"德"象征天生，后来还用这些来讨论政治上的王霸之道。此外，还有《五星占》讲天象和占卜，《五十二病方》讲医书，《驻军图》即地图，《导引图》讲锻炼身体，《养生方》《合阴阳》讲养生术等。

从马王堆出土的简帛文献中，你可以看到，汉代初期，整个古代思想世界的概貌，一是经典儒家，二是确实出现了道家或黄帝之学，三是阴阳五行的观念、知识、技术与社会秩序的相配，四是杂知识和技术，不太像后来儒家独尊之后的情景。

（2）临沂银雀山汉简（1972年，1974年）：最重要的是发现了《孙子兵法》（吴孙子）之外的《孙膑兵法》（齐孙子），过去只知其名，不知其书，发现了《孙膑兵法》，许多东西就清楚了。此外，还出土一些文献，和《晏子》、《太公》（传世文献中的《六韬》即其中一部）、《尉缭子》等原来怀疑的古书相似的部分，证明了这些古籍的可靠性。

（3）睡虎地秦简（1975年）：《编年记》《日书》和《秦律》《为吏之道》《封诊式》等等。墓主是一位名为"喜"的军官，级别不高，墓里曾有编年记，即每年所做事情的记录。编年记中涉及一些大事，可以与《史记》中的记载对照。更重要的是，在陪葬的竹简中有些是法律的文书，虽然这些秦律，有的可能只是地方性的、局部的，而不是全国通用的，但已经很开眼界了。还有《奏谳书》，即向上级报告法律事务的一些条文。特别值得注意的是，睡虎地还发现了两种完整的《日书》，甲本非常完整，一天天排下来，哪天可以干什么，不可以干什么，类似于后来的皇历，这种日书构成后来很大的一个传统，在中国特别是民间社会影响特别大。台湾学者蒲慕州就根据《日书》的资料，先写了《睡虎地秦简日书的世界》，又写了《墓葬与生死——中国古代宗教的省思》，后来还出版了《追寻一己之福》，他依托他具有的埃及学背景，面对这些新资料，研究就很有意思，给《日书》发掘了新意义[1]。

（4）张家山汉简（1983年）：有《历谱》（18简）、《引书》（112简）、《脉书》（66简），及很晚才发表的汉律《奏谳书》（228简）、《算术书》（190简）、《盖庐》（55简）。过去，比较引人注目的是其中有《脉书》和《引书》，前者讲人身的经脉，后者讲气的运行，这两部书都与医学有关，为我们研究早期医学和医学背后所隐藏的观念性的东西提供了资料。

张家山出土的一些与汉代法律制度有关的资料，特别是《二年律令》（究竟是高祖二年，还是吕后二年，还有一些不同意见），有526支简，包括了贼、盗、捕、亡、具等律令，最近讨论很多。而《引书》《脉书》虽然是有关身体和疾病的资料，但也是先秦知识史的背景，涉及人们对宇宙万物的看法，还是值得注意的。

（5）定县八角廊汉简：主要是《文子》和《论语》。熟悉先秦思想史的人都知道，《文子》过去被认为是伪书，这次发现可能能够证明，它可能真的是先秦的书，至少是先秦已经有基础的书，而且纠正了现在通行的《文子》中的许多错误。

---

1 蒲慕州：《睡虎地秦简日书的世界》，载《历史语言研究所集刊》第六十二本第四分；蒲慕州：《墓葬与生死——中国古代宗教的省思》，（台北）联经出版事业公司，1993年；蒲慕州：《追寻一己之福》，（台北）麦田出版社，2004年。

（6）尹湾汉简：1990年代，在江苏连云港发现。其中有一篇引起大家关注的是《神乌赋》，这是我们现在发现得比较早的俗赋，与文学有很大关系。还没有正式发表的时候，李学勤先生曾让我看看这篇释文，究竟是否与佛教有关，如果真的与佛教有关，佛教传入中国的历史就要提前了。我实在不敢断定，赋讲的是一对鸟的巢被占，雌鸟被打死，雄鸟悲伤地飞走了，风格虽然有点像印度，但凭这样一个寓言故事并不能断定来自印度。它和放马滩秦简里面发现的，有关人会死而复生那个故事，都让研究文学史的人注意，有一些文学的原型和主题，也许，并不是来自后来的佛教，可能中国原来就有，只是过去没有发现，就只好算到"有据可证"的佛教头上。当然，《神乌赋》本身作为汉代的短小寓言辞赋，已经足以引起我们重视。还有一些精彩资料，如江苏东海县尹湾六号汉墓出土的一块木牍上画有神龟占卜图，上有许多文字，仿照乌龟壳的形状，写满占卜的内容，这些文字材料，目前还没有特别详细的研究。

（7）荆门郭店一号楚墓：1993年出土804支战国竹简，16种文献，包括目前最早的《老子》写本，以及《礼记》中的《缁衣》等等。当然，这一批文献的研究已经很多了，对重新理解古书的时代很有意义，最为人熟知的，就是它发现三种《老子》抄本，至少可以推定战国中期即公元前300年前后，就已经有和现在差不多的《老子》抄本了，那么，成书的年代呢？就更要早一些了，从此《老子》晚于庄、孟、荀的说法再也不成立了。当然，其中最引人关注的就是下面要重点讨论的《太一生水》。

（8）上海博物馆收购的战国楚简（1994—1995年）：包括87种从未听说过的新文献。这批竹简一共1218支，收藏在上海博物馆，现在正在陆续出版，到目前为止已经出版的《上博藏战国楚竹书》第1—9册，加上文字编一册，一共十册。

据学者的研究说，竹简的时代大约和郭店简相仿，是在公元前300年前后的战国中期。和传世文献对得上号的，比如《缁衣》。另外有八十多种，我们过去闻所未闻，见所未见，比如《孔子诗论》《鲁邦大旱》《四帝二王》《彭祖》《子羔》《夫子答史籀问》等。以第二册为例，就有《民之父母》《子羔》《鲁邦大旱》《从政（甲篇）》《从政（乙篇）》《昔者君老》《容成氏》，共七篇，很有意思[1]。其中，《子羔》以子羔问，孔子答的方式，说尧舜禹禅让是"善与善相授"，很值得讨论这种观念和想象，出自什么时候。《容成氏》以二十一个古代帝王，构成一个上古史的谱系，与过去《世本》之类的书是什么关系？里面和传世文献不一样的，比如，出土文献中的"启自取，于是乎攻益"，和传世文献中的"益干启位，启杀之"，到底谁对？为什么后世会变成另一种说法？这些都很有意思。

而对我们讨论先秦诸子来说，尤其要注意的，是第三册的一篇《恒先》，这是其中比较长的一篇，一共13支简，看起来是完整的，它是很抽

---

[1] 《上海博物馆藏战国楚竹书（二）》，上海古籍出版社，2002年。依次收入《民之父母》《子羔》《鲁邦大旱》《从政（甲篇）》《从政（乙篇）》《昔者君老》《容成氏》，共七篇。记可记者如下：（A）《民之父母》：一、内容亦见于《礼记·孔子闲居》和《孔子家语·论礼》，可见《家语》之类有较早的资料为依据。二、《民之父母》中讲"无"（无声之乐，无体之礼，无服之丧），与《家语》类同，亦与《列子·仲尼》"无乐无知，是真乐真知"同，可见此类后来似被理解为道家之思想者，原来是共有的观念。三、此文一直是把这种"五至""三无"的道德伦理境界，看成是"天下"共通的，能致"五至"行"三无"，就可以"皇（横）于天下"（第二简、第六简）。（B）《鲁邦大旱》。一部分关于如何祈雨的观念和文字，见于《晏子春秋·谏上十五》。（C）《从政（甲篇）》。有"五德""三誓""十怨"。五德是宽、恭、惠、仁、敬。又有关于过分严厉刑法的批评，和《老子》相似。（D）《昔者君老》曾言"内外"之分。（E）《容成氏》。这是一篇极有意思的文献，其中谈到古帝王的系谱，并谈到理想的天下秩序是"不赏不罚，不刑不杀，邦无饥人，道路无殇死者，上下贵贱，各得其世，四海之外宾，四海之内贞（定），有无通，匡天下之政，十有九年而王天下，世三十有七年而泯终"。又谈到什么是普遍真理，"履地戴天，笃义与信，会在天地之间，而包在四海之内，毕能其事，而立为天子"。并以禹为例说，他可以让"近者悦治而远者自至，四海之内及四海之外皆请贡"。此外，这里还有一个特别的五方说法，说五方之旗分别是日（东）、月（西）、蛇（南）、熊（中）、鸟（北）。

象的思想和语言学论文，里面讨论了宇宙本原的问题，语言与世界的问题[1]。

但是，最近十几年里，各种新发现仍然陆续不断——

1999年，湖南沅陵虎溪山一号汉墓简牍。

2003年，湖北睡虎地M77出土西汉简牍2137枚，主要是日书、算术、司法一类，据说时间的上限是公元前170年，下限在公元前157年。

2003年，湖南长沙走马楼出土西汉简牍，主要是有关法律、田租、驿舍类的文书。

2004年，郴州苏仙桥晋简1000余枚，主要是当时桂阳郡文书。

2008年，北大收藏西汉竹书3300枚，其中包括《老子》《仓颉》《周训》《赵政书》《日书》等。

---

1 据马承源介绍，《恒先》共13简，497字，简长39.5厘米，有三道编绳。李零释文已经发表在《上海博物馆藏战国楚竹书（三）》第287—299页。首先，《恒先》表明，《淮南子》一系关于宇宙鸿荒时代的状态的想象，以及关于一切的起源的猜测，是渊源有自，至少在战国时代就有的，并非汉代突然出现的，而且所谓恒先于万事万物一切的本源，是大朴、大静、大虚这种思想，在古代中国是一个共同的想象，并不一定是道家独有，古人相信，这种宇宙本原并不随同万事万物的生长出现而一同演变，它是永恒的。其次，这种宇宙论想象的万物演变过程，一方面，是从"或"到"气"，从"气"到"有"，从"有"到"始"，从"始"到"往"这样一个过程（这里值得注意的是"或"）。或，有的解说释为老子所说四大中的"域"，庞朴译为"动区"。这个"或"，一方面我们也许可以把它解释成为一切仍然在混沌之中的不确定性，这个不确定性的本原，是蕴含一切的根本，但是，它又并不直接制造一切，所以说是"气是自生，恒莫生气，气是自生自作"。另一方面，这个"或"和"有"所形成的"生"即一切事物，却是由"音"为基础的，音出言，言形成名，名形成事，这样，万事则只是音声、语言和概念的产物。这一观念非同小可，因为它把我们面前的一切，看成是一个由语言声音构成的世界，凸现了语音和声音的意义，至少在古代文献中，我们很少看到过这种看上去似乎很"现代"的宇宙观念。再次，这篇文献里面，仍然有先秦道者或者名辩之士常常表达的一种相对主义语言观念，"或非或，无谓或，有非有，无谓有，生非生，无谓生……"。最后，《恒先》的主旨，是要人们以"恒先"为依据，建立一个永恒的秩序。特别要注意的是，我们应当从这一文献所表达出来的特征，看到过去我们所谓古代分道家、法家和名家的说法，似乎并不那么可靠，其实，先秦思想世界中，追寻"道"也就是试图重新寻找那个大朴大虚大静的本源，可能是很多哲人的共同理想，而通过"名"或者说把一切归之于音声和言语的想法，只是"道者"其中的一类。至于通过这种理解中的宇宙秩序，重新建立一个人间的秩序，其实也是古代道者的最终目的。

2008年，著名的清华简，包括《尚书》《诗经》等。现在已经出到第八册，内容极其丰富。

2008年以后，岳麓书院秦简，1400枚左右，包括梦书、官箴、奏谳书、数书等。

此外还有很多，如慈利楚简。在慈利石板36号墓中，出土战国中期的竹简800枚，据说包括有关《周书》《国语》《司马法》《国策》的内容。又里耶秦简，有37000枚左右，大概时间是公元前222年到前208年，是洞庭郡迁陵县的档案类文书；还有长沙修地铁时五一广场出土的东汉简牍，有10000余枚，主要是长沙郡临湘县衙的官府文书，据说时间大概在汉和帝永元年间（89—105）。

总之，从马王堆帛书，到郭店楚简、上海博物馆楚竹书，再到清华简、北大简，近年来出土的资料，可以用八个字来说，是"内容惊人，数量极大"，它给我们提供了许多传统历史学资料之外的新的思考线索。我只是举其中比较重要的几个，实际上远不止这些。那么，这些发现会对先秦诸子研究有何影响呢？我想，最重要的，就是这些未经后人的意识改动和解释过的考古发现，给我们暗示了很重要的想法，其中很重要的是：

首先，促进了古书的再发现，使思想史走出疑古思潮的笼罩。 大家要知道，受现代科学思潮的影响，一切要有证据，很多古书因为缺少证据，被怀疑成伪书，从顾颉刚的《古史辨》，到张心澂的《伪书通考》，把很多古书打入另类，使得我们资料缺乏。可是，出土简帛它有涉及这些古书的文字出来，证明它们是有来历的，这就平反了很多过去被怀疑的古书。比如《尉缭子》（银雀山汉简）、《晏子春秋》（银雀山汉简）、《鹖冠子》（马王堆帛书）、《管子》（银雀山汉简）、《老子》（时代提前，次序差异，郭店、马王堆）、儒家七十子及其后学（郭店、上博、清华简）、杂道家

91

（张家山、阜阳、八角廊、郭店、上博、马王堆）。

其次，让我们重新理解上古思想和历史的真面目和连续性，因为那里面有很多东西，很多知识和观念，一直到很晚还有，只不过是秘密化、边缘化、底层化了。你比如说，《汉书·艺文志》里面，后三类"数术""方技"和"兵家"，在当时为什么占了这么大的比例？几乎是半壁江山呢。可是后来它们怎么就萎缩了，边缘化了呢？现在出土的各种文献里面，这些内容很多，什么日书、医方、病方、杂占，甚至还有美食、房中等，这就让我们重新思考那个时代思想世界的布局和结构了。

再次，这就提醒我们，研究思想史、文化史，要逐渐从注意中心转向注意边缘，从注意形而上到注意形而下，从关注高级的思想到关注一般的常识，很多东西在精英思想和经典思想那里找不到呀，可是那时却是很普遍的，这就让我们注意过去忽略的世界了。这些都是考古发现给我们的提醒。

总之，对于早期中国诸子的思想世界来说，出土文献很重要，有些问题要重新思考，我再说一遍——

第一，春秋战国时期（公元前六至前三世纪），是诸子百家的时代，当时的诸子学说，虽然有显赫和不显赫的分别，但并不一定像我们后人想象的那样，有主流（儒家）和边缘（其他）的差异，倒可能应当注意，是否可以有地域（比如南北、三晋、齐鲁、秦、楚）、兴趣（比如关于数术方技、关于实际或抽象、关于身体和宇宙、关于道德和社会等关注面的差异，有人关心人文，有人关心现实，有人关心技术）、问题（时间和空间、语言、社会秩序、政治制度的制定和实行）的不同，是否可以从这些不同中发现问题，重新理解当时的学术思想？

第二，很多当时流行的思想和知识，是不是会被历史和时间湮没？像黄帝之学里面的很多内容（《太一生水》的宇宙观、《十大经》里面关于天地历数的想法），像关于人的性命情理的思考（过去总觉得这些形而上的思想很晚才有，但是《性自命出》《五行》却改变了这种想法），像语言与世界的观念（过去在《白马论》《天下篇》里有一些，但《恒先》却把它放在宇宙基础上来讨论），像兵阴阳、兵形势和谋略之学的重要性（比如《孙膑兵法》《尉缭子》），像房中和养生之学的重要性（如《合阴阳》《养生方》等），这些知识和思想，是否有一个从公开到秘密、从士大夫显学到民间秘密学的过程？这是否是一个被压抑的屈服过程？

第三，我们开始会考虑，历史上确实有很多思想和知识，可能曾经是共享的，比如天地宇宙的起源和结构（《太一生水》《恒先》），关于"道"的天文象征、神明象征和终极意义，关于"三代"和"古帝"的历史传说系谱等等，是不是就像庄子说的"道术"是后来被天下各执己见的人给分裂了呢？

四、和儒家学说一样重要的古代诸子学说

所以，我们可以说，先秦时代的知识、思想和信仰世界，是诸子的时代，其中主要有：（一）儒者。儒者在孔子以后，至少分为八派，后来流传的儒也就是孟子、荀子的系统，在当时可能并不是儒家的主要线索，可能当时的各个支脉更加活跃，后来当然是王霸道杂之的荀子一系凸现出来，一方面他比较适合大帝国的政治，一方面也可能是因为他传授经典的门弟子很多，各种经典都经其手的缘故，而到了唐代以后，孟子系统才开始被发掘出来当作新的思想资料，而道统说也开始重新建立一个儒家的历史。（二）墨者。不同的墨者包括关心经验主义的、关注和平的、关注社

会平等的、关注实用主义的等等，其中最主要的，可能分成了三派，就是《庄子·天下》里面说的，相里勤之弟子、五侯之徒、南方之墨者，或者是《韩非子·显学》所说的相里氏、相夫氏和邓陵氏，他们渐渐还形成了有钜子和崇拜者的群体。但是慢慢地他们这种过于理想主义的生活方式、过于高调的道德约束和过于严厉的群体纪律，就不那么吸引人了，而且他们重实践而轻言说，没有经典传授，很容易淡出思想世界。（三）道者。我觉得广义的道者包括了黄帝之学、老庄之学、杨朱之学和惠施、公孙龙之学等等，他们的兴趣是不太一样的。

应当说，真正先秦的知识和思想世界，可能比我们的哲学史、思想史写的要丰富得多，当然这也是没有办法的，生活丰富而叙事干瘪，历史复杂而书写简单，这是必然的，当时还有各种各样的言说、论争、实践，而我们的思想史常常只是抽取其中似乎符合我们哲学史或者思想史尺寸的来剪裁。所以，我们要借助新资料，重新描绘古代思想世界的图景，那么什么是我们重新出发的基础呢？

我想是三点：

第一，重新理解先秦诸子所谓"分派"之说——重新绘制地图，回到各种叙事还没有形成的起点，重新以地域、群体、问题等等新的角度，来看待他们的思想和历史。

第二，重新考虑"思想"和"知识"的关系——打破传统的思想史和哲学史框架，恢复历史场景，建立思想的知识背景，也说明思想对于知识的引导性。

第三，重新研究诸子争论的各种话题——比如王健文曾经研究过"先帝王谱系"和"古圣王传说"就是很好的一例，现在《容成氏》出来，《四帝二王》出来，就更有意思了，《世本》的话题也开始被激活了，什么"禅让"和"放伐"的传说是怎么回事儿？它与当时的"法先王"和"法后王"有什么联系，和后来的"道统"说又有什么差异？这些都是好问题呀。

五、个案：解读《太一生水》

前面我们说，诸子时代的思想史，尽管过去是大家关注的重心，但是现在还有很多新的研究空间，这主要就是因为我们看到了很多以前的人，包括汉代以来的古人，也包括现在研究哲学史和思想史的今人，都没有看到过的文献，所以有可能重写这一段历史。今天我们讨论的一个新发现的文献，就是《太一生水》，这是从郭店楚墓中发现的，它附在《老子》后面，简长26.5厘米，上下两道编线，间距是10.8厘米，一共有14支简，共284字。

郭店楚墓的时代，一般认为大概是公元前300年前后，也就是钱穆说的商鞅、申不害、惠施、庄周、孟子、许行的时代刚刚结束的时候。这个时候各种思想都出来了，思想很混乱，不像战国初期，思想的取向比较简单和清楚。而这个时代所谓"道术为天下裂"，真正是百家争鸣了。

关于《太一生水》，我要先讲一下什么是"太一"。

"太一"是那个时候一个很重要的，象征着终极意味的词，《庄子·天下》里面说，关尹和老聃是主张"常无有"的，他们的中心词就是"太一"。《吕氏春秋·大乐》里面说，道就是太一，"道也者，精也，不可为形，不可为名，强为之名，谓之一"，后来汉武帝的时候，还建了"毫忌太一坛"（元光二年，前133年）、"甘泉太一坛"（元鼎五年，前112年）。这说明，太一是很神秘、很崇高的。我在1991年，郭店、上博这些新材料还没有发现的时候，就写了一篇《众妙之门——北极与太一、道、太极》，接着科学史专家钱宝琮，来讨论"太一"的问题，那个时候《太一生水》也好，《太一避兵图》也好，都没有发现，也没有多少人注意这个概念，我当时觉得，"太一"其实就是从战国到西汉时的人心目中，天象上的北极、道理上的道，或者是太极。首先，北极星又叫北辰，现代天文学称为小熊星座 β 星，《论语》里面就说众星拱北辰，它是古人想象中天地的中央，是宇宙的轴心和原点，大家知道埃里亚德就说，对于古代东方人来说，这个中央很重要，李约瑟也觉得，古代中国人的最高天体，不是太阳而是北极。但是在具体象征上，"太一"又是一个最高神，《楚辞·九歌》中有《东皇太一》，宋玉《高唐赋》中亦有"礼太一"，似乎曾经是战国时代某个区域民众心目中的至高无上的主神。道，当然就是《老子》说的"不可道"的终极本原；而太极，则是《易·系辞》提出来的一个带有原初与终极意味的概念。而在那个时代，这个神、概念、星辰是相通的，都是宇宙的根本。

到了《太一生水》这一篇的楚简被发现，这个问题就更可以探讨了。那么，我们就要讨论《太一生水》里面三个重要的问题了。

第一个，"太一生水"，有一点要讨论的是，到底是"太一生水"，太一是宇宙最原初的最本质的，水是它的衍生物呢？还是"太一生于水"，水倒是最原初的本质呢？这还要继续讨论。

就算是前一个吧，这一说法过去从来没有听说过，美国达特慕思学院的艾兰（Sarah Alan）虽然也在《中国早期哲学思想中的水》里面说过"水"的重要性，是早期哲学思想中一个最重要的比喻[1]，像《孟子·离娄下》"仲尼亟称于水，曰：水哉水哉，何取于水也"；《荀子·宥

1　艾兰：《中国早期哲学思想中的水》，载氏著《早期中国历史思想与文化》，杨民等译，辽宁教育出版社，1999年。

坐》也引孔子说，"夫水，大遍与诸生而无为也，似德"（下面又说水像"义""道""勇""正"）；《老子》第八章"上善若水，水善利万物而不争，处众人之所恶，故几于道"。但是，这也只不过是比喻而已，只是取"水"的性质来比喻。只有《管子·水地》的意思有一点点像《太一生水》，主要讲"地生水，水生人"，但水还不是最原初的东西。可是，《太一生水》却把水当作太一创造万物的基础，而且水还会反辅太一，成就一切，这个思想是从什么地方来的，又为什么在后来渐渐淹没了呢？

　　第二个，下面的这段话，"藏于水，行于时，周而又【始，以己为】万物母，一缺一盈，以己为万物经"应当如何理解？加上这段前面的"成岁而止"，到底又是什么意思？北京大学的李零说，这段话和数术之学的关系最大[1]，而数术知识在当时很普遍很流行，是各家各派都共同的知识。这话怎么说呢？李学勤解释说，你得和子弹库楚帛书对照着看才行[2]。子弹库帛书和它都有一个共同的地方，就是有"四时成岁"的思想，而讲四时成岁，常常和天文历法有关，这就要懂一点儿数术之学了。他解释说，"藏于水，行于时"，这一句话很明显，和太一行九宫式有关。古代的"式"，大家见过吧，上面象征天的是圆的，中心刻了北极（太一）、北斗等，正如《鹖冠子·泰鸿》说的"中央者，太一之位"；下面象征地的，是方的地盘，上面有各种刻度，标志着四方、天干、地支、八卦、九宫、二十八宿。"天圆地方"象征着宇宙，所以它可以通天地，解万事，预测一切。它的原理，和古代阴阳五行为基础的知识有大关系，它的使用方法和技术，又和天文历算知识有关。

　　古代的"式"大体上有这样一些元素，和这些因素都对得上号。"式"

1　李零:《读郭店楚简太一生水》，载氏著《郭店楚简校读记》，北京大学出版社，2002年。

2　李学勤:《太一生水的数术解释》，载《本世纪出土思想文献与中国古典哲学研究论文集》上册，（台北）辅仁大学出版社，1999年。

的结构，是四方加上中央，四方又配合天干，北（子）、南（午）、东（卯）、西（酉）、中，四方又扩大为八方，东北为报德之维，东南为常羊之维，西南为背阳之维，西北为蹄通之维，分别像是固定天穹的四根绳子。它又和九宫、十二月、二十八宿配合，北斗就顺时针方向在天穹上运转，好像是太一在中央操纵一样。《太一生水》所谓"藏于水"，就是天盘象征中心的太一，它运转北斗是从五行属水的北方开始的，斗柄历四季、十二月、二十八宿，是周天一周，象征成一岁，正如《月令》所说的"斗柄朝东，天下皆春，斗柄朝南，天下皆夏，斗柄朝西，天下皆秋，斗柄朝北，天下皆冬"，按照时令运作，所以，又说这是"行于时"，北斗斗柄周行四方象征四时，转一圈就是一年，所以是"成岁而止"。

第三个，为什么太一就是宇宙的原初和根本呢？它又是怎样生出这个万物纷纭的天地人的呢？我过去在讨论"太一"的时候，就从天象观测的视觉感觉上说明这个道理，因为古人在夜里观察天象，会发现一个很有趣的现象，就是"天道左旋"，他们不知道地球自转，从视觉上看，如果面北而立，日月星辰好像都在向左边旋转，但是偏偏有一个地方是不转的，这好像是宇宙的中心或者轴心，这个轴心就是北极，按照古人的想象，这是天地中央。中央很厉害呀，第一，它以不动制动，控制着一切，好像"弱、静、默"一样，它很符合老子、文子对"道"的想象；第二，它没有昼夜，只有一年为一天，所谓"天上一天，地上一年"；第三，它是没有对应点的圆心，其他任何地方都可以有对应，就有阴阳，它是唯一，而"道"就是唯一的、绝对的；第四，在古代想象中，一切好像就是从那里旋转生产出来的。这个思想在很早很早的古代产生以后，就有了太一，有了式，有了太极等想象。而且，在后世也就有了对于中心的崇敬，也构成了古代人的空间感觉，觉得天圆地方、四方展开是最合理的一种图像，城市啦，陵墓啦，纪念性的建筑、丹炉、围棋，等等，都要仿效这个空间形式。

所以，最后请大家看看《鹖冠子》中的三段话，前面第一段话，好像也和天象历数的知识有关，似乎也是按照当时数术之学的观念来讨论宇宙观念的，只是它比《太一生水》和《恒先》都要晚，大概是在秦始皇统一中国前后才成书，可见这个观念一直有延续；第二段和第三段，你拿来和《太一生水》《恒先》比比，都是在讨论宇宙起源，同样基本元素有天地、神明、阴阳、燥湿、法刑、音声等，但是它的图式则比《太一生水》《恒先》复杂，前者多出来一个"五胜"，后者则多出来一个"意""图"等，但是，大家要注意，这大同小异的宇宙猜想，好像思路都很像。那么，这个晚于《太一生水》《恒先》几十年的《鹖冠子》都有的这种思想和知识，是否当时很流行很普遍呢？请看——

《鹖冠子·泰鸿》："道，南面执政，以卫神明，左右前后，静待中央……中央者，太一之位，百神仰制焉。"

《鹖冠子·度万》："天者神也，地者形也。地湿而火生焉，天燥而水生焉。法猛刑颇则神湿，神湿则无不生水。音□声倒则形燥，形燥则地不生火。水火不生，则阴阳无以成气，度量无以成制，五胜无以成执，万物无以成类。"

《鹖冠子·环流》："有一而有气，有气而有意，有意而有图，有图而有名，有名而有形，有形而有事，有事而有约。约决而时生，时立而物生，故气相加而为时，约相加而为期。"

那么，最后我们要问的问题是，在诸子时代的思想世界中，《太一生水》处于什么位置？它能够归入什么学派？它如何促使我们重新理解那个时代的思想和知识？知识和观念是怎样互相支持的？[1]

1　关于先秦的道者和道论，我曾经认为应当分为讲"天道"的黄帝之学、讲"超越"的老庄之学、讲"为我"的杨朱之学、讲"名辩"的惠施之学等等。

❧【参考论著】

章太炎:《国故论衡》卷下《诸子学》。

钱穆:《先秦诸子系年》,商务印书馆,原出版于1939年。

罗根泽编:《诸子丛考》《诸子续考》,载其编《古史辨》第四、第六册,上海古籍出版社,1982年重印本。

郭沫若:《十批判书》,科学出版社,1957年。

李零:《简帛古书与学术源流》,生活·读书·新知三联书店,2004年。

葛瑞汉:《论道者——中国古代哲学论辩》,张海晏译,中国社会科学出版社,2003年。

史华兹:《古代中国的思想世界》,程钢译,江苏人民出版社,2004年。

葛兆光:《众妙之门——北极、太一、道、太极》,载《中国文化》第三辑,香港中华书局,1991年。

李零:《郭店楚简校读记》,北京大学出版社,2002年。

李学勤:《太一生水的数术解释》,《本世纪出土思想文献与中国古典哲学研究论文集》,辅仁大学出版社,1999年。

郑吉雄:《〈太一生水〉释读研究》,载《中国典籍与文化论丛》(增刊)第十四辑,2012年。

❧【阅读文献】

1.《太一生水》(《郭店楚墓竹简》,文物出版社)

大一生水[1],水反辅大一[2],是以成天。天反辅大一,是以成地。天地【复相辅】也,是以成神明[3]。神明复相辅也,是以成阴阳。阴阳复相辅也,是以成四时[4]。四时复【相】辅也,是以成寒热。寒热复相辅也,是以成湿燥。湿燥复相辅也,成岁而止[5]。

故岁者，湿燥之所生也。湿燥者，寒热之所生也。寒热者[6]，四时者，阴阳之所生【也】。阴阳者，神明之所生也。神明者，天地之所生也。天地者，大一之所生也。

是故大一藏于水[7]，行于时，周而又【始】，□□□万物母[8]。一缺一盈，以己为万物经。此天之所不能杀，地之所不能埋，阴阳之所不能成[9]。君子知此之谓……[10]

下，土也，而谓之地；上，气也，而谓之天。道亦其字也。请问其名。以道从事者，必托其名，故事成而身长。圣人之从事也，亦托其名，故功成而身不伤。天地名字并立，故过其方，不思相【尚[11]，天不足】于西北，其下高以强。地不足于东南，其上□□□，□□□□[12]，天道贵弱，削成者以益生者，伐于强，责于【弱。是故不足于上】者[13]，有余于下；不足于下者，有余于上。

【注释】

[1] 大一，即太一，指天地形成之前的原初而幽玄状态，和通常所说的"道"相似。《吕氏春秋·大乐》"道也者，……不可为名，强为之名，谓太一"。之所以说"太一生水"，李二民《读"太一生水"札记》（《简帛研究》上册，广西师范大学出版社，2001年，第129—136页）引《三命通会》中《灵枢经》佚文"太一者，水之尊号也。先天地之母，后万物之源"，说明古代可能有把"水"当作万物天地原初，命名为"太一"的思想。又，如果从五行与五方相配的数术观点来看，太一象征北极，而北方为幽暗与寒冷，属水。

[2] 辅，相辅相成。

[3] 神明，幽明。

[4] 四时，四季。

[5] 岁，年，指阴阳季节的一个完整循环过程。这一段关于宇宙生成的论述，可以和《列子·天瑞》里面的"有太易，有太初，有太始，有太素"比较，古代中国常常有这种关于宇宙起源的想象，而这些想象好像都沿着一种从无到有、从虚到实的路子而来。

［6］寒热者，下面竹书原文或许脱数字，一般疑当补"四时之所生也"六字，与其他句子相配。

［7］大一藏于水，大一是不可感知的，所以这一逆推，推至水就无可再推，在感觉上像是大一藏在水里。

［8］此处李零疑当为"以己为"三字。以己为万物母，是说大一生成万物。

［9］这是说大一的地位高于一切，超越一切存在者。

［10］"谓"字下原简残缺。

［11］思，令，使。尚，超过，高出，一说即"当"，相当。

［12］此句有脱字处，李零以为应当是"其上□以□。不足于上"。

［13］此句是后来以意补，故研究者中有多种补法，或作"（责于）□，□于弱，□于□"。

【参考】

李零：《郭店楚简校读记》（增订本，北京大学出版社，2002年）。

裘锡圭：《〈太一生水〉"名字"章解释——兼论〈太一生水〉的分章问题》，载《古文字研究》第二十二辑，中华书局，2000年。

陈伟：《郭店竹书别释》，湖北教育出版社，2003年。

李建民：《太一新证——以郭店楚简为线索》，载《中国出土资料研究》（日本）第三号（1999年3月31日）。

郑吉雄：《太一生水释读研究》，载《中国典籍与文化论丛》（2012年增刊）第十四辑。

2.《恒先》（据《上海博物馆藏战国楚竹书》（上海古籍出版社）第三册；又，董珊《楚简〈恒先〉初探》释文）

恒先无有[1]，朴、静、虚[2]。朴大朴，静大静，虚大虚，自厌不自忍[3]，或作[4]。有或焉有气，有气焉有有，有有焉有始，有始焉有往者。未有天地，未【第一简】有作行出生，虚静为一，若寂寂梦梦，静同而未或明，未或兹生。

气是自生，恒莫生气。气是自生自作。恒气之【第二简】生不独，有与也。或恒焉生，或者同焉。昏昏不宁，求其所生。异（翼）生异（翼），鬼（畏）生鬼（畏），韦（伟）生非，非生韦（伟），哀（依）生哀（依）[5]，求欲自复[6]，复【第三简】生之生行。浊气生地，清气生天，气信神哉，云云相生。信盈天地，同出而异生（性），因生（性）其所欲。业业天地，纷纷而【第四简】复其所欲。明明天行，唯复以不废，知既而无思不天。

有出于或，生出于有，音出于生，言出于音，名出于【第五简】言，事出于名[7]。或非或，无谓或；有非有，无谓有；生非生，无谓生；音非音，无谓音；言非言，无谓言；名非【第六简】名，无谓名；事非事，无谓事[8]。

详宜利巧，彩物出于作，作焉有事，不作无事。举天下之事，自作为事，庸以不可赓（更）也？凡【第七简】多彩物，先者有善，有治无乱。有人焉有不善，乱出于人。先有中，焉有外；先有小，焉有大；先有柔，焉【第八简】有刚；先有圆，焉有方；先有晦，焉有明；先有短，焉有长。天道既载，唯一以犹一，唯复以犹复，恒气之生，因【第九简】言名。先者，有待无言之，后者校比焉，举天下之名虚属，习以不可改也。举天下之作，强者果；天下【第十简】之大作。其敦厐不自若，若作，庸有果与不果？两者不废。举天下之为也，无舍也，无与也，而能自为也【第十一简】。

举天下之性，同也，其事无不复，天下之作也，无所极，无非其所。举天下之作也，无不得其极而果遂，庸或得之？庸或【第十二简】失之？举天下之名无有废者，举天下之明王、明君、明士，庸有求而不予？【第十三简】

【注释】

[1]《周易·系辞》里面的"太极"，马王堆帛书《周易系辞》作"大恒"（见《马王堆汉墓文物》，湖南出版社，1992年，第123页）。饶宗颐认为"恒"应当是正字，可见"恒先"的"恒"既有本质上的终极不变之"恒"，也有起源上的原初之"先"。而裘锡圭《说"建之以常无有"》（《复旦学报》2009年第1期）认为，"恒先"应该读为"极先"。

[2]《文子》竹简本912说，"道"的性质就是"卑、退、敛、损，所以法天也"，这和《老子》说的"天道贵弱"一样，都是强调"道"或者"先"的柔弱、安静、混沌的性质。李学勤《楚简〈恒先〉首章释义》（《中国思想史研究通讯》第二期，第19页）里认为，这个朴，应当读作"全"，即《庄子·田子方》里的"天地之大全"，可备一说。

[3]厌，意为足，忍，抑制，一说读作"牣"，意为满。

[4]或，一说读如"域"，即《老子》里面所说的"道大，天大，地大，王亦大，域中有四大，而王居其一焉"。河上公注中，把域改成"八极"，所以可以训为"界"，指宇宙空间而言；一说"或"即如"道"一样，是一种不可确定的或然性存在，所以是一切的原初状态。又，庞朴《〈恒先〉试读》（《中国思想史研究通讯》第二期，第21页）把"或作"解释为"某个区域在躁动"。

[5]这一句，庞朴读为"异生异，畏生畏，韦生韦，悲生悲，哀生哀"。

[6]自复，指自己复制自己。万物都是在不断循环，周而复始。

[7]这一段，表达了一个宇宙生成过程，即不确定的原初存在（或）产生确定性的存在万有（有），万有（有）产生了生命（生），生命（生）发出声音（音），声音（音）构成语言（言），语言（言）产生了概念（名），而概念（名）则构成万事万物（事）。在中国古代思想中，这种逻辑过去未曾见到。

[8]《公孙龙子·名实论》中说，"夫名，实谓也。知此之非此也，知此之不在此也，为不谓也。知彼之非彼也，知彼之不在彼也，则不谓也"。这一说法，大体上是为了区分词和物（或者按照现在流行的新词即"能指"和"所指"），指出这个词只是概念（能指），不是物（所指），不要以为物（所指）就是词（能指）。比如第一句，就是"如果知道原本的'或'不是所说的'或'，就不必一定要称之为'或'"。

【参考】

董珊：《楚简〈恒先〉初探》，收入《简帛文献考释论丛》，上海古籍出版社，2014年。

第三讲

《魏书·释老志》与佛教史研究

引言：从《魏书·释老志》的研究史说起

这里要讨论的，是北齐魏收所撰《魏书》中的《释老志》，我想通过这篇文献，和各位进一步讨论一下初期中国佛教史的研究方法。

《魏书·释老志》不仅本身是非常重要的佛教史和道教史文献，而且对于它的研究史也值得一提，因为中外一连串的重量级学者都和它有关系。它不仅被中国学者关注，法国著名的伯希和（Paul Pelliot，1878—1945），在很早以前就敏感地注意到了它的重要性。到了 1930 年代，哈佛大学的魏楷（James R. Ware）[1] 在欧洲学习的时候，在伯希和的指导和梅迪生的帮助下，进行《魏书·释老志》的研究，后来在《通报》（*T'oung Pao*）上发表了他的博士论文 *Wei Shu on Buddism*，对《魏书·释老志》的佛教部分做了注释和解说[2]，大家知道，《通报》是欧洲汉学界最重要也是历史最长的权威刊物。但是，没想到的是，这篇译文一出来，就受到周

1　魏楷的汉名又为魏鲁南，曾任哈佛大学东亚系主任，翻译过《论语》《孟子》和《庄子》等，著有《公元 320 年中国的炼丹术、医学与宗教》（*Alchemy, Medicine and Religion in the China of AD 320*, MIT Press, 1967）。

2　*T'oung Pao*, Vol. XXX, pp. 100–181.

一良的严厉批评，周先生曾经指出，魏译"往往误会原文而错译，偶尔还有脱漏"，书评中指出他的十五个错误和四个遗漏，比如把佛教当时常常说"出"某经的"出"字（即"翻译"），误译作edit，变成了"编辑"，这可是常识性的错误；又比如，魏楷把"微言隐义，未之能究"一句的后四个字，干脆漏掉未译等，可见问题还很多[1]。而日本著名的佛教史学者塚本善隆，则在周一良先生之后，也写了一篇长文批评魏楷的译文，指出他对"常乐我净"、大小阿毗昙、"摩诃衍"等，有理解上的错误，也指出他对于中国佛教文献的参考比较薄弱[2]。所以，随后他自己做了一个《魏书·释老志》的日文译注稿，当时做的这个译注稿，他自己认为并不算很完善，但是，却被当时在日本留学的留学生Leon Hurvitz翻译成英文，并且在1956年作为水野精一、长广敏雄编《云冈石窟》一书的附录发表出来[3]。次年即1957年，当时的哈佛大学教授杨联陞，就在《哈佛亚洲研究杂志》上发表了书评[4]，指出其中的一些问题（顺便说一句，杨联陞博士论文《晋书·食货志译注》的指导教师就是魏楷）。于是，塚本善隆就在大加修改以后，在1961年由京都大学人文科学研究所出版了《魏书·释老志译注》。应当注意，经过若干年的检验，这部《魏书·释老志译注》已经普遍被学界承认是一部名著，所以，后来不仅收在《塚本善隆著作集》第一卷里，而且还作为平凡社著名的精选书《东洋文库》之一，出版了文库本，流行很广。

1　周一良：《评魏楷英译魏书·释老志》，载《史学年报》第二卷第四期（总九期）。按：此文不知为何，未收录在辽宁教育出版社的《周一良集》中，感谢复旦大学的陈文彬博士，他在复旦图书馆为我复制了这一文章。

2　塚本善隆文见《羽田博士颂寿纪念东洋史论丛》，京都大学东洋史研究会，1950年，第635—662页。

3　水野精一、长广敏雄编：《云冈石窟》，京都大学人文科学研究所，1956年。

4　Leon Hurvitz: *Wei Shou, Treatise on Buddhism and Taoism, An English Translation of the Original Chinese Text of Wei-shu CXIV and the Japanese Annotation of Tsukamoto Zenryu*, Harvard Journal of Asiatic Studies, Vol.20, No. 182 (June, 1957), pp. 362−382.

那么，《魏书·释老志》的重要性是什么呢？为什么这么多学者都关注它呢？它对佛教史研究有什么意义呢？如果要理解它，要从什么地方入手呢？我们不妨从魏晋南北朝佛教的状况开始说起。首先我们来讨论一下，魏晋以后佛教兴盛的状况和原因。

一、魏晋以后佛教兴盛之原因

关于魏晋以后佛教在中国越来越兴盛的原因，中国佛教的现代研究者中，最早像梁启超等都有一些讨论，梁启超在《中国佛法兴衰沿革说略》里面说[1]，佛教最初传进来的时候，是借助了一些巫术就是所谓"咒法神通"之力，比如佛图澄为了证明佛有灵验，曾经取器烧香念咒，生出莲花来，又像菩提流支，能够咒水往上涌，这是普遍现象，就像古代什么太平道、白莲教、明教，现在的各种民间信仰和新兴宗教一样，都要先用这种技术来吸引信仰者，当然佛教徒比较高明一些，像菩提流支还公开说明这是"术法"，让大家"勿妄褒赏"，就是提醒观众不要糊里糊涂地光看这些魔术，要真的从心里理解佛教信仰。

梁启超说，这个时代"佛教只有宗教的意味，绝无学术的意味"，这话不太对。当然，佛教首先就是宗教，不是学术，光是学术能够吸引多少人呢？能让民众如痴如醉地信仰吗？不过，他也说到，这个时代佛教信仰大为兴盛的原因：第一是玄学。玄学引起思想界处在"缥缈彷徨，若无归宿之时"，这个时候佛教进来，所以"群趋之，若水归壑"。第二是战乱。他说，东汉末的混乱以后，又加上五胡乱华，民众生活艰难，希望有救苦救难的宗教，而上层也在这个时代"处此翻云复雨之局，亦未尝不自怵祸

1　梁启超：《佛学研究十八篇》，中华书局重印本，1989年。

害"，所以容易相信因果报应。

这个分析有很对的地方，但是，这样的分析还是稍嫌一般化。因为第一，很多时代都有这样的社会背景，从这样的社会背景可以说明佛教兴盛的部分原因，但是并不能说明特别的原因，中国古代这样的混乱时代很多，为什么偏偏这个时代佛教兴盛，为什么这个时代别的宗教不兴盛，却偏偏是佛教兴盛？第二，梁启超还是拿了习惯性的从北方到南方，从释道安到慧远这一路士大夫佛教为中心来思考的，他提出来两个问题，一是为什么大乘兴盛而小乘不兴盛？二是为什么中国人会有自己的格义啦、撰疏啦，从而形成中国佛教？可是，大家注意，这些问题的背后说明，他看的都是士大夫上层人的佛教，都是在玄学背景下来看佛教，所以，并不能真的全面地说明问题所在。但是，稍后汤用彤的解释，就深入很多了。在《汉魏两晋南北朝佛教史》第八章里面讨论释道安的时候，他专门写了一节叫"综论魏晋佛法兴盛之原因"，指出大体有以下几方面——方术的力量，胡人政治泯灭华夷界限，祸福报应深入人心。

这比梁启超的解释更进一步。我基本上同意他的分析，不过，在这里我希望把问题说得更加深入细致一些：

（一）佛教最初进入中国，确实是依傍了传统方技数术，也就是民间巫术的力量

这有一点儿像汉末道教的"符水治病"和现代的"气功治病"，林富士有一册书讲道教医学，就叫《疾病终结者》[1]，对于古代人来说，能够治病、能够解除生活上无可奈何的困顿，是很重要的呀。所以，佛教开始也是搞这一套，《牟子理惑论》里面就说，在当时人的印象里面，佛陀好

1　林富士：《疾病终结者——中国早期道教医学》，（台北）三民书局，2001年。

像是神通广大的神仙，而佛教好像是可以让人长生不死的仙术[1]，而且他们也搞什么斋戒、祠祀，到了西晋的时候，佛教在洛阳的寺庙就有四十二所了。

为了吸引信仰者，很多从中亚和西域来的佛教僧人都用一些魔术招数[2]，大家知道，中国的魔术，过去主要就是从那边来的，我举几个有名的高僧为例：（1）三国吴的支谦，是从大月氏来的，他为了消除孙权对佛教的疑惑，就承诺可以得到舍利珠，据说他斋戒沐浴在静室，把一个铜瓶供在几案上，烧香礼拜了三七二十一天，果然瓶子里面发出响声，里面果然有舍利珠，他给孙权看，有五色光芒照耀，而且很神，这些舍利珠一倒在铜盘上，铜盘就破碎了，拿大铁砧锤它，一用力，铁砧就破了，可是舍利没有一丝一毫的损坏，就像武侠小说里面说的屠龙刀倚天剑一样呀[3]。（2）西晋建康建初寺的帛尸梨蜜（？—342），这是西域帛国人，据说他特别善于咒术，非常灵验，最初江南地方没有咒术，是他翻译了《孔雀王经》，又传授给他的学生，所以佛教的咒术才像传统汉族的咒法一样流传开来[4]。（3）另有一个大大有名的鸠摩罗什，他是历史上最重要的翻译家，可是他不仅仅是有学术也有技术，一个姓张的人有病，有一个"外国道人罗叉"谎称可以治病，可是他觉得这个人的病不能治了，如果能治好，那可能是罗叉的魔术，所以他就来管这事儿，也变了一个小小的戏法，用火来烧五色丝绳，烧完以后，扔在水里，再次取出来的时候，还是好好的一

1　《理惑论》，载《弘明集》卷一，《大正藏》第五十二卷，第2—3页。

2　很多早期到中国来的佛教传播者，其实出身不正，而且知识都很杂，比如，中天竺人昙柯迦罗，先学四吠陀及风云星宿、图谶等；天竺人维祇难"世奉异道，以火祠为正"，又学了小乘佛教。见《高僧传》卷一，汤用彤校注本，中华书局，1992年，第12、21页。

3　《高僧传》卷一《魏吴建业建初寺康僧会传附支谦》，第16页。

4　《高僧传》卷一《晋建康建初寺帛尸梨蜜》，第30页。

根五色丝绳。结果大家对他就佩服崇拜得一塌糊涂[1]。（4）另外再晚一些的昙无谶，就是一个大咒术师，他有好多故事，说他"明解咒术，所向皆验，西域号为大咒师"，据说他能咒出水来，他曾经吓唬北凉的国王沮渠蒙逊说，有疫鬼，要靠他的咒法来祓除，后来果然沮渠蒙逊很相信他，"王悦其道术，深加宠优"[2]。（5）刘宋时代的求那跋陀罗，也是著名的翻译家，可是在大明六年（462），也曾经主持了求雨的法事呀[3]。（6）特别是著名的佛图澄，他会用麻油杂胭脂涂掌，靠手掌看见千里以外，可以听铃声预言未来的事情，能够念神咒役使鬼物，还可以在水盆里面念咒念出莲花来[4]。

这有什么意义呢？意义就是让贵族和民众信仰他。像佛图澄，就很让石勒佩服，后来石虎虽然废掉了石勒的儿子石弘自己当了皇帝，并且把首都迁到邺这个地方，但是还是特别崇拜佛图澄，说他是"国之大宝"，我们知道有一句话，是佛教自己说的，叫作"不依国主，法事不立"，这话很对呀，而佛图澄呢，一方面用魔术唬住石勒石虎，一方面也给他们讲一些"不杀"的道理，也对民众有一些用处的。据说，因为佛图澄的缘故，当时"民多奉佛，皆营造寺庙，相竞出家"，传说他有几百个学生，门徒前前后后有一万，而且建造的寺院有893所之多。

这恐怕确实是佛教得以兴盛的原因之一，梁启超和汤用彤都说到了的。

（二）佛教兴盛的另一个原因，是这个外来宗教和当时异族入主中原有关

西晋以后，大家都知道，有所谓"五胡乱华"的说法，汉人和胡人，

---

1 《高僧传》卷二《晋长安鸠摩罗什》，第51页。

2 《高僧传》卷二《晋河西昙无谶》，第76—77页。

3 《高僧传》卷三《宋京师中兴寺求那跋陀罗》，第133—134页。

4 《高僧传》卷九《晋邺中竺佛图澄》，第345页。

在上层那里也许还可以分辨得清楚，像江统写的《徙戎论》一样，希望在空间上分开胡汉，可是，在很多地方胡人和汉人已经混成一团了。特别是出身于非汉族的胡人成为统治者，这使得传统的"华夷之辨"，就不能成为传播外来宗教的障碍了。例如，在北方信仰佛教的统治者里面，就有这样一些人，他们与佛教徒的关系就很重要：

后赵石勒（319—333年在位，羯族）、石虎（334—349年在位，羯族）——信任佛图澄。

前秦苻坚（357—385年在位，氐族）——在当政时，曾有鸠摩罗什、道安。

后凉吕光（386—399年在位，氐族）——386年时有鸠摩罗什。

后秦姚兴（394—416年在位，羌族）——在他当政的时候，有鸠摩罗什（401年）、弗若多罗（404年）以及道融、昙影、道恒、道标、僧叡、僧肇，甚至远召南方的慧远。他曾养三千多僧人在宫廷中。

北凉沮渠蒙逊（401—433年在位，卢水胡人）——在凉州，有昙无谶（414年）。

接下去，就是大家都熟悉的鲜卑人拓跋氏建立的北魏（除了短暂的灭佛运动外），以及东魏和渤海蓨人高氏建立的北齐、西魏和鲜卑人宇文氏建立的北周，他们都是所谓的"胡人"，他们对于信仰一个所谓的"胡教"，好像并没有什么特别的忌讳和顾虑。

据说，很长一段时间里面，汉人是不能出家的，上层人士也多数是不信胡教的，在王谧回答桓玄的信里就说，过去呀，晋人没有信仰佛教的，和尚们都是胡人，而且帝王也不和佛教发生交道[1]。确实汉族的帝王是否要信仰佛教，是有一些传统和伦理的障碍。可是，在石虎的时候就不一

---

1 《全晋文》卷二十："曩者，晋人略无奉佛，沙门徒众，皆是诸胡，且王者不与之接。"

样了，那时王度、王波都上疏，站在汉族中国人的传统立场上说，佛教出自西域，是外国的东西（佛出西域，外国之神），不是"天子诸华所应祠奉"，所以，汉、魏都只允许"西域人得立寺都邑，以奉其神，其汉人皆不得出家，魏承汉制，亦修前轨"。从这话中可见，到后赵的时候，出家者已经有汉人了，否则他不会感到已经有麻烦，要上疏文说这件事儿，所以他们建议"国家可断赵人，悉不听诣寺烧香礼拜，以遵典礼，其百辟卿士，下逮众隶，例皆禁之。其有犯者，与淫祀同罪，其赵人为沙门者，还从四民之服"。可是，这个建议并不被最高统治者接受，为什么？你看看石虎的回答就明白了，他说，我自己就来自"边壤"，当然应当遵守"本俗"，而"佛是戎神，正所应奉"，这个意思很清楚，我是胡人，所以要奉胡神呀[1]。这种想法渐渐在汉人士大夫那里也有了，因为有的士大夫相信了佛教，就要为它想合法性在哪里，像东晋的琅琊王司马珉给一个西域和尚帛尸梨蜜写序，就说，华夷之分本是因为文明和野蛮，不是因为地域和种族，所以有这样一段话："卓世挺秀，时生于彼，逸群之才，或侔乎兹。故知天授英伟，岂俟于华戎？"[2]

这段话很有意思。他用了一个"天"字来强调，这是上天赋予的平等，用现代的话讲，就好像是天赋人权的意思呀，它证明文明和野蛮才是真正的界限，而不是区分华夏族和异族，有文明的就是华夏，这样，下面的问题就是证明佛教本身就是一种文明。所以佛教信仰的合法性、合理性都有了，信仰的禁令一旦解除，那么信仰者就多起来了，而佛图澄那些有神通的佛教徒就很容易打开局面了。

---

1 《高僧传》卷九《晋邺中竺佛图澄》，第352页。
2 《高僧传》卷一《晋建康建初寺帛尸梨蜜》，第31页。

（三）佛教传播迅速，也因为有切身的浅显道理和高明的宣传手段

佛教对于民众的宣传，最有效也是最重要的，是它的祸福报应的道理，这个道理看起来很浅薄，可是影响人最深的道理就是浅显的道理，那些深奥的东西，普通世界是接受不了的。所以他们有他们的办法。

首先，它的道理是切身利害，又讲得通俗简明。这个关键点，佛教自己很清楚，像三国时候的康僧会，面对吴主孙皓时，孙皓质问说，既然道理周公、孔子已经说清楚了，要佛教有什么用？康僧会就说了一番语重心长的话，他说，周公、孔子所说的那些，只是简单地给民众显示一下粗略浅近的道理，可是佛教呢？却是给大家讲更远更深的道理。什么道理？就是善恶报应，"行恶则有地狱长苦，修善则有天宫永乐"[1]。善有善报，恶有恶报，这个道理既有威胁又有劝导，很厉害，东晋末年的佛教徒道恒写了一篇《释驳论》，里面记载有人说著上有"五横"，佛教徒就是其中之一。为什么它这么"横"？因为他们势力很大，而且本事也大，一方面是诱惑，一方面是威胁。它说到人作恶，就说他一定有没完没了的灾祸，如果一个人行善，就会有无穷无尽的好处；说到罪过，就说冥冥之间会有鬼神悄悄监视着你；说到福祉，就说到处都有神灵保佑[2]。这段话里面，"累劫"和"无穷"，就是世世代代的报应，"幽冥"和"神明"就是报应的主宰。

其次，它抓住普通民众和女性信仰者。也许，这种宣传对上层知识界可能意义不算很大，可对于需要精神安慰的普通民众却很有吸引力。《高僧传》里面说，"入道必以智慧为本，智慧必以福德为基，譬犹鸟备二翼，

---

[1] 《高僧传》卷一《魏吴建业建初寺康僧会》，第17页。

[2] "云行恶必有累劫之殃，修善便有无穷之庆，论罪则有幽冥之伺，语福则有神明之佑。"释道恒《释驳论》，载《弘明集》卷六，《大正藏》第五十二卷，第35页。

俟举千寻，车足两轮，一驰千里"[1]，意思就是理解（这是智慧）和信仰（这是因果）必须兼而有之，而且信仰是基础，对士大夫来说，你是要用智慧理解道理，可是，对于民众来说，你要让他信仰，就要靠因果报应，这是鸟的两个翅膀，车的两只轮子。其中，女性又特别容易相信这些，这并不是说对女性的歧视或偏见，这是一种观察的结果，《高僧传》里面也说，"达量君子，未曾回适，尼众易从，初禀其化"，为什么？因为他们觉得，"女人理教难惬，事迹易翻，闻因果则悠然扈背，见变术则奔波倾饮，随堕之义，即斯谓也"。好像后来一般民间信仰也好，佛教道教也好，确实普通民众容易信，女性追随者比较多[2]。

再次，他们的宣传方式很有娱乐性也很有感染力。当时佛教的两个主要的宣传方式，一个叫作"转读"，一个叫作"唱导"，转读是经师的职责，是用抑扬顿挫的声音读佛教的书，讲佛教道理，据说佛教特别会变化声调，这对于听众来说就特别有感染力，也吸引人；而唱导就是用散文和韵文交替，说唱结合，说佛教的故事，后来的变文就是这类东西，这对听众尤其是没有文化的信仰者更有极大的吸引力，又有庄严的仪式，让你进入一种气氛中间，又有音乐对你进行感染，还有种种引人入胜的故事让你不知不觉就接受佛教的道理。大家看《高僧传》卷十三《唱导论》里面说，当钟声敲响的时候，四座都惊心动魄，当讲座开始的时候，听者就渐渐欢喜雀跃。他们针对不同的听众，有不同的策略：如果是为出家人讲，就讲生死无常的道理，让他忏悔；如果是对君主和有地位的长者宣传，那么一定要多引世俗典籍，让大家有亲切感；为山野的民众讲，他们就会讲得很通俗而且专门讲因果报应。他们知道，这样才能达到效果："谈无常，

---

1 《高僧传》卷十三《兴福篇论》，第496页。
2 《高僧传》卷三《译经下·论》，第142页。

则令心形战栗，语地狱，则使怖泪交零"，于是"阖众倾心，举堂恻怆，五体输席，碎首陈哀，各各弹指，人人唱佛"。

（四）佛教信仰从星散的到系统的传播，以及佛教的组织化

其实，最早佛教传来，很多外来和尚各自建立寺庙，各自依傍帝王来发展，没有什么组织性的活动。像佛图澄靠的就是石勒、石虎。他们深知，如果不依靠帝王，事情就办不成。《世说新语》里面有一个故事就很有趣，东晋南渡，和尚们也纷纷南下，可是他们并没有组织，所以，还是要依靠政治人物和帝王将相，所以有六家七宗，各自想怎样"办食"，就是找饭吃啦，因此会呕心沥血地琢磨，佛教的道理怎么讲才能有听众，这也是佛教道理渐渐受中国人听众心理兴趣的反影响而逐渐中国化的一个原因。可是，你从"办食"两个字来看，他没有依靠的组织，只好自己找饭吃。我们知道，宗教必然要有组织的，可是靠什么组织呢？首先要有纪律和制度，没有规矩不成方圆，就是一盘散沙；第二是要有仪式；第三是有得到当局认可的合法性教团。这是一个很漫长的过程，三国时代的昙柯迦罗，在魏嘉平年间（249—254）到洛阳的时候，看到的就是乱七八糟，"于时魏境虽有佛法，而道风讹替"，一是没有戒律，二是大搞迷信，这就不能真正服众，也不能吸引有文化有权势的人呀，可是他来了以后，就确立了戒律，而且很适应当时的情况，他觉得印度的律藏太烦琐，所以，只翻译了《僧祇戒心》，"止备朝夕"，还请了洋和尚（梵僧）来授戒，这样，佛教的戒律规矩，渐渐建立起来了[1]。

这样的组织化过程，南方北方都有，其中最引人瞩目的是道安，他是著名的僧人。他懂得了"不依国主，则法事难立，又教化之体，宜令广

---

1 《高僧传》卷一《魏洛阳昙柯迦罗》，第12页。

布"。所以，他制定《僧尼轨范》，规定了三个最主要的组织性活动，第一，行香定座上（讲）经上讲之法；第二，六时行道饮食唱时法；第三，布萨差使悔过法。据说，"佛法宪章，条为三例"，"天下寺舍，遂则而从之"，这样，它开始了有组织有区域的传播，信仰者有了制度和规矩，也得到了政府的支持，到这个时候，佛教真正成了大教团。

特别是这以后，由于战乱，道安的四处行走，又逐渐把这一套带到了整个中国。公元349年，石虎的养子冉闵灭掉了后赵建魏，大杀胡人，接着鲜卑人慕容儁又灭掉魏建前燕，北方乱得一塌糊涂，道安在这个时候，先到了山西太行，365年又率领诸弟子躲避战乱，到新野去谋生，这样，他的众多弟子门生，就开始四处走，大概有这样几支：（1）竺法汰与弟子昙一、昙二四十余人沿江东下，到东晋的建康，和慧远联手批驳道恒的"心无义"，和有名的官僚郗超论"本无义"；（2）慧远率领弟子几十人，到荆州，上庐山，和刘遗民、雷次宗、宗炳、周续之等结了莲社；（3）法和到了四川；（4）道安本人在襄阳，后来又被崛起的前秦苻坚带回了长安。这样，这一支就分布到了最重要的地区，也使南京为中心的江南、长安为中心的北方、襄阳为中心的西部，成为佛教的核心地带。

这是一个大转折，从此，佛教成了"有组织的合法宗教"。

二、《魏书·释老志》的背景解说

《魏书·释老志》是北齐魏收（506—572）编写，并于天保五年（554）奏进的，上距道安时代已经过了一百多年了。这个时候的社会和政治怎么样了呢？在塚本善隆的《魏书·释老志译注》序文里面，他把魏收那个时代的背景说得很清楚，这个时代是佛教气氛很浓的时代（魏收的小名叫佛助），如果我们大体了解一下这个背景，就对《释老志》有一个理解。

那个时代背景，有几方面需要特别说明。

首先，是那个时代太乱了。 在六世纪上半叶，曾经强盛一时的北魏开始衰落。公元528年，尔朱荣因为不满胡太后立元钊为帝，就进攻洛阳，把太后、皇帝、皇亲国戚、文武大臣两千人统统杀掉，弄得恐怖得不得了。他拥立长乐王为庄帝，结果惹得已经逃往南朝的北海王元颢，领了江淮兵来攻打洛阳，占领洛阳后自己当皇帝，可是当了皇帝的他，又顶不住尔朱荣的反攻，匆忙逃跑中被捉住杀掉了。但是，被尔朱荣扶持的庄帝，又觉得当傀儡的日子不好过，于是，想方设法把尔朱荣骗进宫来杀了，但这下惹翻了尔朱荣的属下，尔朱兆再次攻进洛阳，大肆抢掠烧杀，并把庄帝捉到晋阳，关在三级寺里面，大冬天的不给他避寒的衣服，生生地折磨死，另外搞了一个元恭当皇帝。不久，渤海人高欢又把尔朱氏打败，收复了洛阳，平定了并州，基本控制了中原，在532年另立了元修为皇帝。这个元修也不能忍受当傀儡的生活，于是，在534年逃到鲜卑人宇文氏控制的长安，高欢便另立了一个孝静帝元善见，并且放弃了被杀掠得千疮百孔的洛阳，迁都到了邺城，于是形成了所谓"东魏"和"西魏"，这才算稍稍安定下来。这就是魏收刚刚走上仕途时代的状况，也许正是这样的时代，信仰宗教或者说需要宗教的人越来越多了吧。

其次，出家的佛教徒越来越多，寺庙也越来越多， 据说，正光以后（520），因为战乱，官方征兵很频繁，可是，因为皇帝崇尚佛教，佛教徒有豁免权，所以"所在编民，相与入道，假慕沙门，实避调役"。据《释老志》的说法，在承明元年（476），北方僧尼大概是77350人；到兴和二年（540），已经有两百万之多。以洛阳为例，洛阳当时有十万九千户人家，可是佛寺有一千三百六十七所，平均八十多户一座寺庙，如果一个寺庙五十个僧尼，那么平均一户就养一个僧尼。这还不算南方，"南朝四百八十寺，多少楼台烟雨中"，在南方的佛教徒数量恐怕不比这个小。这对于以赋税支持的国家来说，负担很重，后来好多灭佛事件，都和这一点有关。

出家人多了，寺庙当然就越来越多。据统计，承明二年（476）是六千四百七十八座寺庙；到了延昌二年（513）也就是差不多四十年左右，翻了一番，是12727座；二十年后的兴和二年（540），又翻了一番多，有三万座了[1]。以前大家都觉得中国没有宗教很狂热的时代，其实不见得。你想想，如果没有，那些壮观的石窟、巨大的寺庙、特别庞大的佛像是怎么来的？尤其是在那个胡人占据帝王之位的时代，中国也是有过宗教时代的！

有兴趣的人可以看《洛阳伽蓝记》，这部书很有价值，所以好多前辈学者都很仔细地对它进行过研究，其中卷四说到，北魏的后期，王公贵族的宅第，好多都成了寺庙，为什么？因为有的崇拜佛教，就捐出来做寺庙，有的死掉了，也变成了佛寺，所以当时是"寿丘里间，列刹相望"。比如河间寺，据说看上去就像"蓬莱仙室"，昭曦寺是宦官建的，有钱呀，所以是"积金满堂"，一佛二菩萨，据说塑工非常精致，长秋寺也是宦官建的，据说金光闪闪，满城都看得见，里面热闹得很，有举行法会的，有变戏法魔术的，民众踏青的时候，正好是浴佛的前后，热闹得不得了，仅仅是建阳里一个里，就有璎珞、慈善、晖和、通觉、晖玄、宗圣、魏昌、熙平、崇真、因果十个寺，一共两千多户人家，家家都信仰佛教供养僧人[2]。

最后，那个时候的佛教，基本上经典和理论建设都已经很成熟了。《释老志》说，那个时候佛经已经"大集中国"，基本典籍已经都翻译了，

---

1 《魏书·释老志》的统计。

2 《洛阳伽蓝记》卷四。

据说已经有四百一十五部，一千九百一十九卷，在北方大小乘佛教都有传播。不过，最值得注意的是，当时鸠摩罗什翻译的各种大乘经典开始流行，其中最流行的是《维摩诘经》和《金刚般若》两部。魏收那个时候最有名的佛教徒是道弁，稍后是灵弁、昙无最等。按照塚本善隆的说法，那个时代除了《维摩诘经》之外，《胜鬘经》也开始盛行，江南引进的《华严经》也开始流行，逐渐形成了三个取向：一个是大乘压倒小乘的趋势（小乘逐渐边缘化，或者融入禅学），一个是形成了"义学"就是学术和义理为重的佛学风气（排斥实践和苦行的宗教风气），另一个是佛教贵族化的趋向（大寺庙与名僧人的权势高涨）。但是，正因为佛教有了权力和利益，也产生了奢华和腐化的状况，而且由于有利益和有权势，佛教内部的矛盾也就开始了。这不仅仅是在魏收的时代，更早就已经有了。比如，早些时候佛驮跋陀罗在长安很红火，牛皮可能吹得厉害了，就引起守旧的一批和尚大为不满，觉得他们侵占了地盘，当地的佛教传统僧人道恒等等，就攻击他们，吓得很多信仰者都四散，他也只好带了弟子慧观等四十余人南下庐山，就连当时的皇帝姚兴试图挽回都没有办法[1]。又比如说，在乞佛炽磐占据凉州的时候，河南来了两个僧人，特别得到崇信，所以权力很大，但是他们没有佛教学问，对于有学问的和尚，就迫害很厉害，比如就赶走了昙无毗和玄高，一直到后来长安的昙弘法师到那里解释，当权者才幡然悔悟[2]。其实，这一类事情很多，像禅宗的达摩，曾经被人六次下

---

1 《高僧传》卷二《晋京师道场寺佛驮跋陀罗》记载，"关中旧僧，咸以为显异惑众"，"大被谤读，将有不测之祸。于是徒众或藏名潜去，或逾墙夜走，半日之中，众散殆尽"。第71—72页。又，《出三藏记集》卷十四《佛大（一作驮）跋陀传》："关中旧僧道恒等，以为显异惑众，（佛陀跋陀）乃与三千僧摈遣佛贤。"《大正藏》第五十五卷，第103页。

2 《高僧传》卷十一《宋伪魏平城释玄高》："时河南有二僧，虽形为沙门，而权侔伪相。恣情乖律，颇忌学僧，昙无毗既西返舍夷，二僧乃向河南王世子曼谗构玄高，云蓄聚徒众，将为国灾。曼信谗便欲加害，其父不许，乃摈高往河北林杨堂山。"第410页。

毒，惠可，被守旧的道恒和县令翟仲达迫害到死。这都是宗教内部冲突的故事，可是为什么会冲突？俗话说，"可以同患难，不可以同享福"，这是惯例，所以，可见那个时候佛教已经很兴盛很热闹了。

《续高僧传》里面有一段话说，那个时代是佛教的中兴时代，当时的邺都，"都下大寺，略计四千，见住僧尼，仅将八万。讲席相距，二百有余，在众常听，出过一万"[1]。我以前多次去过日本的京都，京都据说有一千多个寺庙，已经让我大开眼界了，可是，如果《续高僧传》说的是真的，那么，当时的邺都看来比京都的佛教气氛还要浓厚，而魏收，就是在这里生活的人，而他之所以写《释老志》，就是因为那个时候，佛教确实是社会和历史上不得不大书一笔的现象。其实，比魏收更早的魏孝文帝时代，有一个叫阳尼的人就向皇帝建议，修史书的时候，"佛道宜在史录"[2]，而魏收就是看到这种现象，把《汉书》中原来有的《河渠志》和《艺文志》取消了，却加上了《释老志》和《官氏志》，他在上表中特意申明，"时移世易，理不刻船"，就是说，不能刻舟求剑而应当与时俱进，历史著作的内容要随着记载时代特征的变化而变化。

三、《魏书·释老志》佛教部分之意义

在佛教研究上面，《魏书·释老志》有特别重要的价值，除了它是最早的关于佛教历史和思想的全面记载之外，还有一些特别的史料价值。比如日本的塚本善隆、我国台湾的蓝吉富都已经指出，（一）对于**中国佛教制**

---

1 《续高僧传》卷十《释靖嵩传》，《大正藏》第五十卷，第501页。
2 《魏书》卷七十二，第1601页。

度，它记载的元魏僧官制度就很重要，它记载这是皇始年间就是道武帝时代，赵郡沙门法果戒行精至，所以太祖请他到京师来，任命他当"道人统"，就是后来的僧统，这是佛教在中国政治上取得合法性的一个重要事件。（二）**北魏政治和佛教的微妙关系，**《释老志》也是很重要的资料来源，比如北魏为什么灭佛，崔浩和寇谦之有什么作用，都在这里可以找到资料，以前陈寅恪就写过这个问题的论文。（三）在二十世纪上半叶，曾经经济史很热闹，其中关于**佛教寺院经济**等等，也是大热门，陶希圣和何兹全，还有后来的谢和耐，都研究过这个课题。而寺院之外呢？当时又有所谓"僧祇户"啦、"佛图户"啦，其实都和当时国家赋税、宗教豁免权、政治冲突等等大问题有关。你看《释老志》，就知道当时昙曜建议，民众如果岁输六十斛粟给僧曹的，就可以成为僧祇户，而这些粮食就是僧祇粟，到了饥荒的时候，把这些粮食赈济灾民；同时，他又建议如果有民众犯重罪入为官奴的，可以成为佛图户，给佛寺打扫卫生种地。这个建议在佛教得势的时候，得到批准，结果是"僧祇户粟，及寺户遍于州镇矣"。可是，这么一来，掌握丰收和饥荒年代粮食调剂的权力、吸收各种人口和劳动力的权力，统统归了佛教了，这不引起冲突才怪呢，所以这是大事件，而这个大事件的最初记载就在《释老志》里面[1]。当然，《魏书·释老志》也有很多问题，比如塚本善隆就指出，因为魏收是北齐的史官，以东魏为北齐接续的正统王朝，所以它的记载多集中在邺城为中心的佛教和道教，对于长安为中心的西魏佛教道教，却记载不足，因此"作为东西魏分立时代的华北宗教资料，是不完整的"[2]。

不过，对于思想史方面来说，我的看法是，《释老志》特别值得注意

---

1 参见蓝吉富：《听雨僧庐佛学杂集》，（台北）现代禅，2003年。

2 塚本善隆：《魏书·释老志》，平凡社，"东洋文库"本，第24页。

的，一是反映一般佛教常识世界，二是表现早期教外士人的佛教知识。

通常，讲佛教史写佛教史，都是注意精英阶层和高僧阶层。我们看各种各样的佛教史，大体上关于早期佛教，有这样几个重心。**第一是译经**。安世高和支娄迦谶到中国来，翻译的小乘禅学经典如《安般守意经》，大乘般若经典如《般若道行经》，分别开辟了中国佛教的两大走向，而他们以及后来的译经僧人翻译的《般舟三昧经》《问地狱事经》，则影响了民众的生活世界和生死观念。**第二是格义和合本子注**。大家看陈寅恪的《支愍度学说考》、汤用彤《说格义》[1]，都是在讲这一点，因为这是从单纯的接受型的"翻译"到"理解"，这很重要，是佛教中国化的重要过程。**第三，般若学的六家七宗也是重点**（心无宗、本无宗与无异宗、幻化宗、识含宗、缘会宗、色宗）。比如，所有的佛教史著作，都会讨论支道林（遁，约313—366）结合《庄子》的"即色游玄"思想，因为这种思想有道家意味，就是渐近自然了呀。**第四，接下来就会讨论道安**（312—385）的翻译经典和传授弟子啦。南方的**慧远**（334—416）在庐山，和桓玄争辩"沙门不敬王者"，传播念佛三昧法门，开始传播的"神不灭"和"三世"思想；北方的**鸠摩罗什**（344—413）的翻译佛经和他门下的各个杰出弟子，比如**竺道生**（一阐提有佛性）、**僧肇**（肇论）、道融、僧叡等等，渐渐形成南方义学兴盛，新义很多，北方实践很流行，比较守旧的传统。这是佛教史的基本脉络和大致内容。

可是，如果你换个角度去关注《释老志》，你可以看到在这种"概论"式的叙述下面，传达的是一般民众的佛教信仰和一般阶层的佛教知识，当时人的水平到底是怎样的？你可以看，（一）**对于佛教的基本道理**，

---

1 陈寅恪：《支愍度学说考》，收入其《金明馆丛稿初编》；汤用彤：《说格义》，收入其《理学、佛学、玄学》；又可以参考钱锺书的《管锥编》第四册第一六一节，也引述了很多关于格义的文献。中华书局，1981年，第1261页。

他们了解的是"业缘"、"三世"、修行的必要、归依三宝的重要、什么是六道、什么是五戒等等，最多是"四谛""六度""十二因缘"，而不是什么"空""真如""涅槃""如来藏"等等。他们关心的是自己所生活的这个世界究竟是如何，为什么要有佛教的信仰，按照佛教说的来修行有什么好处，而不是佛性论等抽象问题，尽管这些问题也和实践有关。**（二）有关出家（剃发、辞家、持戒）和在家（优婆塞、优婆夷）的种种规定和结果**；在社会生活中，为什么要和光六道，同尘万类，这种平等观念的目的是什么？这也是很实际的规定宗教信仰者的理念和准则，它符合普通人的伦理吗？如果遵守这些准则，它的结果会不会有损于自己的利益？**（三）关于佛陀的故事，什么是"真身"，什么是"应身"，他是一个什么样的伟大人物？** 为什么要对他顶礼膜拜？这是宗教的必需呀，佛教信仰必须要有崇拜对象，因为它并不只是一个单纯的信心和理念。**（四）佛教的历史是怎样的？** 当然，《释老志》的介绍是详近略远，并不很特别去追溯本来的"教旨"和原来的"先知"，也没有特别区分出什么派别的谱系。

这就是六世纪中叶一般有文化的人的佛教基础[1]。我要给大家讲明的是，其实，精英的经典的思想水平，实在太高明了，太超越了，我们不能用这些人的想法，来估量当时一般人的思想世界和生活世界，否则你根本就不能理解，为什么这么多人像疯了一样，去舍宅造寺、开凿石窟、刺血写经、捐造像碑，其实，普通人的想法离精英和经典的那些道理很远很

1　关于汉魏南北朝时代世俗信众中的佛教知识，还可以参考《弘明集》卷一三所载的东晋郗超《奉法要》，在这篇较早期佛教信仰者的论文中，很全面地归纳了当时关于佛教的基本教义。其中，包括"三归"（即后来的归依三宝）、"五戒"（戒除：杀、盗、淫、欺、饮酒）、"修斋"（包括每年正月、五月、九月三次长达半月的斋，及每月八、十四、十五、二十三、二十九、三十日六次斋）、"行善"（遵守身、口、意的种种禁戒），也包括佛教为世间救赎而设置的各种基本知识，如三界五道（天、人、畜生、饿鬼、地狱）、五阴（色、痛痒、思想、生死、识）、五盖（贪、嗔、痴、邪见、调戏）、六情、因果报应、四非常（无常、苦、空、非身）、六度（施、戒、忍辱、精进、一心、智慧）等等。

远，可是，就是这些想法才真的影响生活和社会，也正是这样的观念和行为，让精英不得不去想办法回应，想办法抵抗，想办法改造，这样才有了精英思想和经典文化。

可是你也许会问，那么怎么找这样的资料呢？我要说，《释老志》就是这类材料，因为这份资料，第一，它是一般思想、概论和常识，而不是专精佛教的人特意的精心的论述；第二，它是教外的，而不是教内的人撰写的，所以，这类资料没有"有意的伪装"，也没有"有意的提升"，倒是"无意识"的东西。

四、佛教百年
——《魏书·释老志》与《隋书·经籍志》中有关佛教史论述的比较

《魏书》成书是在公元六世纪中叶。可是，再过一百年呢？下面我们就要看《隋书》了。《隋书》是在唐太宗贞观十五年（641）续修，唐高宗显庆元年（656）进上的，和《魏书》刚好差了一世纪，而这一世纪中，佛教已经有大变化了，人们对佛教的理解也有了大变化了。有什么变化呢？由于《隋书·经籍志》也有佛教部分，也是一个大概的、简单的概论，而且有些是抄录和改编自《释老志》的，因此，可以看成是一个脉络中的两份不同时代的文献。可是如果细看，就会发现它和《释老志》有不少差异[1]。以涉及佛教理论和历史的部分为例——

第一，《魏志》根据支谦译《太子瑞应本起经》卷上，及竺大力、康孟详译《修行本起经》卷上，说佛陀"本号释迦文者，译言能仁，谓德充

---

[1] 以下引用《隋志》，均见《隋书》卷三十五《经籍四》，第1094—1099页。

道备，堪济万物"，这种解说在《隋志》中被删去。

第二，《魏志》讲佛陀的相貌，"既生，姿相超异者三十二种，天降嘉瑞以应之，亦三十二"，这也是支谦译《太子瑞应本起经》中的话[1]，但是，《隋志》则用了《牟子理惑论》和《过去现在因果经》的说法，"姿貌奇异，有三十二相，八十二好"，不再有"瑞应"之说[2]。

第三，《隋志》删去了《魏志》中关于佛陀出生的时候，是"《春秋》鲁庄公七年夏四月，恒星不见，夜明是也"一段，因为一方面这是比附中国史书和祥瑞[3]，论述上有些问题，比如辛卯是四月五日，和后来说的佛诞不合，有些说法又有些比附祥瑞，令人生疑。而且到了唐初，佛教再以中国史书为依据，就有些不合适了[4]。

第四，《魏志》"识神常不灭"，《隋志》作"至于精神，则恒不灭"。

第五，《魏志》里面，没有用到"末劫"的时间说法，也没有"三千大千世界"的空间观念，但是，在《隋志》中，则一开始就叙述，（1）神不灭，有无量身，表示时间的永恒和轮回的永恒；（2）用了《杂阿含经》、《大智度论》卷七的说法，"天地之外，四维上下，更有天地，亦无终极"[5]；（3）用了《法华经》的说法，讲成败无量劫；（4）用《法华经》的说法，把时间按照佛教想象的人类社会史，分为正法、像法和末法时代[6]；（5）这里更用了《大智度论》卷三八的说法，形容末法时代的恐怖和轮回之无可

1 支谦译《太子瑞应本起经》，载《大正藏》第三卷，第473页。

2 见《牟子理惑论》，《大正藏》第五十二卷，第1页；刘宋求那跋陀译《过去现在因果经》，《大正藏》第三卷，第625页。

3 《左传》庄公八年"经：夏四月，辛卯，夜，恒星不见，夜中，星陨如雨"。

4 当然，唐初的佛教徒法琳与傅奕辩论时，还说到春秋鲁庄公八年恒星不现，夜明如日，即佛诞日。见《广弘明集》卷十一《辩惑篇》第二之七。释明概也说到这一点，见同上卷十二《谨奏决破傅奕谤佛毁僧事》。

5 见《大智度论》卷七，《大正藏》第二十五卷，第113页。

6 《法华经》，见《大正藏》第九卷，第50页。

逃遁[1]。由此可见，到了唐代初期，《法华经》《大智度论》呈现出它在一般佛教知识界的重要性。

第六，《魏志》没有提到"外道"，而《隋志》提到"外道"，并说他们"并事水火毒龙，而善诸变幻"，又提到邪道来侵扰佛心，而不能得逞的故事。

第七，《魏志》和《隋志》虽然都提到在家俗人信仰佛法者，要遵守的五戒（去杀、盗、淫、妄言、饮酒），但是，《魏志》比附儒家的"仁、义、礼、智、信"，认为儒、佛在这一方面的说法，只是名称不同，又说"三归依"就是君子的"三畏"，然而，《隋志》却没有这些用儒家经典来支持合法性和合理性的比附说法。

第八，关于佛的灭度，《魏志》有"香木焚尸，灵骨分碎，大小如粒，击之不坏，焚亦不焦"，而《隋志》就只是简单提到，并无上述字样。

第九，在佛教传播的历史上面，《魏志》的大体说法，是（1）西汉秦景宪受大月氏王使者伊存口授浮屠经（前2年）；（2）蔡愔、秦景到天竺写浮屠遗范，与摄摩腾、竺法兰回到洛阳（58—75），有《四十二章经》和白马寺；（3）昙柯迦罗入洛阳宣诚律；（4）晋元康中（292—299），支恭明译《维摩》《法华经》《本起》等等；（5）然后讲到石勒时代的佛图澄、道安、慧远，以及鸠摩罗什和僧肇等等，然后就讲到了北魏的佛教史（太祖时的法果、世祖时的惠始、灭佛、高宗时代恢复佛教，以及师贤、昙曜等等）。而《隋志》呢？却有很大的不同，可能是佛教史学这个时候已经相当发展，也许是后来的描述已经遮盖了前面的叙述，它的叙述多与后来的佛教史相合，最明显的是，比起《魏志》来，《隋志》多出了（1）汉代桓帝时（147—167）的安世高（安清）和灵帝时代（168—189）的支

1 《大智度论》卷三八，《大正藏》第七卷，第339页。

谶（支娄迦谶）——这也许是为了凸现译经的意义；（2）多出了三国吴的康僧会（建初寺与说服吴主）、朱士行（往西域于阗）、竺法护（《放光般若》的译出）；（3）多出了齐、梁、陈的宣译和宝唱的《目录》，如"齐梁及陈，并有外国沙门。……梁武大崇佛法，于华林园中，总集释氏经典，凡五千四百卷，沙门宝唱，撰经目录"。

那么，在这些差异中，最值得注意的是什么呢？

第一，它删去《魏志》在佛陀诞生日比附《春秋》，删去五戒比附仁义礼智信、三皈依比附君子三畏，删去佛陀去世后"香木焚尸"等等，可以看出它有意与儒家划清界限，走出依附中国资源，渐渐独立的趋势。这种区分自我和他者的做法，常常是一个宗教成熟的象征性指标。而同时，我们也可以看出，士大夫对于佛教的知识也在渐渐增长中，他们也渐渐走出了依靠中国知识来想象佛教的水平。其中特别是删去"五戒"比附"五常"的一段值得格外重视，因为这个比附，是来自北魏昙静的一部伪经《波利提谓经》。而这个时候，一方面大概伪经渐渐被揭发出来，另一方面佛教的教理也渐渐为人理解，所以不再用这个说法了。

第二，你从最后关于历史方面的记载中可以看出，一方面，《隋志》比起《魏志》来，更像是一个全景的、统一文明体的立场的叙述，更加全面和完整，但是另一方面也可以看出，它的历史叙述，私底下是渐渐偏向了南方佛教，它从源头为南方佛教追溯，也多叙述南朝的佛教偏向即"般若"系统。历史学界，从陈寅恪到唐长孺，常常有文化史上的"南朝化"的看法，这是否就是其中之一面呢？

第三，佛教知识已经越来越丰富了，你从《魏志》到《隋志》所引用的佛教经典，可以看到不同，这一点，如果看塚本善隆对《魏志》的注释，与章宗源、姚振宗到兴膳宏等对于《隋志》的注释，就可以从他们各自引用的经典上比对出来。

这是不是佛教一百年变化的一个侧面呢？当然，关于这一百多年的佛教史嬗变轨迹，并不是仅仅靠这么简单的文献对比就能说明的，还需要寻找很多证据和资料，但是从这样的文献对比阅读中，也许可以提示给我们一些启发的思路和粗线条的脉络。

∞ **【参考论著】** —————————————————————

梁启超：《佛学研究十八篇》，中华书局重印本，1989年。

吕澂：《中国佛学源流略讲》，中华书局，1979年。

汤用彤：《汉魏两晋南北朝佛教史》，中华书局重印本，1983年。

镰田茂雄：《简明中国佛教史》，郑彭年译，上海译文出版社，1986年。

白化文：《佛光的折射》，香港中华书局，1988年。

许理和：《佛教征服中国》，李四龙、裴勇等译，江苏人民出版社，1998年。

释慧皎：《高僧传》，汤用彤校注，中华书局，1992年。

∞ **【阅读文献】** —————————————————————

1.《魏书》卷一一四《释老志》（中华书局校点本）

（汉武帝）及开西域，遣张骞使大夏[1]还，传其旁有身毒国，一名天竺，始闻有浮屠之教[2]。哀帝元寿元年，博士弟子秦景宪受大月氏王使伊存口授浮屠经[3]，中土闻之，未之信了也。后孝明帝夜梦金人，项有日光，飞行殿庭，乃访群臣[4]。傅毅始以佛对[5]。帝遣郎中蔡愔、博士弟子秦景等使于天竺，写浮屠遗范，愔仍与沙门摄摩腾、竺法兰东还洛阳[6]，中国有沙门及跪拜之法，自此始也[7]。

【注释】

[1] 张骞（前167？—前114）奉汉武帝之命出使西域在建元三年（前138），经历各种磨难到达大夏，并在那里滞留一年多，元朔三年（前126）回到长安，《史记》卷一二三《大宛列传》曾经记载他听到的关于身毒的见闻："臣在大夏时，见邛竹杖、蜀布，问曰：安得此？大夏国人曰：吾贾人往市之身毒。身毒在大夏东南可数千里，其俗土著，大与大夏同，而卑湿暑热云。其人民乘象以战，其国临大水焉。"

[2] "始闻有浮屠之教"，据学者的研究，在《史记》《汉书》关于张骞出使西域的记载中，并没有佛教的见闻，这应当是《魏书》的撰者魏收加进去的。浮屠，这是佛教传入中国初期，对佛教创始人释迦牟尼的汉文译名之一，又作浮图、佛图、浮陀等，皆为Buddha的音译，意为觉者。

[3] 关于哀帝元寿元年（前2）秦景宪受浮屠经一事，最先见于《三国志》卷三十《乌丸鲜卑东夷传》裴松之注引《魏略·西戎传》，但"秦景宪"记为"景卢"。这一记载也有人怀疑，如日本的白鸟库吉就认为，贵霜王朝前两代不信佛教，大月氏在贵霜之前，是否有佛教流传，很有疑问，特别是传经的人身份如果是王的使者，那么这只有在佛教成为官方宗教才有可能，所以这一记载的可靠性值得怀疑。但是，也有人认为这一记载很可靠，如汤用彤就说"最初佛教传入中国之记载，其无可疑者，即为大月氏王使伊存授《浮屠经》事"，因为自张骞通西域以来，"葱岭以西诸国皆颇有使者东来，则大月氏是时有使人至中国，亦可信也"。而且《三国志》裴注和《世说》刘孝标注引文相同，年代也比较早，所以这是可靠的记载。

[4] 汉明帝夜梦金人的故事，约在永平七年（64），最早见于《牟子理惑论》，后来成为中国传入佛教的象征性传说。关于此故事的讨论与考证，见梁启超《佛教之初输入》附录一《汉明求法说辨伪》，载《佛学研究十八篇》第21—23页。但是吕澂却从中看出问题的另一面，即从这一传说中可以推想"首先传来中国的不是佛经，而是佛像……（因为）永平八年正当贵霜王朝，其时受到希腊人画像的影响，开始创制佛像了"。见《中国佛学源流略讲》第一讲《佛学

的初传》第20页。

[5] 傅毅，字武仲，扶风人。汉章帝建初年间为兰台令史，拜郎中，曾与班固、贾
　　逵一道掌管校书，传见《后汉书》卷八十上《文苑传》。

[6] 摄摩腾，据《高僧传》卷一，他是中天竺人，曾经往天竺的附属小国讲《金光
　　明经》。竺法兰，据《高僧传》卷一，也是中天竺人，能诵经论数万章，"为天
　　竺学者之师"。但是这一记载是否可信，还有待推敲。

[7] 关于佛教在中国传播之始的这一传说，塚本善隆《魏书·释老志译注》指出，
　　在《释老志》之前，已经有《牟子理惑论》（《弘明集》卷一）、《四十二章经
　　序》（《出三藏记集》卷六）、东晋袁宏《后汉纪》卷十、宋范晔《后汉书》卷
　　一八一、梁慧皎《高僧传》卷一等等的记载，在魏收撰《魏书·释老志》的时
　　候，已经是普遍的说法了，但是他认为这不一定是史实，因为在汉明帝时代
　　（57—75）不仅关于佛教的知识已经在洛阳的朝廷和知识人中间存在，连皇帝
　　的异母兄弟楚王刘英一家都是奉佛者，这一点据皇帝给楚王的诏书可以证明，
　　而且当时已经有了沙门、优婆塞等语词，大概这也是尊敬和供养那些在汉族文
　　化区域传教的若干外来佛教僧人的汉人对他们的称呼。

2.《魏书》卷一一四《释老志》（中华书局校点本）

　　凡其经旨，大抵言生生之类[1]，皆因行业而起[2]。有过去、当今、未来，历
三世，识神常不灭[3]。凡为善恶，必有报应[4]。渐积胜业，陶冶粗鄙，经无数形[5]，
澡练神明[6]，乃致无生而得佛道[7]。其间阶次心行，等级非一[8]，皆缘浅以至
深，藉微而成著。率在于积仁顺，蠲嗜欲，习虚静而成通照也[9]。故其始修心则
依佛法僧，谓之三归[10]，若君子之三畏也。又有五戒，去杀、盗、淫、妄言、饮
酒[11]，大意与仁、义、礼、智、信同，名为异耳[12]。云奉持之，则生天人胜处，
亏犯则坠鬼畜诸苦。又善恶生处，凡有六道焉[13]。

【注释】

[1] 生，梵语揭谛，指流转轮回、生生不息的普通生命。

［2］十二因缘之一，又名行支，指能够招致罪福因果报应的身、口、意诸业，用现代语言来说，就是由于具有了身体、语言、意识能力，招致了种种欲念、行为和渴求，于是落入了"因果"的流程。

［3］识神，指人的精神或魂灵，即佛教所说"薪尽火传"的"火"。

［4］报应，虽然古代中国也有"应"，但主要指"承负"，即下一代人承受上一代人的罪过或善行，所谓"积善之家必有余庆"，但因为不直接对本人的行为负责，所以，对人的道德约束力却很低，只能为现世命运做一个消极的解释，并不能刺激行善的决心。古代中国虽然也讲"报"，但是那是后人对先人的祭祀和奉献，像殷商就有对先王的"报"（如"报甲""报丁"等）。直到佛教才有这种明确的报应说法。

［5］"形"指人的肉体，它一直流转循环，转世成人，经历了无数身躯，所以佛教说身体是"臭皮囊""背个死尸路上行""躯壳"等等。一本此句作"经无数劫"，"劫"指极为久远的时间。婆罗门教一劫等于大梵天一天，一千时，人间的四十三亿二千万年。佛教指宇宙的成、住、坏、空的一个循环。据说，人在劫初，从每世十岁，每百年增至一岁，增至每世八万四千岁，又从每百年减一岁，又减到每世十岁，这是一个中劫，二十个中劫为成住坏空一个环节，合四个环节为一大劫。主要是形容时间的久远和漫长。

［6］澡，即清洗、磨炼、陶冶，使之纯粹。束皙《读书赋》"澡练精神吸清虚"。

［7］无生，佛教名词，是对人之存在的终极境界的称呼，与宇宙本原中的"实相""法性"，宗教修炼中的"涅槃"一样。佛教认为，人之生存，有生死者都是因果缘起的幻相，是虚假不实的，但是人没有意识到时，就以为是真实，总在欲望和想象中挣扎，无法超越生死轮回和虚幻假相，而真正能够破除幻想，了达生死只是虚妄，便可以达到"无生""无死"的超越境界。

［8］指佛教修行的不同阶段与深浅等级，《十地经论》里面讲有人天、声闻、缘觉、菩萨等不同。后来，佛教的"教相判释"就是从这里引申开去，来区分各个流派的不同经典、不同方法、不同境界和不同结果，论证不同教派也有等级差异。

[9] 积仁顺，即积善之意。佛教也用了传统中国的"仁"和"顺"象征一切善行。习虚静，用了道家语言比喻佛教追求的绝对空明境界，注意"虚静"和"空"的不同。通照，澄澈透明、无欲无念的心灵境界。

[10] 三归，又叫三归依、三归戒。是信仰佛教的所有信徒必须遵循与接受的最基本戒律，见昙无谶译《优婆塞戒经》。

[11] 五戒，守五戒才可以成为"优婆塞"即清信士，即在家男居士，又叫"伊蒲塞"。又，出家要授"具足戒"，即大戒，与小沙弥比起来更加完足，故称具足。中国佛教依四分律受戒，比丘戒二百五十条，比丘尼戒三百四十八条，年二十，受此方正式为僧、尼。

[12] 名为异耳，《颜氏家训》的《归心篇》里说"仁者不杀之禁也，义者不盗之禁也，礼者不邪之禁也，智者不酒之禁也，信者不妄之禁也"，也说佛典和儒书的说法相同。

[13] 六道，指佛教所说人轮回的六种情况，即地狱、饿鬼、畜生、阿修罗、人间、天上。

3.《隋书》卷三十五《经籍志》（中华书局校点本，第1095页）

其所说云：人身虽有生死之异，至于精神，则恒不灭[1]，此身之前，则经无量身矣。积而修习，精神清净，则成佛道。天地之外，四维上下，更有天地，亦无终极[2]。然皆有成有败，一成一败，谓之一劫。自此天地已前，则有无量劫矣。每劫必有诸佛得道，出世教化，其数不同。今此劫中，当有千佛。自初至于释迦，已七佛矣[3]。其次当有弥勒出世[4]，必经三会，演说法藏，开度众生[5]。由其道者，有四等之果：一曰须陀洹，二曰斯陀含，三曰阿那含，四曰阿罗汉[6]。至罗汉者，则出入生死，去来隐显，而不为累。阿罗汉已上，至菩萨者，深见佛性，以至成道[7]。每佛灭度，遗法相传，有正、象、末三等淳醨之异[8]。年岁远近，亦各不同，末法已后，众生愚钝，无复佛教，而业行转恶，年寿渐短，经数百千载间，乃至朝生夕死，然后有大水、大火、大风之灾，一切除去之，而更立生人，又归淳朴，谓之小劫，每一小劫，则一佛出世。

【注释】

[1] 这就是著名的"神不灭论",中国的佛教信仰者中,最早对此有所阐述的是传说为汉末的《牟子理惑论》,"魂神固不灭矣,但身自朽烂耳。身譬如五谷之根叶,魂神如五谷之种实,根叶生,必当死,种实岂有终已?得道身灭耳"。六朝时最著名的思想争论之一,就是围绕着"魂神"或者"识神"是否消灭的问题而展开的。

[2] 这里说的是佛教想象所谓"三千大千世界",也是关于宇宙存在无限的空间和时间,据《大智度论》卷七说,虽然有一千日月,一千须弥山,一千个四天王处,一千个三十三天等等,也只是一小千世界,一千个小世界,叫作二千中世界,一千个中世界,才叫作三千大千世界。

[3] 七佛:指毗婆尸佛、尸弃佛、毗舍浮佛、拘那孙佛、拘那含牟尼佛、迦叶佛以及当下的释迦牟尼佛。

[4] 弥勒佛,是佛教传说的未来佛。据说它出生于婆罗门家庭,后为佛陀的弟子,先于佛入灭,经过五十六亿七千万年以后,将降生人间。

[5] 三会,鸠摩罗什译《弥勒下生成佛经》说,弥勒降生人间以后,将在华林园说法三次,称作三会,初会将有九十六亿人得阿罗汉,二会将有九十四亿人得阿罗汉,三会将有九十二亿人得阿罗汉。

[6] 四等之果,指小乘佛教所说的修习佛教者的四种不同阶次和等级。《杂阿含经》卷二四:"尔时世尊告诸比丘,于四念处多修习,当得四果,四种福利。"须陀洹,即"预流",指正在断除见惑并开始趋向正道的修行阶段。斯陀含,又译"一来",指较预流更进一步,正在断除修惑的修行阶段。三曰阿那含,又译"不还",指较一来更进一步,正在断除欲界修惑的修行阶段。四曰阿罗汉,这是小乘佛教修行的最高阶段,据说修习到这一阶段的佛教徒,可以破一切烦恼,得一切世间诸天人供养,不再进入生死轮回。

[7] 菩萨,又作"菩提萨埵",意译为"觉有情""道众生",还被称为"大士"等。按照大乘佛教的说法,这是位于阿罗汉以上的佛教修行者,是修行大乘佛法,求无上智慧,能利益众生,于未来成就佛果的修行者,佛典中常可见

到的菩萨有观世音、文殊、普贤、龙树、世亲等等。

[8] 正、像、末，佛教认为释迦之后，佛法日益衰落，分为正法、像法、末法三个时期，尚具备教（教说）、行（修行）、证（证悟）三者的时代为"正法时"，即正确的佛法时代，只有教、行二者，是"像法时"，即还大致像佛法的时代，只剩下教，而无行无证，就到了"末法时"即佛法的末期。关于正、像、末的时限有各种说法，有人说正法只有五百年，像法一千年，末法一万年。见窥基《大乘法苑义林章》卷六。

第四讲

关于《老子想尔注》的文献学研究

引言：我想讨论的问题

今天我们讲《老子想尔注》。不过，我并不想只围绕这部道教著作来讨论，而是想通过这部书的研究和考证，来讨论一下有关学术史的几个问题。第一，关于道教经典考证中的敦煌资料问题，敦煌资料是否特别重要？第二，关于道教文献年代、真伪、成书等等问题的考证方法里，有什么值得注意的陷阱，现在我们应当怎样反省这些传统方法的局限性？第三，在研究道教文献方面，有没有什么比较特别一点儿的方法？

首先，我从《老子想尔注》的再发现讲起。

一、关于《想尔注》
——敦煌文书中道教文献的意义

《想尔注》是一本对《老子》做解释的书。这部书本来已经亡佚了，连《隋书·经籍志》、新旧《唐书》都没有记载，只是在一些文献里面，曾经零星提起过。举几个例子：（一）隋代陆德明《经典释文·叙录》就提到它;(二）道教的《三洞珠囊》引用过它,可以肯定是唐以前人撰写的道教文献《传授经戒仪注诀·序次经法第一》也提到它;(三）题为紫微夫人撰的早期道教文献《洞真太上太霄琅书》卷四提到过它;还有,(四）唐代初期大医学家,也算是道教中人孙思邈《摄养枕中方》也引用《想尔》"勿与人争曲直";(五）唐高宗、武则天时代道士孟安排的《道教义枢》卷二引到它;以及（六）唐代末年的《道德真经广圣义·序》等,都提到或者引述了它[1]。

但有点儿麻烦的是,提到它的时候,有的叫"想尔注",有的叫"想尔戒",有的叫"想尔训",而且是东鳞西爪一星半点,所以,谁也搞不清楚它的具体内容。

很凑巧的是,这部失传很久的文献,居然在二十世纪又重新被发现了。在敦煌发现的卷子中,竟然有这本千年不见的古籍,这个卷子现存大英博物馆,斯坦因编号S.6825。它大概长三十英尺（9.144米）,现存部分从第三章（"不尚贤,使民不争"）的注文"则民不争,亦不盗"开始,到三十七章"无欲以静"一节的注文"王者法道行诫,臣下悉皆自正矣",共580行。末尾的题识是"老子道经上,想尔"。

顺便说一句,这一卷背后抄写的是佛经,像《大毗婆沙论》《广百论》等,据陈世骧先生的判断,应当是唐代以前的写卷。为什么呢?他说,因为第一,不避初唐皇帝的名讳;第二,字体有六朝碑风;第三,如汉魏时代的情况,多用歧体字,所以是"敦煌老经写卷最早之一"[2]。

大家要注意的是,敦煌文书可是我们一个大宝藏,千万要学会使用它。道教史上的一些重要文献,有的本来已经佚失,有的现在已经不大了解它的时代,有的内容有残缺,很多这方面的问题,都是得到敦煌文书发

1　参见饶宗颐:《老子想尔注校证》,上海古籍出版社,1991年。

2　陈世骧:《想尔老子道经敦煌残卷论证》,《清华学报》（新竹）新第一卷第二期（1957）,第41—62页。

现的帮助，才重新得以解决的。我举一些例子。

首先，我们看《化胡经》和《无上秘要》。《化胡经》是早期佛教和道教争论最重要的文本，可是由于反复被禁，所以，到元代差不多就消失了。可是，在敦煌却发现了不少，包括序文，因为敦煌文书大多是唐五代以前的，这样可以使我们重新来考察当时的佛教和道教争论。又如《无上秘要》，这是道教最重要的大类书，北周时代的，很有价值。可是，传世的本子比如《道藏》本缺了好多，但是有了敦煌本P.2861，这是开元六年敦煌神泉观道士马处幽和他的侄子马抱下抄写的，有了这一份敦煌写本，就可以给这部道教大类书补很多内容，连全书的内在逻辑（因为目录中有立品的解释）都可以知道了。

其次，如说灵宝经，过去很多人对灵宝经有兴趣，很多研究道教史的学者，包括欧美日本的，也包括国内的，都对灵宝经典特别重视。可是，如果没有敦煌本的一些灵宝经，很多这一经典系统的问题，可能都解决不了。敦煌发现的古灵宝经有76份，其中，包括《太上洞玄灵宝五篇真文赤书》（S.5733）等《道藏》中有的，也有《太上洞玄灵宝金录简文三元威仪自然真经》（拟名，P.3148、3663）、《太上洞玄灵宝真文度人本行妙经》（P.3022）、《太上洞玄灵宝净土生神经》（P.2383）、《太上洞玄灵宝天尊名》（P.3755，列18）等《道藏》中没有的。大家看，以前，日本的大渊忍尔、小林正美等人研究灵宝经，就得靠敦煌资料，美国的柏夷（S. R. Bokenkamp）研究灵宝经，也要靠敦煌资料，北京的刘屹、广东的王承文等研究灵宝经，研究得很细致很深入，但他们依据的资料，主要也得靠敦煌[1]。

再次，比如说《真一本际经》，这是唐代皇帝最推崇的道经，在盛唐

1　参见王承文：《敦煌古灵宝经与晋唐道教》，中华书局，2002年；王承文：《汉晋道教仪式与古灵宝经研究》，中国社会科学出版社，2017年；刘屹：《六朝道教古灵宝经的历史学研究》，上海古籍出版社，2018年。

的时候，它曾经是官方要求诵读的经典，同时，它也是受到佛教影响较大的一种文献，像里面的"无常""不净""至道常住""清净"等，就是佛教的思想和概念，虽然《道藏》里面也有，可是，你仅仅从《道藏》里面，看不出来它在盛唐那么大的影响呀。可是你一看，敦煌居然有103份之多，占了大渊忍尔《敦煌道经·目录编》所收录的敦煌道教文书493份的百分之二十一，你就知道它在盛唐的厉害了[1]。这部据说是隋朝道士刘进喜所造，唐代道士李仲卿续成的十卷道经，当时是何等的有影响，所以，研究唐代道教史，不能轻易放过它。

再次，又比如说，道教有一部《太上洞渊神咒经》，很重要的一部经典，以前很多人研究它，觉得它可能是东晋时代的作品。我记得好像有一篇很专门很长的考证文章，是发表在著名的刊物《文史》上的。可是，当时的作者如果看到敦煌本 P.3233 等各个抄本，其实，这个年代的问题很容易解决的。为什么呢？因为《道藏》本这部经的《誓魔品第一》里面，有一段是"大晋之世，世欲末时，人民无淳，苗胤生起，统领天下，人民先有多苦……"，看到"大晋"两个字，又看到很乱，当然会以为是东晋，但是，在敦煌本的42—47行，是这样的，"大晋之世，世欲末时，宋人多有好道之心，奉承四方，吾先化胡作道人，习仙道者，中国流行，还及刘氏"，这个"刘氏"，就是接着晋以后的刘宋呀，不仅仅有这一处，在62—67行，敦煌本又有"乃至刘氏五世子孙……至甲午之年，刘氏还往中国，长安开霸"等，可以作为考证的依据。可是，在现存的《道藏》里那一本却不同，改过了。只是后来的版本，没有把痕迹改尽，仍然有头一句，只是把后一个"刘氏"改成了"人氏"。可是你要是看敦煌本，就清楚了。它所预言的"甲午之年"，大概就是宋孝武帝刘骏孝建元年

1 大渊忍尔《敦煌道经·目录编》（福武书店，1978年）；当然，大渊忍尔目录之后，敦煌有关道教的文献发现更多了，王卡《敦煌道教文献研究：综述、目录、索引》（中国社会科学出版社，2004年）中，他收集的敦煌道经数量已经超出大渊忍尔目录将近一倍。

（454）吧，你想想，这不是刘宋时代的著作，还会是什么时候的呢？

最后一个例子。特别要提到的是，道教史上最早的经典之一《太平经》，当年王明做《合校》，没有用到敦煌本，就引起了国外学者的批评。当然王明是因为条件所限，看不到，但是现在你再研究道教史，研究道教典籍，不用敦煌资料，大概是眼界太窄了。

所以，敦煌文献很重要。好在现在，敦煌文书比较容易看到了，台湾黄永武编的《敦煌宝藏》虽然模糊一些，可是各大图书馆的胶卷还是清楚的，特别是近些年来，上海古籍出版社陆续出版各国所藏的敦煌文献，包括法、俄以及国内各图书馆的，就很好用了。甚至国内还有人编了《敦煌道藏》几大册，就更方便了[1]。此外，如果你还会用日本人大渊忍尔编的《敦煌道经·目录编》（另外他还有《图录编》），还会用王卡的《敦煌道教文献研究：综述、目录、索引》，事情就更好办了。如果有心要了解这方面材料的，我还要请你看看日本人编的《敦煌と中国道教》，是日本大东出版社出版的《讲座敦煌》的第四本，这部书也很有用[2]。

言归正传，关于《想尔注》，最重要的研究成果是1956年饶宗颐的《老子想尔注校证》，当时和后来陆续参加讨论的人，有陈世骧、严灵峰、杨联陞、唐长孺、大渊忍尔、福井康顺、楠山春树、柳存仁等[3]。其中，讨论最热烈的问题是两个，一是时代，不要说是"年代"，因为准确的年代谁也说不清楚，所以只是说"时代"；二是内容，就是它是否应当是道家向道教转化，或者说是道教创造性地运用了老子作为资源的一个例证。这两个问题是互相有关联的，如果时代早，那么它在道教转变史上的意义可能就非同小可，如果时代晚，晚到六朝，如刘宋时代，那么，这个时候道

1　李德范编：《敦煌道藏》，中华全国图书馆文献缩微复制中心，1999年，共五册。

2　大渊忍尔：《敦煌道经·目录编》；大渊忍尔：《敦煌道经·图录编》；王卡：《敦煌道教文献研究：综述、目录、索引》；《敦煌と中国道教》（《讲座敦煌》之四，大东出版社）。

3　参见讲义后所附的"参考论著"。

教的书已经有很多了，它的意义和价值就没有那么重要了。所以，首先要确定的就是它的成书时代。

二、考证古书年代和真伪的原则及其问题

关于古书成书时代的研究，从古代以来就有很多中国式的方法，大家都知道，清代考据学中间一个很大的成就，就是给古书重新确定年代。其中最通行的方法，就是梁启超总结的一套，这一套是传统的方法，积累了多少代学者的经验，在梁启超《中国近三百年学术史》和《古书真伪及其年代》里面总结的这样几种方法，现在看来，大体上还是可行的[1]。

不过，我们也要特别提醒大家，这套方法在现在，也要有一些修正。

第一，从著录上检查。因为古代中国的历史书和目录学相当发达，有名的著作，大体上都在各种正史经籍志、艺文志，各种公私图书目录上有记载，或者从各种其他的著作中能够找到它的痕迹。梁启超说，如果突然发现一本书，"向来无人经见，其中定有蹊跷"，比如先秦书不见于《汉志》，汉人书不见于《隋志》，唐以前的书不见于《崇文总目》，就十有八九靠不住。这里所谓真和假，其实也就是一个年代的问题，《汉志》上有，当然就应当早于西汉末期到东汉中期，也就是刘向和班固著书的时代，如果《汉志》上没有，那当然就可能晚于这个时代。同样的理由，著录是检查年代的第一个标志。当然，这是一般规律，要注意的是，现在考古发现却常常打破这一规律，像马王堆到上博楚简，就多是不见于《汉书·艺文志》的，你能说他是假的么？现在，大家非常看重余嘉锡的《古书通

1　参见梁启超：《中国近三百年学术史》(朱维铮校注《梁启超论清学史二种》)，复旦大学出版社，1985年，第385—388页。

例》，为什么？因为里面说到了很多过去不注意，现在被出土文献发现所证实的现象，比如余嘉锡就说过，历代求书编目，不见得搜集得全，所以"诸史经籍志皆有不著录之书"，古书往往没有作者，"不题撰人"，书名又常常有别称，不见得都著录在目录上，更何况还有"前代已亡，后代复出"的情况。所以，这一条不可以绝对化[1]。

第二，从本书所载的事迹、制度或引书上去判断。因为书中的事实文句，只有后人引前人的，不会前人预引后人的，这是显而易见的常识。——这大体上是对的，不过，现代考古发现有时却提醒我们，古人的书，并没有著作权，徒弟改师傅的书，后人抄前人的书，没有必要一一作注，也没有必要一一申明。所以，古书并不能以一本书为一个单位，来断定它的时代，有很多书的写作和成书年代，是重重叠叠的，一次一次地抄，一次一次地增加删减，就出现了很多很难判断的时代问题，要分别对待，而且要宽容对待。像《坛经》里面提到了惠能死后二十年，有人将光大禅门的事情，那么肯定这段话是惠能死后二十年以后，才由某人添上去的，但是能不能一下子就说死《坛经》就是惠能死后二十年才有的呢？恐怕不好说，我们只能说这一段话的时代要重新考虑，而不能简单地对整部书的年代进行确定，整部书要另外来考虑，不要一棍子打死。余嘉锡也说过，古书不一定成于一手，一次又一次的叠加，有时候会有后人修订增删的痕迹出现在古书中的，此外，或许还有注文混入正文、批答混杂在正文里面等等情况，你如果以为这就是书成于后代的证据，恐怕也要有问题。

第三，从文句及文体上来检查。一般来说，一个时代有一个时代的文体，一个时代有一个时代的句式，一个时代有一个时代的词语，读古书较

1　余嘉锡:《古书通例》，见刘梦溪主编"中国现代学术经典"的《余嘉锡、杨树达卷》，河北教育出版社，1996年，第153—256页。

多的人会有一些感觉，像一代一代有不同的书写习惯和字体一样，我们现在说秦篆、汉隶、魏碑，大体是这样的。但是，我考大家一个题，如果有书里出现"摩登"这个词，那么，你如何判断它的大体下限？不那么容易吧。以前最有名的一个例子，是通过考证语言来论断《列子》的时代，通过《列子》的语言、用词、用韵来判断，证明《列子》确实是魏晋时代人的作品。不过，要注意，这只是大体而言的，不能用这一方法下决定性的断论，因为这种"感觉"常常是后人的归纳，归纳怎么可能无一遗漏？所以这种感觉来自"大多数情况是这样""当时大多数人有这样的习惯"，但是，没有办法保证不出例外，更没有办法保证没有人会精心模仿作假。特别是古书总是抄来抄去的，有时候抄的人也会改一改，让当时人容易读，比如司马迁《史记》用《尚书》中的文句的时候，常常把它改成当时通行的语言，这样一来，你怎么办？你能因为《史记》中有白话，说《史记》这些古代资料是假的吗？

第四，从思想渊源上考察。梁启超和后来很多学者都倾向于相信，各个时代有各个时代人的想法，这种说法过去很多人用在考证文献的年代上面。比如在考证《论语》的时候，很多人包括像崔述这样的人，就觉得《论语》后十篇常常有逃避社会的内容，像"吾与点也"等，所以就说，它可能是受了老庄影响以后的作品，老庄在他们看来是战国时期的人，所以，后十篇就晚出一些。又比如，过去讲"因果"的思想，当然就要放在佛教传来以后，讲"理""气"的思想，常常是在宋代以后。但是，这一条恰恰后来受到批评最多，为什么？因为这种思想的总体倾向，也是后来归纳的，你怎么保证一个人没有各种思想，谁能那么理性坚定地"一以贯之"而不说别的话呢？谁能保证一个时代没有另外的、特出的、奇怪的思想，和那个时代不合拍呢？像过去，都说还魂再生的故事，都是魏晋以后的传奇才有的，可是，放马滩秦简里面的资料，却一下子把它提前了很多年，以后看到这类故事出现在某个文献里，你还能说它一定是魏晋以后的东西么？现在郭店楚简公布了，里面很多讲"理""性"的内容，使我们觉得到宋代才讨论"性""理""气""情"的说法，显然有些低估了古人的思想水平，那么，这种哲理讨论一旦出现在某文献中，你还能断定它一定在宋代以后么？所以，考据文献时代的各种标准里面，这一条是最要小心的。

第五，从组织成篇的原料上考察。这一条主要是从古代考据学传统里面最自豪的《古文尚书》证伪中总结出来的，按照梁启超的总结，有人伪造古书，一定要造得像，所以常常会从各种古老的文献中抄一些资料来，把它组织起来，让你发现，呀！这一句在某本古书里面有，那一句曾经被某某古人引用过。虽然这种方法很高明，但是这种造伪的人势必不可能句句有来历，句句有来历，就不是伪书而是辑佚了。那么，他总要打补丁，添些东西，但是很难"灭尽针线迹"，所以，你可以发现它的问题。——但是，这一条法则也是有问题的，因为它必然是建立在有罪推定的基础上的，就是先预设这本书是伪书，才一一找出它里面某句某段的来历，证明它可能就是从这些资料中抄出来拼起来的。但是我们如果反过来，先预设这本书不是假的，那么，这些本来证明抄撮的"出处"，不就成了证明其来历有自的"证据"了么？我们可以说，你看，这一句曾经在某书里面有，说明它在某书写作的时候被参考过，这一段在某书里面有，那么它成书一定在这本书之前。是不是这样呢？余嘉锡就说，古书不免有阙失，因为传抄的时候有删有并，校刊时又可能出现错误，所以用"引用"来断定"真伪"也要小心。

所以，现代学术中间，断定古书年代与真伪，实在是一个相当困难的事情。当然，大体上说，断定下限，在资料充分的时候，倒还是可以做到的。比如，除了考古发现可以作为"断代"（也就是肯定成书下限）确定无疑的证据外，如果目录书里面有，也可以当作一种证据，像佛教的《出三藏记集》里有某种佛教著作,那么,大体上可以肯定这部佛教著作是梁代以前的;如果各种时代确定无疑的文献中抄撮和引用过,像敦煌文书中引用过或有抄本,那么,可以断定是唐代至少是北宋初敦煌藏经洞封洞以前的东西;如果成书时代明确的类书中引用过,像道教的《无上秘要》、佛教的《法苑珠林》引用过,那我们也可以相信它早于这些类书。

差不多40年前,我和汤一介先生谈到道教研究时曾经说过,道教文献的断代,要找几个定点的"桩",然后把道教的书一一放在这些"桩"上考察,这样来判断年代[1]。

三、关于《想尔注》成书年代的各种说法

好了。我们把话题回到《想尔注》上来,来看一看关于《想尔注》的年代的不同说法。

这方面有几种主要的意见:第一,认为它是东汉末期成书的,像饶宗颐[2]、大渊忍尔;第二,推测它出自北魏末期(约534),如福井康顺、麦谷邦夫;第三,还有一种意见和这差不多,说它最迟成立于刘宋末年,如小林正美。

关于出自汉末的说法,大概有几条支持的原始资料。其中,首先是元代人编的《茅山志》卷九有道教经典《登真隐诀》的一段话。《登真隐诀》是南朝的道经,不过,这段话却不见于《道藏》本《登真隐诀》,但这段话相当重要,因为它里面引了陶隐居(陶弘景)的话说,《老子道德

---

1 参见葛兆光:《汤一介先生采访记》,《中国文化》第一期,1989年,第200—202页。

2 饶宗颐:《想尔九戒与三合义》,《清华学报》(新竹)新第四卷第二期(1964),第76—83页;《老子想尔注续论》,《福井博士颂寿纪念东洋文化论集》(东京),1969年,第1157—1171页。

经》有玄师杨真人就是杨羲手书的"张镇南古本"，而且这一古本就是
"五千文"。据陶弘景说，"系师内经四千九百九十九字，由来缺一，一是
作'三十辐'应作'卅辐'，盖从省文耳，非正体也"。张镇南就是张鲁，
五斗米道是让人诵读五千文即《老子》的。张鲁投降曹操以后，受封镇
南将军，所以，有人认为这里所说的"张镇南古本"就是《想尔注》，也
就是五斗米道教人诵读的那个道德经五千文。其次，到了南北朝的梁陈以
后，道教方面陆续有直接的资料了，像梁代的《洞玄灵宝三洞奉道科戒营
始》的《法次仪品》里面列出道教传经次序，就在《道德经》二卷、《河
真人注上下》二卷后面，说到《想尔注》二卷，《奉道科戒营始》这部经
典是比较可靠的，敦煌本 P. 2237《三洞奉道科戒仪范》就是它，一般道
教研究者都相信，它成书时代比较早，那么，可以断定这个时候已经有了
两卷本的《想尔注》了，而且把它排在《河上公注》之后，说明它的来历
应当很早。再次，六朝的道经《传授经戒仪注诀·序次经法第一》中也直
接说，"系师得道，化道西蜀，蜀风浅末，未晓深言，托构《想尔》，以
训初回"；《洞真太上太霄琅书》卷四又说，"河上章句，系师想尔，始殊
略同，随因趣果"。除了道教自己的资料，在教外也有一些资料，像出自
隋代的《经典释文·叙录》就说，《想余（尔）注》，"不详何人，一云张
鲁，或云刘表"。而盛唐时代唐玄宗的《道德真经疏·外传》就直接说，
"三天法师张道陵所注"。另外，再晚一些唐末的《道德真经广圣义》，就
继承或者遵照了唐玄宗的说法（详细的资料见于饶宗颐《老子想尔注续
论·道书徵引想尔记略》、陈世骧《想尔老子道经敦煌残卷论证》等）。

　　这些相当坚实的资料，使得一些学者认为，《想尔注》大体上应当出
自汉末的张鲁。如果它真的出自张鲁，那么，它就是五斗米道的重要资
料了，所以，大渊忍尔的《老子想尔注の成立》和《五斗米道の教法——
老子想尔注を中心として》，就是从这一点上，推论五斗米道的早期教法

的[1]。而中国台湾的道教学者李丰楙则在他的博士论文《魏晋南北朝文士与道教之关系》第二章第二节里也说，S.6825应当是北朝的写本，但是，北朝不是它的成书时代，应当推到五斗米道，所以，它成书应当是东汉末年[2]。而1963年，大陆学者喻松青在《历史研究》上发表论文《道教的起源与形成》，则认为它的作者是张道陵；任继愈主编的《中国道教史》说它可能是张鲁所作，甚至确认应当成书于东汉建安十三年，也就是208年，这种太精确的说法，可能有些让人觉得有怀疑，不过，总之它也是主张《想尔注》是东汉的书[3]。

但是，这种说法从一开始就有人反对，比如严灵峰、福井康顺、麦谷邦夫等等[4]。严灵峰是从抄写的字体、语言等来论证的，不过，抄本和撰成是两回事儿，抄写的字体如何，并不能说明什么，倒是语言的时代特征，确实也是一个证据，不过前面我们说过，也不是绝对的证据。所以，日本的福井康顺则比较小心，他只是怀疑说，敦煌本是北魏以后的写本，怀疑成书应当在北魏之后，只是托名张鲁而已。另一个日本学者楠山春树《老子想尔注考》虽然没有给出一个相当明确的年代，但认为，它的编成年代上限为六朝，而不是东汉末，它要比《河上公注》略晚一些，这篇文章后来收在他的著作《老子传说の研究》里面[5]。

其中，反对汉末说最明确的是小林正美。他认为，《老子想尔注》的

1　大渊忍尔:《五斗米教の教法について》(上)(下)，见《东洋学报》第四十九卷第三号（1966），第40—68页；《东洋学报》第四十九卷第四号（1967），第97—129页。

2　李丰楙:《老子想尔注的形成及其道教思想》，载《东方宗教研究》(台北)新一期（1990），第151—180页。

3　任继愈主编:《中国道教史》，中国社会科学出版社，2001年，第38—39、744页。

4　严灵峰:《读老子想尔注校证书后》，《老子微旨例略·老子众说纠谬》，(台北)无求备斋，1956年，第109—123页；参见严灵峰:《老子想尔注写本残卷质疑》，《大陆杂志》第31卷第6期（1965）；《老子想尔注校证与五千文的来源》，《民主评论》(香港)第十五卷第十六期（1964）。福井康顺:《老子想尔注考》，《早稻田大学大学院文学研究所纪要》十三，1967年，第1—20页。

5　楠山春树:《老子想尔注考》，《老子传说の研究》，(京都)创文社，1979年，第239—269页。

成书，应当是在刘宋初《三天内解经》以后，刘宋末期《大道家令戒》和《太霄琅书》以前，他主要是从此书批判"世间伪伎"这一点来考虑的。他觉得，《想尔注》的批判对象，就是刘宋三洞派道士即陆修静、顾欢等等，既然批判刘宋的道士，那么，就不可能太早。从这一角度出发，他认为《老子想尔注》批判的"世间伪伎"，是指他们反对五斗米道到早期天师道的各种方法，如合气释罪之类，而提倡的是比较高雅的，类似存想思神，也就是反思默想身内神灵之类。同时，他也考证了《想尔注》里一些观念，比如，作为神的"道"和老子、道真、太上老君等[1]。这种意见和柳存仁的相近，柳先生也认为，可能应当是"张鲁以后，南北朝期间诵五千文某一派之撰人，依托张系师甚至张道陵而撰述之可能性或较大"[2]。

大家可以注意一点，他们都曾经讨论过《想尔注》的思想和词汇，而且讨论得很接近，可是结论却相反。那么，这几种意见到底哪一个比较对呢？其实，各有各的理由，我今天并不是来下结论的，而是要和你们一起讨论一下这些方法背后的方法论依据。

四、《想尔注》的内容及其成书年代的关系

《想尔注》的内容是什么呢？其实，判断这部书年代的关键内容，是它作为《老子》的注释，在解释里面究竟把老子的意思发挥和推衍了多少，这些发挥和推衍应当是什么时候的，这和文本的时代有关系。大家知道，古代中国常常是围绕和借用古典的诠释，来表达当时的思想的，这是一个中国的思想史特色，所以，诠释中常常会有一些"时代痕迹"，这些

1　小林正美：《老子想尔注》，载氏著：《六朝道教史研究》第二编《天师道及其道典》第三章，李庆译，四川人民出版社，2001年，第284—313页。

2　柳存仁：《想尔注与道教》，载氏著《和风堂新文集》，（台北）新文丰出版公司，第281—337页。

时代痕迹也许会透露消息。至于单纯文本词语注释的部分，在考证年代上，就不那么要紧了，因为所有的语词注释，古代和今天都有可能是一样的。

《想尔注》里面推衍和发挥老子思想的地方，大体上可以分为以下几类：

第一，划出圣与俗的界限，表达长生的愿望。

圣与俗，在西方宗教学家看来，是宗教最大的特征之一，像涂尔干、伊里亚德就是这样看的，伊里亚德有一本关于宗教本质的书，已经翻译成中文，名字就叫《圣与俗》（*The sacred and the profane: the nature of religion*）。而"长生"又是宗教尤其是道教的中心思想，以前这里常常提到"仙士"和"俗士"、仙事与俗事的差别，比如第二十章注中就说"仙士与俗人异"。那么，什么是"仙"与"俗"的根本差异？其中，最重要的是生命的永恒与短暂，而且为了这种长生，"仙士实精以生，今人失精以死"（二十一章注），"仙士有谷食之，无则食气"（二十章注）。大家注意，这样一来，就开始把道家思想与道教知识划分开了一道鸿沟。本来，《老子》第六章也讲到"谷神不死"，第五十章也说到"善摄生者，陆行不遇兕虎"，五十九章还提到"长生久视之道"。不过，看起来老子还不是很在意"长生"，只是常常涉及和用作比喻。但是，《想尔注》里面却很明白地把这种关于生命的愿望，变成最重要的追求。比如，第六章"玄牝门，天地根，绵绵若存"，通常被解释成"微妙的母性之门，是天地的根源，连绵不断，始终永存"，大体上还是比喻"道"与"天地"由于有根本，所以永恒。但《想尔注》却解释说，"阴阳之道，以若结精为生……年少之时，虽有，当闲省之"，又以"龙无子，仙人妻，玉女无夫"等来说明，这就变成了养生之道。又如《老子》第七章的原文是"天长地久。天地所以能长且久者，以其不自生，故能长生。是以圣人后其身而身先，外其身而身存。非以其无私邪？故能成其私"，但《想尔注》把"私"读为"尸"，对"以其无尸，故能成其尸"的注释说，"不知长生之道，身皆尸行耳，非道所行，悉尸行也。道人所以得仙寿者，不行尸行，与俗别异，故能成其尸，令为仙士也"。这样，心灵和思想中的"私"，就被解为身体的"尸"，修道和世俗两者之间，就有了"尸行"的"俗"，和"仙士"的区别，这样就和道家的说法不同，成了宗教性的道教说法了。在这部注释中，很多地方都与"长生"有关系了，像"金玉满室，莫之能守"，也便成了如何守"精气满藏中"；"富贵而骄"，也被理解为"精结成神，阳气有余，务当自爱"；"天地开阖"的天地，也被说成是"男女阴阳孔也"；就连"当其无，有室之用"那一段，也被说成是"道有天毂，人身有毂，专气为柔，辐指形为管辖，又培胎练形，当如土为瓦时"（十一章注）。

第二，阐述长生与善恶道德的关系，并讨论社会道德和政治。

接下来，《想尔注》就讨论到社会问题。它指出，你要想长生，那么就还要注意，除了身体和精神上的修炼，还要讲伦理道德上的善恶，所以说，是"欲求仙寿天福，要在信道，守诫守信，不为贰过"。比如，不要强求富贵荣华，要畏惧四邻，"与不谢，夺不恨，不随俗转移"。他指出，"俗人不能积善行，死便真死，属地官去也"（十六章注），"结志求生，务从道诫"（二十七章）。《想尔注》里说，由于现在不用"道"，所以"人悉弊薄"（十八章"大道废有仁义"句下注），而且"今道不用，臣皆学邪（耶）文、习权诈，随心情，面言善，内怀恶"，所以，一方面要"畏以天威，令（恶人）自改也"（十七章注），因为无论是王者还是臣民，"不畏法律，乃畏天神，不敢为非恶"（三十二章注），一方面要帝王"专心信道戒也"（十八章注），天子王公"虽有荣观为人所尊，务当重清净，奉行道戒也"，"尤当畏天尊道"（二十六章注），"王者虽尊，犹常畏道，奉戒行之"（三十七章注）。它还特别强调不要用兵，除非像风后和吕望那样不得已，因此，这叫"道设生以赏善，设死以威恶"（二十章注），提出要用道教的戒与律，超越政治权力，以规范这个世界的秩序。

第三，批判诈称"道"的"世间伪伎"。

举一些例子。比如（1）批判伪道士以黄帝、玄女、龚子、容成的名义，教信仰者"从女不施，思还精补脑"等（九章注）。它追问道："行《玄女经》《龚子》《容成》之法，悉欲贷，何人主当贷若者乎"（二十八章注），同时，还批判关于"守一"附身的"世间常伪伎"。（2）它也批判把超越无形的"道"，说成是"有服色名字、状貌、长短"（十四章注），并且禁止"祭餟祷祠"，认为"有道者不处祭餟祷祠之间也"（二十四章注）。（3）批判世间伪道，它们"不知常意，妄有指书"（十六章"不知常，妄作凶"注），他指出，"真道藏，耶（邪）文出，世间常伪伎称道教，皆为大伪不可用。何谓耶文？其五经半入耶，其五经以外，众书传记，尸人所作，悉耶耳"（十八章注），所以，它要反复强调"绝耶学，独守道，道必与之，耶道与耶学甚远。道生耶死，死属地，生属天，故极远"。

可是这样一来，我们就有些麻烦了，为什么？因为它好像没法给我们一个关于时代的判断标准呀。如果从第一部分内容来看，好像是道教从道家思想的资源中重新解释，渐渐呈现出宗教化趋向，那么，说来应当是道教初期的事情，依着这一点，从思想逻辑上，大约可以把它放在东汉末。如果从第二部分来看，那么，它还不是被一连串的政治压力和禁令控制的时代，好像还在想象自己可以用宗教神权与政治皇权相颉颃，我以前写过一篇《张道陵"军将吏兵"考》，就是说，道教早期可能有军政合一，建立超越政治的神权的取向。如果是这样，那么，好像这也可以作为它出现较早的证据，也许，就是三国西晋时代？但是第三部分，似乎又是道教已经很普遍了以后，所以才出现了种种问题，比如有了神像（也有了天地水官），有了祭祀，有了男女合气等方式，有了不少新出经典，所以，道教中人才有了自我反省的意识，从这一些迹象来看，似乎又比较晚了，至少要到道教很流行一段时间，也就是至少在东晋刘宋时代了。

那么，考据学是否可以用这些证据来断定典籍的时代呢？大家可以讨论一下。

〰〰【参考论著】

饶宗颐:《老子想尔注校证》,上海古籍出版社,1991年。

严灵峰:《读老子想尔注校证书后》,载《老子微旨例略·老子众说纠谬》,(台北)无求备斋,1956年。

陈世骧:《想尔老子道经敦煌残卷论证》,载《清华学报》(新竹)新第一卷第二期,1957年。

大渊忍尔:《五斗米教の教法について》(上)(下),《东洋学报》第四十九卷三—四号,1966、1967年。《老子想尔注と河上公注との关系について》,《山崎先生退官纪念东洋史学论集》,(东京大安),1967年。《老子想尔注の成立》,载《冈山史学》十九,1967年。

福井康顺:《老子想尔注考》,《早稻田大学大学院文学研究所纪要》十三,1967年。

楠山春树:《老子想尔注考》,载《老子传说の研究》,京都:创文社,1979年。

麦谷邦夫:《老子想尔注について》,《东方学报》(京都)第57册,1985年。有李鮦书中译本《论〈老子想尔注〉》,载《早期中国史研究》第五卷第一期,2013年,第1—40页。

柳存仁:《想尔注与道教》,《和风堂新文集》,(台北)新文丰出版公司。

小林正美:《老子想尔注》,载《六朝道教史研究》,李庆译,四川人民出版社,2001年。

〰〰【阅读文献】

《老子想尔注》(选)

"天长地久。天地所以能长久者,以其不自生,故能长久。"能法道,故能自生而长久也。"是以圣人后其身而身先。"求长生者,不劳精思求财以养身,不以无功劫君取禄以荣身，不食五味以恣，衣弊履穿，不与俗争，即为后其身也。而目此得仙寿获福。在俗人先，即为身先。"外其身而身存。"与上同义。"以其无尸，故能成其尸。"不知长生之道，身皆尸行耳，非道所行，悉尸行也。道人所以得仙寿者，不行尸行，与俗别异，故能成其尸，令为仙士也。

"持而满之，不若其已，揣而悦之，不可长宝。"道教人结精成神，今世间伪伎诈称道，托黄帝、玄女、龚子、容成之文，相教从女不施。思还精补脑，心神不一，失其所守，为揣悦，不可长宝。若，如也，不如直自然如也。"金玉满堂，莫之能守。"人之精气满藏中，苦无爱守之者。不肯自然闭心，而揣悦之，即大迷矣。"富贵而骄，自遗咎。"精结成神，阳炁有余，务当自爱，闭心绝念，不可骄欺阴也。骄欺，咎即成。又外说，秉权富贵而骄世，即有咎也。"名成功遂身退，天之道。"名与功，身之仇。功名就，身即灭，故道诚之。范蠡乘舟去，道意谦信。不隐身形剥，是其效也。

"知其雄，守其雌，为天下奚。"欲令雄如雌。奚，何也，亦近要也。知要安精神，即得天下之要。"常德不离，复归于婴儿。"专精无为，道德常不离之，更反为婴儿。"知其白，守其黑，为天下式。"精白与元□□同色，黑太阴中也。于人在肾，精藏之，安如不用为守黑，天下常法式也。"常德不贷，复归于无极。"知守黑者，道德常在，不从人贷，必当偿之，不如自有也。行《玄女经》、龚子、容成之法，悉欲贷，何人主当贷若者乎？故令不得也。唯有自守，绝心闭念者，大无极也。"知其荣，守其辱，为天下谷。"有荣必有辱。道人畏辱，故不贪荣，但归志于道。唯愿长生，如天下谷水之欲东流归于海也。"为天下谷，常德乃足，复归于朴。"志道当如谷水之志欲归海，道德常足。朴，道本气也。人行道归朴，与道合。"朴散为器，圣人用为官长。"为器以离道矣，不当令朴散也。圣人能不散之，故官长治人，能致太平。"是以大制无割。"道人同知俗事、高官、重禄、好衣、美食、珍宝之味耳，皆不能致长生。长生为大福，为道人欲制大，故自忍不以俗事割心情也。

第五讲

禅宗的历史学与文献学研究：以神会为例

引言：禅宗史上的神会和尚

今天我们讨论禅宗史的研究。

大家都知道，传统的禅宗史上，南宗取代北宗成为禅门主流，通常都被认为是最大的事件，也是中国佛教史上最大的转折，因为这是"佛教从印度到中国"的大关节点。它完成了从竺道生、谢灵运以来佛教的转型，使得来自印度的佛教出现了一个相当"中国化"的趋向。比如，庄子式的绝对自由观念和自然生活理想，老庄一系对于语言瓦解和偶像废弃的策略，轻松愉快的顿悟的解脱方式，这引起了"道"与"佛法"的差异。对于士大夫相当有吸引力的一些思想和口号，比如所谓"直下便是，拟思则差""不假渐修，刹那照见"等的提出，彻底改变了印度佛教要求坐禅苦修的传统，使佛教真正进入了中国上层士大夫精英的思想世界和生活世界。

而盛唐时代的禅宗僧人神会（684—758）[1]，据说，就是其中一个关键性的人物。按照胡适先生的说法，神会在滑台大会上对于北宗禅思想方法

---

1 关于神会的生平，可以参看近年出土的《大唐东都荷泽寺歿故第七祖国师大德于龙门宝应寺龙首腹建身塔铭并序》，载《文物》（北京）1992年第三期，第67页。

的抨击，后来战乱中他筹集香水钱资助唐王朝平定安史之乱，对禅宗史上这一南北形势逆转，是有关键作用的。所以，胡适在《荷泽大师神会传》里说，"南宗的急先锋，北宗的毁灭者，新禅学的建立者，《坛经》的作者，——这就是我们的神会。在中国佛教史上，没有第二个人有这样伟大的功勋，永久的影响"[1]。

对于禅宗史来说，胡适对于神会的研究，挑战了传统的禅宗史，是有震撼力和影响力的，很长时间里，胡适的影响都非常大，无论是赞同他的还是反对他的，其实都受他影响。更重要的是，通过他的这一研究，我们还可以看到，近代中国学术转型的一个侧面。

所以，今天我们用神会研究为例，看看这一研究里面，呈现了什么样的学术史。

一、关于神会的传统禅宗文献

在1920年代之前，敦煌文书里面的禅宗文献还没有出来的时候，研究禅宗主要靠的是传世的有关禅宗的文献。比如北宋的《景德传灯录》《宋高僧传》，南宋的《五灯会元》，以及传世的史书像《新唐书》和《旧唐书》，还有一些佛典和唐人文集里面的零星资料。比如1920年代出版的忽滑谷快天《禅学思想史》，以及胡适在1924年写下的禅宗史手稿，大体上都只能用这些传世文献。可是，这些文献里面，虽然也有一些神会资料，但对于神会，大都平平淡淡地记载，并没有特别突出他的历史地位。以《景德传灯录》为例，里面仅仅记载神会对南北宗之争有贡献，著有

---

1 胡适：《荷泽大师神会传》，《胡适文集》第五册，北京大学出版社，1998年，第199—236页。

《显宗记》。尤其在中唐禅宗的石头和马祖分派以后，各种禅宗灯录，更是只浓墨重彩地凸显两家和五宗，并不特别注意神会的意义。

比如，在北宋的《景德传灯录》里面，关于禅宗史上最关键的南北之争，神会究竟起了什么作用，只有短短的一段："祖（惠能）灭后二十年间，曹溪顿旨沈废于荆吴，嵩岳渐门盛行于秦洛。（神会）乃入京。天宝四年，方定两宗（南能顿宗北秀渐教）。乃著《显宗记》，盛行于世。"所以，虽然沈曾植《海日楼札丛》已经很敏感地注意到，神会可能在禅宗史上有极为重要的作用，但是他也只是直觉。而像忽滑谷快天《禅学思想史》第六章《荷泽神会与南北二宗之争》，也只能根据这些有限的传世资料，尽力做出这样一个叙述：

（一）神会的生平，主要说明的是《坛经》《景德传灯录》《宋高僧传》记载有不同。

（二）南北二宗的对抗中，神会有重要作用，《宋高僧传》和《圆觉经大疏钞》记载，神会受到卢奕迫害，离开长安，陆续迁到荆州，《禅门师资承袭图》记载，中唐贞元十二年定禅宗宗旨，立为七祖。

（三）根据《景德传灯录》叙述神会的《显宗记》，说它"与《法宝坛经·定慧第四》符合"，他的学说宗旨是"力说真空，以无念为宗"[1]。

忽滑谷快天把神会的一节排在牛头、青原行思、马祖道一、永嘉玄觉的后面，在南阳慧忠、大珠慧海、百丈怀海、南泉普愿和西堂智藏等之前，并没有显示出他有什么特别突出的地位。

那么，在当时有没有新发现的禅宗文献呢？也有，在1930年代前后，比如收藏在韩国海印寺的五代末期的禅宗史书《祖堂集》、收藏在日本的中唐时代的《六祖惠能大师传》、分别在中国和日本发现的中唐禅宗史

1　忽滑谷快天:《中国禅学思想史》第三编《禅机时代》第六章，朱谦之译，上海古籍出版社，2002年，第159页以下。

书《宝林传》。这些文献虽然很宝贵，但是，由于它们都撰写在九世纪马祖禅笼罩以后，历史叙述不免受到后来禅宗"攀龙附凤"的影响。这些文献主要突出的，还是惠能之后，南岳怀让到马祖道一和青原行思到石头希迁这两大系统，所以，并不能改变原来传世的灯录留下来的历史脉络，神会在禅宗史上，虽然总是有那么一些记载，但地位和作用仍然并不那么彰显。

简单地说，在后来禅宗史的历史记载中，禅宗史就是从神秀的"北宗"到惠能的"南宗"，而六祖惠能的南宗，后来又主要是青原行思到石头希迁一支，和南岳怀让到马祖道一一支的历史。据各种传灯录记载说，马祖道一门下，以百丈怀海、南泉普愿、大珠慧海为首，其中尤以百丈一脉为盛，后世衍生出沩仰、临济二宗；石头希迁门下，以天皇道悟、药山惟俨、丹霞天然最为著名，天皇、药山之后，分出云门、法眼、曹洞三宗。这就是所谓南宗禅史上的两派和五宗，叫作"一花开五叶"。这里基本上没有太多神会的位置。

这是历史一种常态。文献的层层遮蔽，不仅仅是神会，还有五祖门下的法如（见《法如行状》和《传法宝纪》）、神会门下的慧坚（见《慧坚碑》）等，这样的事情历史上很多很多。

二、敦煌文献的发现及其启迪

十九世纪末二十世纪初，敦煌文书被发现，是一件对中国学术影响很大的事情，关于敦煌文书的意义，我们在另外的地方会仔细讲，这里主要针对禅宗史研究来讲，敦煌文书怎样改变了禅宗历史的研究。

首先，我们要说，敦煌文献中，除了最重要的《坛经》写本之外，涉及禅宗的资料还有很多，这一发现，至少要部分归功于胡适。胡适对敦煌卷子的注意很早，我们知道，1914年在美国留学的时候，他就给英国刊物写文章，指出大英博物馆敦煌文书目录的问题[1]。到了1926年，他恰好有机会到欧洲参加庚子赔款问题的会议，他利用这个机会去巴黎和伦敦看敦煌卷子，带着自己对禅宗史的关注，就发现了禅宗史上前人很少接触的新资料。敦煌的这些资料对胡适的禅宗史观念影响很大，这以后几年，他开始对禅宗史进行研究。1927年夏天，他在上海美国学校"中国学暑期讲习会"讲了四次《中国禅宗小史》，1928年，他写了《禅学古史考》，同年又与汤用彤讨论禅宗史[2]，可以看出，这个时候已经基本形成了他的禅宗史基本脉络和评价立场。于是，从1929年起到1934年，他陆续发表了好几篇关于禅宗的研究论文，范围涉及了早期禅宗系谱、中古禅宗史、南宗的神会，以及《坛经》作者、惠能与神会之后的南宗禅等，一时引起学界极大关注。后来的禅宗史研究，就发生了很大的变化，这些都有赖于胡适发现的，当然还有其他学者发现的敦煌禅宗资料。

那么，敦煌发现的禅宗文献有哪些呢？下面我略举一些例子：

1.早期禅宗的资料，如《二入四行论》（相传为昙林记载达摩之说，这是早期楞伽宗的资料，存S.2715、3375、7159和P.2923等八件，现已收入柳田圣山《达摩的语录〈二入四行论〉》，此文敦煌还有藏文传本，

1　胡适为英国《皇家亚细亚学会会刊》（*Journal of the Royal Asiatic Society*）撰文，批评1914年卷第3期上翟理斯（Herbert Allen Giles）编撰的《敦煌录：关于敦煌地区的记录》（第703—728页），指出其错误。见王冀青：《胡适与敦煌录》，《文史知识》2010年第7期。

2　1928年7月21日他和汤用彤的书信讨论，即《论禅宗史的纲领》，共十三条。其中有几个最重要的关节，一是印度禅与中国禅，中国禅受道家自然主义影响的成分最多；二是菩提达摩一派当时叫"楞伽宗"，敦煌有《楞伽师资记》；三是惠能的革命和神会的作用；四是八世纪下半叶出现了很多有关禅宗系谱的伪史；五是八世纪下半叶到九世纪上半叶，禅宗的分派要参考宗密的著作和敦煌的资料；六是神会一派不久衰微，马祖道一成为正统，"中国禅至此始完全成立"。以上这些论述，基本上构成了六至九世纪禅宗史的大体框架。

见 P.116、821）；又如《澄心论》（相传为四祖道信的学说，存 S.2669、3558，P.3777 等七件）；又如《入道安心要方便门》（传为四祖道信的法要，存 S.2054、4272 等八件）；再如《修心要论》（又名《最上乘论》，传为弘忍所说，存 S.2669 等九件）等。

2. 南北分立时代的禅宗资料，比如《传法宝纪》（P.2634、3858/3559，唐杜朏撰，早期北宗的历史系谱）、《楞伽师资记》（这也是北宗系统的历史系谱）；又比如《心海集》（S.2295、3016，有 155 首禅诗，分为"菩提篇""执迷篇""解悟篇""勤苦篇"以及"修道"等类，一般认为是北宗系统的思想文学作品）、《大乘无生方便门》（又名《大乘五方便》，S.2503、7961，P.2058、2270，一般认为是神秀弟子的作品，为北宗的纲领性思想资料，其中 S.2503 已经收入《大正藏》第八十五卷，铃木大拙有汇校本）以及《观心论》（传为神秀的作品，强调坐禅观心，务必要体会到"本若无心"，才能超出三界，有 S.646、2595、5532，P.2460、4646）等。

3.《历代法宝记》（又名《师资血脉记》，这是四川成都净众寺金和尚一系对禅宗历史的记录，强调禅宗正统应当是惠能之后，由净众寺/保唐寺系统继承，已经收入《大正藏》第八十五卷）。

有兴趣的人，可以参看一些前人的研究。比如，关于《历代法宝记》《楞伽师资记》等，就可以看日本学者柳田圣山《初期禅宗史书の研究》的研究[1]；此外，还可以看日本学者集体编纂的《敦煌佛典と禅》，里面也讨论了各个禅宗系统和敦煌禅典籍的关系[2]。如果要了解最基本最简单的情况，也可以参看季羡林先生主编的《敦煌学大辞典》，其中 724 页到 729

1　柳田圣山：《初期禅宗史书の研究》，（京都）禅文化研究所，1966 年。
2　《敦煌佛典と禅》（《敦煌讲座》八，大东出版社，1980 年）。

页简单地介绍了敦煌禅宗文献的基本情况[1]。

好了，现在书归正传，说到南宗禅宗和荷泽神会。敦煌文书中有关神会的资料相当多，根据胡适、铃木大拙、金九经等人的收集和整理，主要有（1）《南阳和尚问答杂徵义·刘澄集》（S.6556，神会与众多士人及佛教人士问答）；（2）《神会和尚顿教解脱禅门直了坛语》（S.2492、6977，P.2045，这是开元六年［718］后，在南阳龙兴寺宣讲佛法的记录，批评北宗"凝心入定，住心看净、起心外照，摄心内澄"，强调顿悟、无念、无住）；（3）《菩提达摩南宗定是非论》（P.3047、3488、2045，记录开元二十年即732年滑台大会上，神会与崇远法师的辩论，由神会的弟子独孤沛记录，是重新了解南北宗纷争的最要资料）；（4）《顿悟无生般若颂》（S.5619、468，神会撰，胡适说就是《显宗记》，其中提到袈裟作为传法之凭证）——这些资料经过胡适、铃木大拙、金九经的收集、整理和出版，应当说，神会的情况已经相当清楚和完整了。

那么，从这些敦煌文献、来自非禅宗派系的僧传、各种史书以及碑刻文献等等综合考察中，我们可以看到什么呢？有什么和过去传统灯录构造的禅宗史不一样的地方呢？

我们先补充说一点儿宏观情况。现在我们知道，在初盛唐时代，佛教僧人仍然分为法师（以学习、宣讲和著述佛经、佛理为主要信仰方式）、禅师（以修习禅定的实践为主要信仰方式）、律师（以讲究和传授佛教戒律为主要信仰方式）三类。经过安史之乱后，在大佛寺研习经典的法师群体，受到相当严重的摧残，中唐比较兴盛的是后两大类（禅、律），法师一系有些没落。而中唐的禅门，则大体是六系并盛（北宗、荷泽、天台、牛头、净众、洪州马祖），在盛唐时代的北宗禅之后，南宗禅里最先崛起

1　季羡林主编：《敦煌学大辞典》，上海辞书出版社，1998年。

的，就是荷泽神会这个系统，在贞元年间受到宫廷的重视，促使了禅宗南宗的兴盛。

　　关于荷泽神会这一系统的研究情况，要提到的，首先就是胡适对敦煌资料的发现。二十世纪二十年代，胡适为了作中国思想史，就开始研究禅宗，现在保存下来的"禅宗史草稿"，大概写于1924—1925年。刚好在1926年，前面我提到，胡适到欧洲去开会，据他在《海外读书杂记》里说，他专门去看了藏在巴黎和伦敦的敦煌材料，发现其中有很多神会的资料。所以，后来回国后，他陆陆续续撰写了几篇文章，像《菩提达摩考》（1927）、《白居易时代的禅宗世系》（1928）、《荷泽大师神会传》（1930）、《坛经考之一》（1930）、《楞伽师资记序》（1932）、《坛经考之二》（1934）、《楞伽宗考》（1935）等（分别收入《胡适文集》第三、第五册）。还把敦煌文书里神会的文献编辑了一本《神会和尚遗集》（上海：亚东图书馆，1930年）。

　　胡适的这些工作，等于基本上改写了禅宗史。他特别把神会一系在禅宗史上的意义，给大大突出起来了。他在敦煌发现资料的启发下，参考了赞宁的《宋高僧传》、宗密的《圆觉经大疏钞》《禅源诸诠集都序》和《中华传心地禅门师资图》，改变了《景德传灯录》以来的传统说法，把原来禅宗灯录中只有很一般的、蛛丝马迹的神会一系，给发掘出来，而且给放大了。在胡适写的《荷泽大师神会传》和他整理的《神会和尚遗集》中，他重新确立中国禅宗史的主脉络，是从五祖——六祖惠能——荷泽神会。他认为，尤其是神会最重要，所以，他说了一段著名的话："南宗的急先锋，北宗的毁灭者，新禅学的建立者，《坛经》的作者，——这就是我们的神会。在中国佛教史上，没有第二个人有这样伟大的功勋，永久的影响。"

　　这个观点被不少学者接受，当然，也有学者不太同意。像印顺《中国禅宗史》就认为，禅史上变化最大的是牛头禅的老庄化，他在二十世纪七十年代写过《神会与坛经》批评胡适，但是，他并没有能够推倒胡适的说法，只是强调《坛经》和神会思想是不同的而已。

胡适的结论虽然未必很对，但胡适的方法很有意义。如果我们重新看一看传统禅宗史叙述中，很多这种改写、湮灭、发掘、再改写的历史，再看看禅宗史料的地层关系，你就会发现，历史叙述中这种一层层加码、一层层重叠的关系，这种层层积累的历史堆积层很厚。不光是神会系统，我们以北宗神秀继承五祖弘忍这段历史为例来说，就连这段历史本身，也是一个疑云重重的事情。

1.弘忍原本有四大弟子，即法如、老安、玄赜、神秀，如果没有《传法宝纪》和少林寺附近留存的《法如行状碑》，法如就消失了，可是，他是北宗最重要的人呀，大家可以看我写的《谁是六祖》这篇文章。幸好有这些资料，民初的沈曾植，才察觉到法如的重要，现在的禅宗史才补上了这一环节。

2.神秀虽然重要，但是他崛起是在法如之后，而且是受到了法如的提携，比如庞坞圭（李元圭），这是北宗的重要和尚，他去荆州参见神秀，是奉了法如的命令。

3.所以，敦煌文书里《楞伽师资记》才说神秀是七祖。为什么？因为前面有一个法如。你去看传世石刻文献里面的裴璀《少林寺碑》，特别是《庞坞圭碑》，里面的禅宗谱系，就是以法如继承弘忍，以庞坞圭继承法如，干脆就没有神秀的事情。所以你可以看到，禅宗传法并不是一脉单传，也不是传统灯录里面说的那个五祖弘忍之下，就分为北宗神秀、南宗惠能这样的系统。

4.还有一个证明，就是神秀的弟子里面，最重要的义福和普寂。他们两个人本来就是去少林寺参见法如的，只是因为还没见到，法如就迁化即去世了，所以，才改到荆州见神秀的，可见，神秀应该排在法如的后面才对。

167

5.特别是，弘忍去世的时候，神秀在荆州而不在黄梅弘忍身边，也不在禅门中心少林寺，他怎么能够直接就接上了线呢？可是法如是在少林寺的，他当上禅宗领袖是顺理成章的。

所以在禅宗史里面，有很多很多的问题。大家注意，一般来说，追求正统，塑造合法，无论是政治领域还是宗教领域，都特别重要，在没有刀把子和枪杆子支持，只能靠神迹或符信支持的宗教领域，编造神圣历史就更要紧，禅宗史上这么多的编造、改写、涂抹，其实，就是为了"攀龙附凤"和"自我神圣"。

三、对神会在禅宗史上意义的重新发掘

让我们再回到神会的问题上来。

请大家读一下《宋高僧传》和《景德传灯录》里的两篇《神会传》。请大家注意，《景德传灯录》里面说，"祖（惠能）灭后二十年间，曹溪顿旨沈废于荆吴，嵩岳渐门盛行于秦洛。乃入京。天宝四年（745），方定两宗（南能顿宗，北秀渐教）。乃著《显宗记》，盛行于世"。

这一段在《宋高僧传》里是这样的，"开元八年，敕配住南阳龙兴寺。续于洛阳，大行禅法，声彩发挥。先是两京之间，皆宗神秀。若不淰之鱼鲔附沼龙也。从见（神）会明心，六祖之风，荡其渐修之道矣。南北二宗，时始判焉。致普寂之门，盈而后虚"。

这两段资料，关系到南北两宗争斗的过程。要注意的是，第一，开元年间，神会从南阳到洛阳或长安，这是一个关键节点；第二，这里没有提到滑台大会，但提到天宝四年（745）神会在长安，这是一个南北两宗转折的关键；第三，由于神会的努力，使得持"渐修之道"的北宗普寂一系受到沉重的打击，"顿宗"战胜了"渐教"。

我们知道，《景德传灯录》虽然并不是神会一系的作品，但也还是写了神会的意义，也提到了他的《显宗记》；《宋高僧传》更不是禅宗的史传，但也提到过神会的意义；五代后期的《祖堂集》卷三，也提到了惠能门下有八个重要的弟子，（青原）行思、（南岳）怀让、（南阳）慧忠、（荷泽）神会、（司空山）本净、玄觉（一宿觉）、崛多三藏、智策。这说明，神会也还是南宗一个重要角色。

但是，因为它们只是把神会和惠能门下的其他南宗禅门僧人一起提到的，并没有像胡适那样单独表彰，反而重心在突出南岳怀让和青原行思，所以，神会很容易被忽略。特别是，因为中唐以后南岳怀让下的马祖、青原行思后的石头这两大系统特别兴盛，徒子徒孙特别多也特别厉害，所以，后来的禅师书写自己的系谱，就"攀龙附凤"，都往怀让到马祖，或行思到石头这两大系统上凑。所以，弄得这两家在禅宗史上大大的隆重，把其他的系统都淹没掉了，占了大多数注意力。所以，神会也好，慧忠也好，本净也好，看上去就没有什么光彩，暗淡下去了。这当然就是福科讲的"话语"的"权力"，"书写"改变了"历史"，"历史"隐藏了"过去"。

但是，前面我说到，清末民初的沈曾植，就已经发现了神会在南北宗之争中的意义，在《海日楼札丛》里面提到这个问题。顺便说一句，沈曾植在民初学术界的意义不可忽视，王国维、陈寅恪都非常推崇他，甚至认为他是同光以后学界的第一人。他留下的东西不多，但是很精。《海日楼札丛》里面，关于"楞伽宗""法如""密宗壁画与诗歌"的敏锐见解，都是有开创性的，虽然很短很简单，但是都提示了很重要的思考方向，这就是他厉害的地方。在现代禅宗史研究领域，日本忽滑谷快天《禅学思想史》也有专节讨论神会，大体上传世文献中提到的，他都注意到了。中国台湾学者江灿腾曾经怀疑胡适是抄袭了忽滑谷快天，这个批评太极端了，我曾经指出过这一点[1]。为什么？最简单地说，因为在胡适之前，虽然有关神会在禅宗史上作用的叙述，已经相当充分和完整，但公正地说，这些论述都不曾把神会当作禅宗南北之争的关键（只是一般性的人物），尤其是敦煌的新资料没有得到运用，一直到胡适的研究用了敦煌资料，突破了传世文献和历史资料的"层层重叠"，这才算有了本质的改变。

我们看《胡适手稿及秘藏书信》里的资料。1920年代，胡适对哲学史、思想史重新整理，也许就是他所谓"整理国故"的一部分。胡适的《禅宗史草稿》有关神会一段，很清楚，写于1925年3月4日，在还没有看到敦煌文书的时候，他就批评《宋僧传》"这书颇能征集原料，原料虽未必都可靠，总比后人杜撰的假史料好的多多"。又说，"禅宗书往往把后世机缘话头倒装到古先师传记里去……我们所以借神会一传，给读禅宗史者下一种警告"[2]。胡适这个人好立新说，往往有新发现和新思路，特别是，他1926年见到敦煌的新材料，这促成了禅宗史研究领域出现了革命性的转变。这一年，他用讨论庚款会议的机会，到法国和英国，顺便去看敦煌卷子，在那里他发现了神会的资料。其中，特别是他发现了滑台大会的辩论，看到了开元、天宝年间神会和人的对话，以及早期《坛经》的写

---

1 江灿腾曾经质疑胡适的神会研究，是否曾经受到日本忽滑谷快天1923年、1925年出版的《禅学思想史》的启发和影响，所以，并不算他的原创。江勇振在《舍我其谁：胡适传》第二部《日正当中：1917—1927》（台北：联经出版事业公司，2013年）中，一方面赞成江灿腾的意见，但另一方面又指责江灿腾"只留心出版的作品，而忽略了胡适未出版的笔记和手稿"（第661—664页）。按：胡适在禅宗史研究中讨论神会的意义，是在1924—1925年，那时未必依据了忽滑谷快天的著作。虽然1926年发现敦煌神会文书时，有可能参考过忽滑谷快天的书，但胡适从敦煌文献入手重新审视禅宗历史，通过整体质疑禅宗系谱的书写，来重建一个可信历史，在方法论上的意义更大，所以，不必纠缠于他是否沿袭了忽滑谷快天的书。

2 胡适：《禅宗史草稿》，见《胡适全集》第九卷，安徽教育出版社，2006年，第56—57页；按：手稿在《胡适手稿及秘藏书信》第八册中。

本，还看到了神会系统的《五更转》等。所以，他大胆地推翻了传统不那么重视神会的旧说法，确立了他自己石破天惊的新说法。

这些新看法的要点是：第一，《坛经》的作者，不是惠能而是神会，这够大胆的；第二，开元二十年（732，一说二十二年）的滑台大会，是南宗战胜北宗的关键一战；第三，在安史之乱中，神会为朝廷筹香水钱一事，得到朝廷信任和表彰，这帮助神会为南宗确立了地位；第四，神会是禅宗七祖。——因此，神会改变了整个中国佛教史的走向。

应当说，这四个新发现或者新结论，构成了胡适的禅宗史系统。后来，很多人都接受了这个说法，包括日本、中国台湾、美国的学者。特别是，1990年代神会碑铭《大唐东都荷泽寺殁故第七祖国师大德于龙门宝应寺龙首腹建身塔铭并序》又在洛阳发现，李学勤先生在《文物》1992年第3期上写了文章介绍，更加支持了有关神会的这个历史叙述。

虽然，关于《坛经》作者这一条，还有很多反对意见和学术争论，但是其他方面，似乎都没有特别的异议。

四、重新检讨的结果：方法和结论之间

我们对胡适的这四点新看法，做一个全面的检讨，看看是否正确。

第一条，关于《坛经》的作者是神会。胡适的证据之一，是《坛经》和《神会语录》里面，很多术语和思想相近。但是，我个人觉得，这个说法并不成立，因为学生和老师之间相似是很自然的，为什么学生不沿袭老师呢？学生沿袭老师的说法，不是很正常吗？何况那个时代，没有那么严格的引用制度，也没有那么严格的著作权意识。胡适的证据之二，是惠能不识字，不可能讲这么深奥的思想，但是，焉知惠能不识字是真是假？也许是禅门比附"不立文字"的一种神话？惠能真的是文盲吗？胡适的证据之三，是中唐的《鹅湖大义禅师碑》中有说，荷泽一系的"洛者曰（神）会，得总持之印，独曜莹珠。习徒迷真，橘枳变体，竟成檀经传宗"一句，胡适认为，这就证明神会炮制了《坛经》（檀经），但是，就算檀经是《坛经》，这段话也只能证明，神会一系用《坛经》作为传授时的凭信，有这本书的是真传，没有这本书的不算嫡传，如此而已，并不能证明神会就是自己撰写了《坛经》。

胡适的论据中，比较有说服力的，是《坛经》里面有惠能说"吾灭后二十余年，邪法撩乱，惑我宗旨，有人出来，不惜身命，定佛教是非，竖立宗旨，即是吾正法"这一条。因为从惠能圆寂的先天二年（713）到神会在滑台与崇远论辩的开元二十年（732），恰恰是二十年。神会在滑台大会上揭竿而起，那时惠能已经死了二十年了，死人没有预见力，所以，这段话一定是后来与神会有关系的人的说法，为了证明真传嫡系在神会，所以《坛经》和神会肯定有关系。

但是我觉得，也有可能是神会以及他那一系的禅宗僧人，事后对《坛经》有修改补充，而不一定是神会自己从头到尾炮制了《坛经》。顺便提一点，印顺（《中国禅宗史》）和柳田圣山（《初期禅宗史书の研究》）的研究都认为，从《坛经》来看，其中思想大多来自牛头禅一系，比如，无相受戒仪、般若三昧、七佛二十八祖的说法，都是牛头宗的思想。而且整理《坛经》的法海，可能就是牛头宗的鹤林玄素的弟子法海，只是后来南宗禅大盛，法海也被算到了惠能一系去了。

这种解释可能有一定的道理，不过也还只是猜测。总之，把《坛经》的著作权完全归于神会，恐怕证据还不足。

第二条，滑台大会对南北宗盛衰变化的意义。这是胡适的一个很重要的判断，特别是因为敦煌文献中发现了《菩提达摩南宗定是非论》，这是开元二十年（732）滑台大会上，神会与崇远法师的辩论记录。但这个判断有问题，为什么？其一，滑台大云寺并非佛教在唐帝国的中心，没有那么大的影响力。同时，佛教辩论会在唐代相当普及，凡是有疑义，常常就会有辩论，这一次在滑台举行的论战，是否特别有影响，还是有疑问的。其二，法、律、禅之分，这一定要注意，按照唐代的习惯，凡是以参禅为修行主旨的大都称"禅师"，以持律为修行主旨的大都称"律师"，以讲论为修行主旨的大都称"法师"。可是，与神会辩论的"崇远法师"并不是北宗禅僧，而是义学僧人。其中记载说，他"两京名播，海外知闻……提婆之后，盖乃有一"，显然他是一个法师，并不是禅师。他辩论败了，并不等于北宗败了。要知道那个时代，北宗禅可能对神会很不屑，因为当时的北宗禅正如日中天，神秀第一代弟子里面，义福、普寂、降魔藏等都还在世，第二代弟子也已门庭广大，势力笼罩了京洛，根本不会把神会放在眼里的。

这一点，日本学者宇井伯寿早就看出来[1]。如果据《宋高僧传》等资料的分析，当时南北的争论并没有那么厉害，南宗和北宗的关系也不很坏，真正矛盾公开化，争夺正统成为问题，要到神会天宝四年（745）到洛阳荷泽寺的时候，他又是建惠能的真堂，又是序宗脉挂祖像，讲西域诸祖和中国六祖，同时又是请兵部侍郎宋鼎写碑、请太尉房琯作《六叶图序》，才开始排击北宗。《历代法宝记》也记载，到天宝八载（749），神会在洛阳立宗旨，以如来禅破清净禅，才影响变大的。我曾经推测，这可能是为了"抢七"，佛教的"七"非常重要，由于争夺"七祖"的位置，神会要使用这样的大动作。可是，当时并没有人理会他，很快他就在政治压力和宗教压力下被迫离开洛阳了，据说还是被流放的。应当说，开元年间的滑

台大会，实际上影响很小。所以，滑台大会的意义，可能被胡适放得太大了。

第三条，关于香水钱的作用。虽然赞宁在《宋高僧传》已经说过这件事，但只是简单地提了一下，并不突出。把它当作南北宗之争的一个大关节，则是胡适《荷泽大师神会传》才提起来的，后来，几乎所有的禅史著作都接受了这一判断，就连印顺《中国禅宗史》也不例外。

但是，这是有疑问的。我在我的《中国禅思想史》里面，专门讨论这个问题，其中有很多值得讨论的可疑处。

1.《宋高僧传》里面记载，唐朝面对安史之乱，"用右仆射裴冕权计，大府各置戒坛度僧，僧税缗谓之'香水钱'，聚是以助军须"。那么，每一个大府都有这种举动，为什么只有神会得到格外的重视，以至于荷泽系禅宗得到格外的支持呢？从安史之乱一开始的天宝十四年十一月（755年底），唐王朝就为了筹集军费采取了这一策略，（一）最早实施这种卖度牒以收钱缗的，是太原地区，《旧唐书》卷四十八《食货志上》、《新唐书》卷五十一《食货志一》都记载安史之乱初期，杨国忠"遣侍御史崔众至太原纳钱度僧尼道士，旬日得百万缗而已"。（二）唐肃宗即位后（756年底），才有御史郑叔清与宰相裴冕建议诸道卖"空名告身"和"官勋邑号"，结果是"度道士、僧尼不可胜计"。并不只是神会一家的事情。（三）到了安史之乱即将结束，两京收复时（约758年初），又在"关辅诸州，纳钱度导士僧尼万人"。那么，神会在这种普遍的开坛度僧以换钱缗的风气中，是否能占了什么特别重要的位置呢？显然不能这么说。因为据我考证，当时度僧收"香水钱"的州郡至少在二十处，不仅河东（太原等地）、关辅（关中诸州）及神会所在的荆州，就连远在西北的敦煌，都有资料表明，朝廷曾度僧收钱。仅仅说神会得到特别表彰，这是不合理的。

2.《宋高僧传》所谓肃宗诏入内供养一事，是胡适证明神会得到特别恩宠的证据，但这事是极其可疑的。据《圆觉经大疏抄》说，自天宝十三载（754）七月，神会被量移至荆州开元寺，至乾元元年（758）五月他去世，仍在开元寺，新发现的《塔铭》也说，神会"行迈江表之际，方有羯胡乱常"，就是说安史之乱时他一直在荆州，直到"乾元元年五月十三日荆府开元寺奄然坐化"。可见在安史乱中，神会不可能在洛阳。既然神会在荆州，不在战事的中心区域（而郭子仪的军队在今陕西凤翔），他如何能够以戴罪之身，筹集钱款，成为支持官军的重要财政？如果他真的得到表彰，为什么不立即迁回中心地区，要等到死了以后才送骨灰回去？

3.有关神会得到肃宗尊崇的这一记载，为什么既不见于《神会塔铭》，又不见于对神会做详细介绍的《圆觉经大疏抄》？作为一个自认荷泽传人的后学弟子，圭峰宗密写过神会的传记，不至于把这等大事忘在一边，但是，他却一字未提。

4.其他得到朝廷恩宠的僧人也不少，比如一般被认为是神会后台的郭子仪，就举荐过北宗普寂、广德的弟子常超为"东京（洛阳）大德"，表奏过北宗另一支老安的弟子义琬，让唐代宗赐谥"大演禅师"。唐肃宗时，北宗的法津禅师更得恩宠，在收复两京后立即被赐住荷恩寺，免两税，还官收地廿二顷，赐给紫袈裟和金钩。稍后的唐代宗，又曾召牛头宗径山国一，在内殿讲授，安置在大章敬寺。那么，是不是可以说北宗、牛头宗也都得到了朝廷的绝对支持呢？如果佛门几家都可以得到如此的支持，那么，神会得到的支持有什么特殊的意义呢？

所以说，因为香水钱而使荷泽宗或者南宗大盛的说法，显然是不可靠的。神会一系真正的兴盛，据我的判断可能是唐代宗大历、贞元年间的事情，尤其是他的弟子慧坚起的作用很大。宗密《圆觉经大疏抄》卷三之下特意提到，"大历五年（770），敕赐祖堂额，号真宗般若传法之堂"，这一事就是慧坚的功劳，这等于使神会一系得到了朝廷的正式承认。贞元初，慧坚又被唐德宗李适召入宫中，回答太子关于"见性"的问题，而且"奉诏与诸长老辩佛法邪正，定南北两宗"，到了贞元十二年（796），最后在这个皇太子的支持下，"楷定禅门宗旨，搜求传法傍正"，才立神会为"七祖"。

第四条，七祖的说法很重要。胡适虽然指出神会抢到了禅宗七祖这个事情，但是并没有指出为什么要"抢七"。其实，"七"是佛教的一个抢手数字，我可以证明很多佛教的宗派，都在抢这个"七"，并非只是一个神会。神会之下的禅门，从慧坚到宗密，总在这一问题上纠缠不清，投入了很多的精力，与北宗一系以普寂为七祖互相争抢，在朝廷未承认时就自称"七祖"，朝廷承认了就急忙建七祖堂、立七祖碑。为什么？圭峰宗密在《圆觉经大疏抄》《中华传心地禅门师资图》中至少四五次提到，在世俗观念中"七"很重要，比如国立七庙、七月而葬、丧服七代、福资七祖、经说七祖，甚至佛教各种仪式念诵，都是"七"，所以他说，"古来皆目七祖禅印为心地法门"。这就叫"世谛之法，多止于七"。像中唐人沈亚之在《灵光寺僧灵佑塔铭》中就说，当时佛教徒"必祖自佛，派分诸系于七祖，各承其师之传，以为重望"。这说明，神会一系也和其他宗派一样，是在抢"七"，并不见得他就真的被大家公认为"七祖"了。

最后补充说一下，有关禅宗"南顿北渐"的说法。现在看来有些不成立了，最近禅宗史研究中最重要的成果之一，就是在敦煌文献中发现可以推翻这一说法的资料。这一点，我将在另一个地方再详细讨论。

所以，这种惠能到神会，南宗把北宗打败了的历史，很明显是靠不住的。如果我们要重新考虑这一段历史，一定要小心。研究禅宗和研究历史其他领域一样，都要靠发掘"没有被污染或改写的史料"，才能重新发现历史。也许，我们可以挑出四份没有被后来禅师篡改过的直接史料，来看看当时的情况。第一个，是八世纪李华为玄朗所写《故左溪大师碑》；第二个，是韦处厚在九世纪初撰写的《兴福寺内道场供奉大德大义禅师碑铭》；第三个，是白居易在《传法堂碑》引兴善惟宽语；第四个，是九世纪时裴休为宗密所写的《禅源诸诠集》序文。大家可以读一读，这都是没有被后来胜利的南宗禅改写或影响过的原始史料，从这里你可以看到，八世纪后半期以来，关于佛教禅门的共识，也就是说，在当时相当多人的心目中，所谓"禅门"大体应当包括五大系，即北宗、荷泽、牛头、天台和洪州。既不是传统禅宗灯录里记载的，北宗被南宗取代，惠能之后是青原行思（石头希迁）、南岳怀让（马祖道一）两派，也不完全是胡适考证的那样，惠能之后是神会，由一个英雄改变了历史，南宗也不是神会的荷泽宗一线单传。

五、在胡适的延长线上：文献学与历史学

大家注意，并不是说"剥去伪装"就是我们的唯一目的，其实，"过去"已经过去，"历史"却还在不断叙述。不一样的、逐渐变化的各种"叙述"，本身就很有意思。你把这些"叙述"一层一层地剖开看，发现里面有很多问题，"权力"建构"知识"，"话语"炮制"历史"，在禅宗争夺正统的过程中，历史系谱被改写，是很常见的事情。

虽然胡适的研究有不少可以商榷的问题，但是，正是他指出了禅宗史研究的正确路向。在他之后的几乎半个多世纪中，中国学术界甚至日本学术界，都深受这些资料和观点的影响。日本的入矢义高、柳田圣山，都是佛教研究中的权威，但他们在与胡适往来通信中，不仅深受影响，也很认同胡适关于禅宗史的一些说法。胡适的意义就是揭开了禅宗史上"攀龙附凤"的现象，建立了文献学和历史学结合的禅宗史研究典范。

在这个"典范"中，有三点特别要肯定——

第一，是他开拓了禅宗史研究的新资料，特别是在敦煌卷子中发现了很多有关禅宗的新资料。第二，是他重新书写了禅宗史的脉络，提出了中古禅宗史研究的新方法。第三，正是因为他自觉地质疑禅宗史料，要在禅宗自我编造的系谱之外重新叙述禅宗史，因此，他对于"教外资料"即唐人文集、碑刻资料有特别的重视。大家如果要仔细了解这一点，可以参看我的论文《仍在胡适的延长线上》[1]。

现在我们归纳一下，在胡适的重写禅宗史之后，很多迷雾被廓清了，逐渐清晰起来的禅宗系谱，大概是这样的——

1. 当南宗禅还没有取得全面垄断地位的时候，也就是在八世纪中叶到九世纪初期，南宗禅进入朝廷之前，关于禅宗的文献，包括敦煌文献，对于禅门各系统的记载，大体上还是"一个禅门，各自表述"（例如：法如碑、敦煌本《传法宝纪》、王维《六祖碑》）。

2. 当九世纪禅宗南宗逐渐兴盛并垄断禅宗史叙述以后，一个从惠能与神秀的论战、神会与普寂的争斗的系谱被写出来（见于《坛经》、敦煌本各种《神会语录》，以及《景德传灯录》中的《显宗记》）。

3. 当九世纪中叶，马祖道一的洪州宗在中唐大盛以后，惠能之后的南岳怀让和马祖道一系统，开始在记载中出现并成为主流（例如：圭峰宗密的一些记载）。

4. 当石头希迁后人越来越多，逐渐壮大而要独立的时候，禅宗的史料又开始把马祖门下分出去一部分（如丹霞天然等），确立了青原行思到石头希迁、南岳怀让到马祖道一的系谱（如《祖堂集》）。

1　葛兆光：《仍在胡适的延长线上——有关中国学界中古禅史研究之反思》，载《岭南学报》（复刊第七期），上海古籍出版社，2017年，第3—32页。

5.当百丈怀海后人得势以后，百丈系统就突出起来（宋代的《景德传灯录》）。

于是，"过去"不存在了，"历史"被书写出来。前面一个系谱被后面一个系谱掩盖，后面一个系谱又被更后面一个系谱掩盖，所以如果不经过层层剥皮的"知识考古"，一层一层地蜕皮，就不能发现它的由来。胡适的意义，就在于通过敦煌文书，揭开了这个经由"攀龙附凤"而"层层积累"的过程。这个过程本身，也成了有意思的历史，因为从这里面，可以看到"作伪"的心情，而这些"心情"是"真实"的，它也是一个追求正统和权力的思想史。

〰️【参考论著】 ————————————————————————

胡适：《荷泽大师神会传》，载《胡适文存》四集卷二，亚东图书馆，1930年；又载胡适编：《神会和尚遗集》卷首，胡适纪念馆，1970年。

印顺：《中国禅宗史》（重印本），江西人民出版社，1990年。

杜继文、魏道儒：《中国禅宗通史》，江苏古籍出版社，1993年。

葛兆光：《增订本中国禅思想史——从6世纪到10世纪》，上海古籍出版社，2007年。

忽滑谷快天：《中国禅学思想史》，朱谦之译，上海古籍出版社，2002年。

宇井伯寿：《禅宗史研究》第一、第二、第三，岩波书店，1939—1943年。

John R. McRae（马克瑞）：*The Northern School and the Formation of Early Ch'an Buddhism*, University of Hawai'i Press, Honolulu, 1986.

荣新江：《敦煌学十八讲》第十二章《敦煌佛教道教文献的价值》，北京大学出版社，2001年。

田中良昭：《敦煌的禅宗灯史——其出现的意义》，中译本，载《戒幢佛学》

（2002）第二卷，第145—154页。

葛兆光：《仍在胡适的延长线上——有关中国学界中古禅史研究之反思》，载《岭南学报》（复刊第七期，上海古籍出版社，2017年），第3—32页。

❧【阅读文献】

1.《景德传灯录》卷五《神会传》（《四部丛刊》影印本、《大正藏》本，顾宏义《景德传灯录译注》，上海书店出版社，2009年）

西京荷泽神会禅师者，襄阳人也，姓高氏。年十四为沙弥，谒六祖。祖曰："知识远来大艰辛，将本来否？若有本，则合识主。试说看。"师曰："以无住为本，见即是主。"祖曰："遮沙弥争合取次语。"便以杖打。师于杖下思惟曰："大善知识，历劫难逢，今既得遇，岂惜身命。"自此给侍。

他日，祖告众曰："吾有一物，无头无尾，无名无字，无背无面，诸人还识否？"师乃出曰："是诸佛之本原，神会之佛性。"祖曰："向汝道无名无字，汝便唤本原佛性。"师礼拜而退。师寻往西京受戒。唐景龙中，却归曹溪。

祖灭后二十年间，曹溪顿旨沈废于荆吴，嵩岳渐门盛行于秦洛。乃入京。天宝四年，方定两宗（南能顿宗，北秀渐教）。乃著《显宗记》，盛行于世。

一日乡信至，报二亲亡。师入堂白槌曰："父母俱丧，请大众念《摩诃般若》。"众才集，师便打槌曰："劳烦大众。"

师于上元元年五月十三日中夜奄然而化，俗寿七十五。二年，建塔于洛京龙门。敕于塔所置宝应寺。大历五年，赐号"真宗般若传法之堂"，七年，又赐"般若大师之塔"。

2.宋赞宁《宋高僧传》卷八《唐洛京荷泽寺神会传》（范祥雍点校本，中华书局，1987年）

释神会，姓高，襄阳人也。年方幼学，厥性惇明，从师传授五经。克通幽赜。

次寻庄老，灵府廓然。览《后汉书》，知浮图之说。由是于释教留神，乃无仕进之意，辞亲投本府国昌寺颢元法师下出家。其讽诵群经，易同反掌。全大律仪，匪贪讲贯。闻岭表曹侯溪慧能禅师盛扬法道，学者骏奔，乃学善财南方参问。裂裳裹足，以千里为跬步之间耳。及见，能问会曰："从何所来？"答曰："无所从来。"能曰："汝不归去？"答曰："一无所归。"能曰："汝太茫茫。"答曰："身缘在路。"能曰："由自未到。"答曰："今已得到，且无滞留。"居曹溪数载，后遍寻名迹。

开元八年，敕配住南阳龙兴寺。续于洛阳大行禅法，声彩发挥。先是，两京之间皆宗神秀，若不溢之鱼鲔附沼龙也。从见会明心六祖之风，荡其渐修之道矣。南北二宗，时始判焉，致普寂之门，盈而后虚。天宝中，御史卢弈阿比于寂，诬奏会聚徒疑萌不利。玄宗召赴京，时驾幸昭应汤池，得对言理允惬。敕移往均部。二年，敕徙荆州开元寺般若院住焉。十四年，范阳安禄山举兵内向，两京版荡，驾幸巴蜀。副元帅郭子仪率兵平殄，然于飞辇索然。用右仆射裴冕权计，大府各置戒坛度僧，僧税缗谓之香水钱，聚是以助军须。

初洛都先陷。会越在草莽。时卢弈为贼所戮，群议乃请会主其坛度。于时寺宇宫观，鞠为灰烬。乃权创一院，悉资苫盖，而中筑方坛，所获财帛顿支军费。代宗、郭子仪收复两京，会之济用颇有力焉。肃宗皇帝诏入内供养，敕将作大匠并功齐力，为造禅宇于荷泽寺中是也。会之敷演，显发能祖之宗风，使秀之门寂寞矣。上元元年，嘱别门人，避座望空，顶礼归方丈，其夜示灭。受生九十三岁矣。即建午月十三日也。迁塔于洛阳宝应寺，敕谥大师曰真宗，塔号般若焉。

3.唐独孤沛编《菩提达摩南宗定是非论》，载《神会和尚禅话录》（杨曾文编校，中华书局，1996年）

弟子于会和上法席下见（和上）与崇远法师论诸义，便修。从开元十八、十九、廿年，其论本并不定，为修未成，言论不同。今取廿载一本为定。后有师资血脉传一卷，亦在世流行。

……

于开元廿年正月十五日在滑台大云寺设无遮大会，广资严饰，升狮子座，为天下学道者说……

远法师问:"世人将秀禅师作得道果,不可思议人。今日何故不许秀禅师充为六代?"

和上答:"为忍禅师无传授付嘱在秀禅师处。纵使后得道果,亦不许充为第六代。何以故?为忍禅师无遥授记处,所以不许。"

远法师问:"普寂禅师口称第七代,复如何?"

和上答:"今秀禅师实非的的相传,尚不许充为第六代,何况普寂禅师是秀禅师门徒,有何承禀充为第七代?是中岳普寂禅师、东岳降魔藏禅师,此二大德,口称秀禅师是第六代,未审秀禅师将何为信,充为第六代?我韶州一门,从上已来,排其代数,皆以达摩袈裟为信。今普寂禅师在嵩山竖碑铭,立七祖堂,修《法宝记》,排七代数,以何为信?……"

……

远法师问:"未审能禅师与秀禅师是同学不?"

答"是。"

又问:"既是同学,教人同不同?"

答言:"不同。"

又问:"既是同学,何故不同?"

答:"今言不同者,为秀禅师教人'凝心入定,住心看净,起心外照,摄心内证'。缘此不同。"

远法师问:"何故能禅师不'凝心入定,住心看净,起心外照,摄心内证'?何者是能禅师行处?"

和上答:"此是调伏心。"

远法师问:"应不凝心入定,不住心看净,不起心外照,不摄心内证?"

和上答:"此是愚人法。离此调伏不调伏二法,即是能禅师行处。是故经云:心不在内,亦不在外,是为宴坐。如此坐者,佛即印可。从上六代以来,皆无有一人'凝心入定,住心看净,起心外照,摄心内证',是以不同。"

ᔪ【附录1：7—8世纪之间禅门大事记】

7—8世纪之间禅门大事记

唐·咸亨五年（674） 　　弘忍圆寂。门下重要的弟子有嵩山少林寺法如（637—689）、嵩山会善寺道安（老安，708年之前）、荆州玉泉寺神秀（约607—707）、安州寿山寺玄赜（生卒年不详）、资州德纯寺智诜（609—702）、韶州大梵寺惠能（638—713）。

唐·垂拱二年（686） 　　嵩山少林寺会议，推举法如，标志着弘忍的东山禅门进入中原。

唐·永昌元年（689） 　　法如圆寂。惠能出山。武则天兴佛教，令各地置大云寺。

周·天授元年（690） 　　武则天称帝。

周·万岁通天二年（697）武则天召请智诜，于内道场供养。不久智诜辞归资州。

周·久视元年（700） 　　武则天在嵩山召老安，老安推荐神秀，神秀入东都洛阳。

唐·神龙元年（705） 　　武则天退位，十一月死。神秀仍在东都。唐中宗召惠能入京，惠能辞不赴。

唐·神龙二年（706） 　　神秀圆寂。中宗令普寂"代本师统其法众"；老安被召至长安。

唐·神龙三年（707） 　　老安辞归少林寺。

唐·景龙二年（708） 　　老安圆寂。召玄赜。

唐·先天二年（713） 　　惠能圆寂。

唐·开元二十二年（734）滑台大会。

唐·天宝四年（745） 　　神会入洛阳。

✿【附录2:《唐中岳沙门释法如禅师行状》简注[1]】

大师讳法如,姓王氏,上党人也[1]。幼随舅任澧阳[2],事青布明为师[3]。年十九出家[4],志求大法。(青布)明内隐禅智,当人见让[5]。云:蕲州忍禅师所行三昧,汝宜往咨受[6]。曰:敬闻命矣。其后,到彼会中,稽请毕已。祖师默辨先机,即授其道。开佛密意,顿入一乘,数缘非缘,二种都尽,到清凉池,入空寂舍。可谓不动真际,而知万象者也。天竺相承,本无文字,入此门者,唯意相传[7]。

故庐山远法师《禅经序》云[8]:则是阿难,曲承音诏。遇非其人,必藏之灵府(《金石续编》录文缺"府"字)。幽关莫辟,罕窥其庭[9]。如来泥曰未久[10],阿难传末田地,末田地传舍那婆斯[11]。此三应真,冥契于昔,功在言外,经所不辩,必闇轨元匠,孱然无差。又有达节善变,出处无际,晦名寄迹,无闻无示。斯人不可以名部分别有宗明矣者,即南天竺三藏法师菩提达摩[12],绍隆此宗[13],武步东邻之国[14]。传曰:神化幽赜[15],入魏传可,可传粲,粲传信,信传忍,忍传如[16]。

当传之不可言者,非曰其人,孰能传哉[17]?

至咸亨五年,祖师灭度,始终奉侍,经十六载[18]。既淮南化掩[19],北游中岳,后居少林寺,处众三年,人不知其量[20]。所以守本全朴,弃世浮荣,廉让之德,贤士之灵也。外藏名器,内洽玄功。庶几之道,高遁之风也。对问辞简,穷精入微,出有之计,解空之围也。机智勇略,能建法城,安人之友,师者之明也[21]。垂拱二年[22],四海标领僧众,集少林精舍,请开禅法[23]。佥曰:始自后魏,爰降于唐,帝代有五,年将二百[24],而命世之德,时时间出[25]。咸以无上大宝,贻诸后昆[26]。今若再振玄纲,使朝闻者,光复正化[27]。师闻请已,辞对之曰:言寂则意不亡,以智则虑未灭[28]。若顺诸贤之命,用隆先胜之道,如何敢矣[29]。犹是谦退三让,久乃许焉[30]。观乎至人之意,广矣大矣,深矣远矣。今唯以一法,能令圣凡同入决定,勇猛当应谛受。如人出火,不容中断。众皆屈伸臂顷,便得本心。师以一印之法,密印于众意,世界不现,则是法界。此法如空中月影,出现应

---

1 这里的简注,参考了柳田圣山《初期禅宗史书の研究》中的注释。

度者心，子勤行之，道在其中矣。而大化既敷其事，广博群机，隐变之度，毫厘不差。自后频诲学人，所疑咸速发问。俄然现疾，乃先觉有征尔。最后一夜，端坐树下，告以遗训，重明宗极。显七日而为一劫，悟弹指而震大千。法无去来，延促思尽。即永昌元年岁次己丑七月二十七日午时，寂然卒世，春秋五十有二，瘗于少室之原也。诸受业沙门，北就高顶，起塔置石。优填王释迦像，并累师之行状，勒在佛碑。冀鬯奉庙庭（《金石续编》作"廷"），观文以自诚。曰：我师利见，动寂无方。陶均万累，广世为梁。登微有阶，庶勤必臻。遗功罔极，日月齐光。

【注释】

［1］上党，今山西东南长治、晋城，古为潞州，所以《圆觉疏抄》说法如是潞州人。

［2］澧阳，今湖南澧县。

［3］青布明，即江汉沙门释慧明，俗姓王，杭州人，师事越州法敏（579—645）二十五年，被称为"玄解第一"，冬夏常穿青布衣，故称作"青布明"，后又随蒋州（今江苏南京）智岩禅师（577—654）学禅十年，见《续高僧传》（习禅篇）卷二十。

［4］应当是656年，即唐高宗显庆元年。柳田圣山认为，法如在慧明门下，应当是655—659年。

［5］意思是，青布明内心怀有禅门深刻智慧，但是遇到他人却非常谦让。

［6］蕲州，即今湖北蕲春县，离黄梅很近。忍禅师即弘忍，唐代禅僧，即湖北黄梅人，生于隋仁寿元年（601），唐咸亨五年（674）十月圆寂，被尊为中国禅宗第五祖，当时在黄梅的双峰山开堂说法。三昧，指 Samadhi，意思是止息杂念，进入寂静心境的方法，又称"正定"。

［7］这是说禅宗在印度的传统，是不立文字，以心传心。因为佛教认为，文字对于深刻的意义是会产生障碍和导致误解的。《大品般若》第七"诸字非般若波罗蜜，般若波蜜中无听者，诸佛阿耨多罗三藐三菩提，无字无说"。又《楞伽经》第四"大慧，我等诸佛及诸菩萨，不说一字，不答一字，所以者何？

法离文字故"。

[8] 庐山远法师，指东晋时期著名僧人慧远（334—416），俗姓贾，雁门（今山西代县）人，道安的弟子，381年到庐山，后建立著名的东林寺，著有《法性论》《沙门不敬王者论》等，是传说中净土宗的创始人。《禅经序》，即慧远为佛驮跋陀罗（即觉贤，359—429）在庐山所翻译的《达摩多罗禅经》撰写的《庐山出修行方便禅经统序》。

[9] 原文是"理玄数广，道隐于文。则是阿难，曲承音诏，遇非其人，必藏之灵府"，意思是佛教的道理深刻而且丰富，深藏在文字的背后。当年阿难（前463—？，佛陀的堂弟，是佛陀的十大弟子之一，被称为多闻第一，佛陀生前的教诲和道理，是由他背诵出来，并在第一次结集中记录下来的）曾恭听佛陀亲口说法，如果没有可以真正理解的人，就只能藏在心里，幽深的心灵如果不敞开，外面的人很难看到里面所有真理的真相。灵府、幽关，都是指心灵。《庄子·德充符》"不可入于灵府"，僧肇《注维摩经》"幽关难启，圣应不同"。

[10] 泥曰，即涅槃，一般写作"泥洹"。僧肇《涅槃无名论》中上秦主姚兴表末有"僧肇言：泥曰、泥洹、涅槃，此三名前后异出，盖是楚夏不同耳"。

[11] 末田地，阿难弟子，传说在罽宾传教。舍那婆斯，相传也是阿难的弟子，又称商那和修尊者，但是在禅宗系谱传说中，他也是西天禅门第三祖。

[12] 菩提达摩（？—535），梵名Bodhidharma。又称菩提达摩、菩提达磨多罗、达磨多罗、菩提多罗。通称达摩。被尊为中国禅宗初祖。相传他原是南天竺香至国（或作婆罗门国）国王之第三子，从般若多罗学道，为西天（印度）第二十八祖。南朝宋初自海路到达中国，后住嵩山少林寺，其弟子除慧可外，较著名者另有道育、僧副（一作道副）、昙林等。

[13] 绍，继承；隆，发扬；此宗，即指禅宗。碑文中说，禅宗一代又一代，在"天竺相承，本无文字，入此门者，唯意相传"。

[14] 武步，就是继承、追随的意思。

[15] 这里所说的"传"，是指禅宗自己的历史记载。神化幽赜，是指禅宗的神奇、

玄妙、幽深与光明的道理。

[16] 这几个人是指禅宗的几代"东土祖师"，即慧可、僧粲、道信、弘忍。

[17] 这是说，必须是可以传授的、有缘分的人，才可以传授禅宗的深刻道理。

[18] 指法如从659年听从青布明的指引，到弘忍门下，一直到咸亨五年即公元674年弘忍圆寂，十几年间他都在弘忍身边。《传法宝纪》说他在弘忍门下"精澄十六年"，有一次在江上翻船了，"覆溺数里，心用弗动，无所挠失。及人济出，神色如常"。

[19] 化掩，柳田圣山说是指弘忍圆寂，待考。据《传法宝纪》说，法如是得到弘忍"密传法印"的，在弘忍圆寂后，他才"随方行道"。

[20] 人不知其量，指人们都不了解法如的佛法造诣。据《传法宝纪》记载，法如是在唐高宗去世时，才得到僧众的推荐，得到官方批准受戒剃度，住少林寺的，大概在少林寺渐渐成名，所以说是"数年人尚未恻（测），其后照求日至，犹固让之"。

[21] 以上这几段，是指法如深藏不露，有贤士的胸怀，有隐士的风度，有领悟玄理的知识，有善于教诲的才能。

[22] 垂拱二年，是686年。

[23] 据《传法宝纪》的《法如章》说，"垂拱中，都城名德惠端禅师等人，咸就少林寺，累请开法"。惠端的生平不详，可能是当时一个有地位的僧人。

[24] 北魏、北齐、北周、隋、唐，共五朝，从传说中达摩到达中国（根据《续高僧传》卷十六《僧副传》记载僧副于齐建武年间到南方之前，曾随达摩学习的事情来推算，达摩来到中国应当在建武年即494—498年前，那么，他从广州上岸的时间应当更早。又，根据《洛阳伽蓝记》卷一达摩曾看到永宁寺这一记载来推算，应当在孝昌二年即526年魏孝明帝为母亲灵太后所建永宁寺焚毁之前，就已经到达洛阳），到垂拱二年（686），差不多就是二百年了。

[25] 命世之德，指能够著名于世的高僧。《孟子·公孙丑》"五百年必有王者兴，其间必有名世者"。《三国志·魏·武帝纪》"天下将乱，非命世之才，不能济也"。时时间出，指经常出现。这两句指的是禅宗的若干代祖师。

[26] 无上大宝，就是深刻的佛教真理。后昆，指后学、后人。昆，众。

[27] 如果现在要再度振兴佛教，让聆听的人（领悟真理），（让佛教）恢复真正正
确的教化。朝闻，《论语·里仁》"朝闻道，夕死可矣"。

[28] 如果语言取消，则意义不会灭亡，要是总用智慧，则思虑不会取消。他的意
思是，不必用语言传递玄理，如果执着于知识，则心灵始终不能进入寂静境
界。这是法如婉言谢绝领袖的托辞，所以，下面说自己不敢担任如此重大的
传法重任，因为佛法的传播是要用语言和知识的。柳田圣山曾引用《广弘明
集》卷二九慧命《详玄赋》以及稍后的澄观《华严经疏》中的"口欲辩而词
丧，心将缘而虑亡"对此进行解释。

[29] 如果顺从各位的旨意，（作为领袖）来昌盛前人已经很伟大的事业，我怎么
敢呢？

[30] 于是反复谦让推辞，很久才终于同意。

【附录3：胡适有关禅宗史研究年表】

胡适禅宗研究年表（根据《胡适之先生年谱长编初稿》中有关胡适禅宗
研究资料）

1914年8月，胡适为英国《皇家亚细亚学会会刊》（*Journal of the Royal Asiatic Society*）撰文，批评1914年卷第3期上翟理斯（Herbert Allen Giles）编撰的《敦煌录：关于敦煌地区的记录》，指出其错误。见王冀青《胡适与敦煌录》（《文史知识》2010年7期）。

1922年4月，《国语月刊》一卷四号发表胡适《禅宗的白话散文》。

1924年7—11月间，开始写《中国禅学史稿》，"写到了惠能，我已经很怀疑了，写到了神会，我不能不搁笔了。我在《高僧传》里发现了神会和北宗奋斗的记载，又在宗密的书里发现了贞元十二年敕立神会为第七祖的记载，便决心要搜求关于神会的史料"（《跋顿悟无生般若颂》里说他民国十四年作《禅宗史》稿本）。

1925年1月，写《从译本里研究佛教的禅法》，见《文存》三集四卷。

1926年8月，去英国参加庚款委员会并访书，见亚东版《神会和尚遗集》自序、1952年12月6日在台大讲《治学方法》第三讲《方法与材料》。

9月4日，在巴黎发现P. 3488，即神会语录，疑为《南宗定是非论》的后半。见《神会和尚遗集》第189—191页《跋神会语录第三残卷》。

9月18日，在巴黎又发现P. 3047，后定名为《神会语录第一残卷》。见《神会和尚遗集》第153—157页《跋神会语录第三残卷》(《第二残卷》是《菩提达摩南宗定是非论》)。他在巴黎三十四天，看了十六天写本。

9月23日，回到伦敦，继续看敦煌卷子。

约在11月中发现《顿悟无生般若颂》，见《神会和尚遗集》第200页。

1927年1月10日，在American Banker船上已经十天，写《海外读书杂记》，均有关敦煌文书及禅宗者。

4月在日本，见到高楠顺次郎、常盘大定、矢吹庆辉，听说矢吹庆辉发现英藏敦煌本《坛经》，觉得很内疚，也因为在伦敦没有发现和巴黎对应的三个神会资料，觉得失望。

夏天，在上海美国学校"中国学暑期讲习会"讲四次《中国禅宗小史》，见1928年写的《禅学古史考》，《文存》三集四卷，基本形成他的禅宗史脉络和立场。

8月21日，《菩提达摩考》脱稿。是中古哲学史的一章（后来1929年有《书菩提达摩考后》，推定达摩到中国时间是宋初约470年）。

1928年3月24日，有《白居易时代的禅宗世系》，从《传法堂碑》考证传法与心要。

7月21日，与汤用彤《论禅宗史的纲领》。见《胡适书信集》上册，第450—453页。

7月31日，《禅学古史考》脱稿，见《文存》三集四卷。

1929年5月20日，复陈寅恪信，讨论顿渐。

11月20日，跋神会语录第三残卷。

11月24日，校毕神会语录第二残卷。

11月25日，跋神会语录第二残卷写毕。后于1930年1月3日修改。

12月6日，三次校毕神会语录第一残卷。

1930年1月6日，《跋顿悟无生般若颂》，认为就是《显宗记》，故收入《神会语录》为第四卷。

把《景德传灯录》卷二十八的《荷泽神会大师语》收入《遗集》附录，见第213页。

4月10日，有《神会和尚语录》自序。见《文存》四集二卷。

1931年1月2日，回金九经信，说读了铃木大拙的楞伽研究，对铃木"过信禅宗的旧史"很有看法，并说自己拟写《楞伽宗考》尚未成。又说到有英文《禅宗小史》，由英国人Sauncers翻译，并送给了铃木。见《胡适禅学案》第10—11页。

11月15日，有《楞伽师资记序》，原载《海潮音》十三卷四期，《论学近著》、《文存》四集二卷。

1932年5月19日，其《中国中古思想史的提要》前十二章写成，其中第十讲是佛教在中国的演变，十一讲是印度佛教变为中国禅学，十二讲是禅学的最后期。这是胡适纪念馆后来出版的，有毛子水的跋文。

1934年4月5日，改定《坛经考之二——记北宋本的六祖坛经》，是跋日本京都崛川兴圣寺藏北宋惠昕本《坛经》影印本。

12月，在北平师范大学文学院讲《中国禅学的发展》四次，何贻焜、吴奔星记录，原来发表在师大的一个刊物上。1954年5月Dr. Demartino找到后，影印了一份给胡适。

1935年4月12日，《楞伽宗考》写成，《文存》四集二卷。

以后由于抗战，中断禅宗研究达17年之久。

1952年7月13日，有《朱子论禅家的方法》。

9月20日，有《六祖坛经原作檀经考》（见胡适手稿七集）。【按】胡颂平在《编者附记》中说，"到了四十八年（1959）二月二十日，先生在此文的封面上自注说'后来我看了神会的《坛经》两个敦煌本，我也不坚持《檀经》的说法了'"。

12月6日，在台大讲《治学方法》第三讲《方法与材料》中，又提到1926年到欧洲发现敦煌禅宗资料的事情，指出当时可以看到的材料"尤其是十一世纪以后的，都是经过宋人窜改过的"，又以矢吹庆辉发现的敦煌本《坛经》为例，说明扩张史料的重要。

1953年1月11日，在蔡子民八十四岁生日纪念会上讲《禅宗史的一个新看法》。原载"中央日报"1953年1月12日，后收入演讲集中。

6月6—7日，写定《宗密的神会传略》。题下有说明"我在一九二六年十月，曾用宗密的《圆觉经大疏抄》为底本，参用他的《圆觉经略疏抄》同宋僧清远的《圆觉经疏随文要解》（嘉定六年癸酉）来参校，写定了宗密的神会传略。今天翻看当年的日记，我把这篇传略抄出，留作一件史料。我当年没有把这篇传略收在我的《神会和尚遗集》里作为附录，是因为我不很信任宗密用的材料。我的论证载在我的《荷泽大师神会传》第一章。一九五三年六月六日胡适"。

1956年10月26日，给严耕望写信，谈关于"能大师碑"事。

1958年7月31日，在《菩提达摩南宗定是非论》巴黎本照片上，对伯3047（后半）、伯3488、伯2045三个写本进行说明。又对铃木大拙发现的北京图书馆藏《南阳和尚顿教解脱禅门直了性坛语》及巴黎藏本（伯2045）作了说明。见手稿七集。又，胡颂平《编者附记》引1964年10月20日柳田圣山致胡颂平信，有关于此材料的进一步说明。

又在此期间，有未完手稿，"似是'校写菩提达摩南宗定是非论后记'的初稿"。

8月4日，写定《唐洛京荷泽寺神会传》，用碛沙藏影印本542册第69—70页，逐段详细校勘，并有跋语，见手稿七集。

8月16日，《新校定敦煌写本神会和尚遗著两种》中的《菩提达摩南宗定是非论》下卷校写完毕（见《史语所集刊》第29本）。

8月17日，《神会和尚遗集》二的末段，修正自己关于滑台大会为开元二十二年的错误。

8月24日，《新校定敦煌写本神会和尚遗著两种》中的《菩提达摩南宗定是非论》上卷校写完毕。

1959年2月12日，冯释吾居士来谈神会和尚的佛学，被婉拒，胡适说，"你们的研究和我的研究不同的，我是研究历史的，是用历史的方法来研究神会和尚，你们说的我不懂，我说的你们也不懂"。

2月18日，与陈伯庄（1893—1960）谈神会和尚的历史。说这是他中古思想史的一部分，"我的这篇文章，中国和尚，日本和尚，都不承认我的话，因我的话是把一千年来的历史另外写过，他们是不懂的"。

4月22日，复入矢义高信，谈他发现的S.6557刘澄序及神会语录原名《问答杂徵义》（第2873页）。4月27日给杨联陞信中也说起此事，受到入矢之启发，5月4日白天和晚上，分别写颇长的《记日本入唐求法诸僧的目录里的南宗资料》笔记和《附记兴福寺永超的东域传灯目录里的南宗资料》笔记。

5月29日，再复入矢信谈《南宗定邪正五更转》的四个本子。

5月30日，又给入矢写信。

10月23日，再给入矢写信，谈S.2669很像《坛语》。

11月15日，又给入矢写信，回答他11月11日和12日的信。

11月19日，写完《北宋惟白和尚关于西天祖师偈颂来历及"宝林传"、"圣胄集"等书的纪载》一万字。

11月24日，有"崔令钦"笔记一条，是读李华《径山大师碑》中考得的。

12月11日，给严耕望的信中谈到"十宗之说，实无根据，南北宗之分，不过是神会斗争的口号，安史乱后，神会成功了，人人皆争先'攀龙附凤'，已无南北之分了，其实南宗史料大都是假造的……"

12月14日，回入矢一信，谈柳田圣山关于《圣胄集》的意见。

12月27日，在中国图书馆学会年会上演讲《找书的快乐》，其中提到他"有计划找书，考证神会僧"的经历。

1960年1月5日，有小纸条写着"新罗诸僧中，无相为最有特色，值得详说，当看金九经铅印本《历代法宝记》"。

1月6日，有《能禅师与韶州广果寺》，引了宋之问《自衡阳至韶州谒能禅师》（【按】韵系韶之误）和《游韶州广果寺》，以及日僧圆珍目录。手稿七集。

1月15日，有回入矢义高信，谈《宝林传》，又提到铃木大拙的功劳，收集到石井本《神会录》、兴圣寺本《坛经》、加贺大乘寺本《坛经》。

2月5日，修改新写好的 An Appeal for A Systematic Search in Japan for Longhidden T'ang Dynasty Source Materials of the Early History of Zen Buddhism，为铃木大拙九十岁纪念文集，不久刊登在《佛教与文化》上，1960年东京出版，第15—23页（Buddhism and Culture Essays in Honor of Daisetz Teitaro Suzuki on His 90th Birthday; Tokyo, 1960）。

2月9日，讲《禅宗史的假历史与真历史》，从铃木九十岁纪念文集说起，认为他"是有双重人格的人，他用英文写的禅宗很多，是给外国的老太婆看的，全是胡说。但他用日文写的禅宗，就两样了，因为日本还有很多研究禅宗的人，他不能不有顾忌了"。见手稿七集。

2月11日，有《全唐文里的禅宗假史料》。手稿七集。

3月10日，写定《神会语录的三个本子的比勘》，收在《史语所集刊》外篇第四种，又《神会和尚遗集》。

3月11日，校定《五更转》一首。

3月12日，给王志维写条子问是否买《五灯会元》元刊翻宋本。

3月14日，写定《荷泽寺神会和尚五更转》两首，见《神会和尚遗集》第456—463页。

3月15日，续校《南阳和尚问答杂徵义序》。

3月16日，写定《南阳和尚问答杂徵义》《荷泽寺神会和尚五更转》及《南宗定邪正五更转》。次日交史语所排印于《庆祝董作宾先生六十五岁论文集》。

4月5日，下午补写《北平图书馆的两个敦煌本》。

4月12日，晚上写《校写五更转后记》。

4月17日，给入矢义高写信，谈自己校写神会资料的事情，又说他认定《宝林传》卷八房琯的《三祖灿大师碑文》是真的，是神会请房氏作的，因为"碑文和铭文都根据神会最早提出的'西国以菩提达摩为第八代'的法统说"。

5月26日，回入矢义高的信，谈法统伪史的事情，以及《五更转》和唐代歌曲问题。

6月14日，与黄彰健写信，谈《五灯会元》版本问题。

6月16日，给蒋复璁信谈《五灯会元》宋宝祐本的版本，坚持认为是元翻刻本，即刘世衍依据的底本。

6月21日，胡颂平用日本鹫尾顺敬《菩提达摩嵩山史迹大观》本校抄录的《唐中岳沙门释法如禅师行状》，胡适自己重校。

6月28日，六月中，胡适和同仁周法高、黄彰健、屈万里等等，一道反复研究《五灯会元》，当时中央图书馆藏本称为"宋宝祐本"，白口，与史语所大库所藏同，此日写《记中央图书馆藏的宋宝祐本五灯会元》及《试拟五灯会元的三个版本系统》。见手稿八集。

7月10日，在中美学术合作会议（Sino-American conference on Intellectual Cooperation）上发表主题演讲《中国的传统与将来》（The Chinese Tradition and Future），有徐高阮的译文，其中讲到传统的第五段大变化，就是禅宗。原载"中央日报"和《大陆杂志》。

10月30日（原误为12月30日），在家看《祖堂集》的胶片。

10月31日，出席中日韩三国学者会议时，演讲中提到研究禅宗史和日本学者的合作。

12月4日，写成《续传灯录的作者居顶和尚》一文。

12月5日，《记中央图书馆藏的宋宝祐本五灯会元的后记三》。8日，又给蒋复璁和黄彰健写信谈《五灯会元》的版本。9日写成后记四。11日，作文谈此书的刻工。12日，写后记三的"后记的后记"。

1961年1月6日，写《金石录里的禅宗传法史料》。

1月15日，回柳田圣山信。同意柳田关于二十八祖最早出现于《历代法宝记》，指出宇井伯寿不接受神会重要性的说法，"我颇感诧异，根本的不同，我想是因为他们是佛教徒，而我只是史家"。下面详细叙述的，基本上是他的禅宗史的纲领。可以看《胡适禅学案》。

1月26日，谈其禅宗，说是中国佛教的一大革命，让胡颂平看黄庭坚的《黄龙心禅师塔铭》。"这是一篇主要的佛教史料，在北宋时代，重要的寺院长老已经由政府去请大和尚主持了。那时书院的山长，县里的或府里的，因为官产田产的关系，也由地方首长去请人了……所以到了南宋的五山十刹的主持，完全官署化了。"

2月5日，有《佛法金汤编记朱熹与开善、道谦的关系》。

5月21日，看《杭州府志》，有"关于五山十刹""再记五山十刹"的笔记。

5月23日，有《衢州府有白居易传法堂碑》读书笔记，他在《信安县志》中看到石刻在月果禅寺，便记下来。

7月，本月，胡适大病，原拟给道安和尚写的《影印续藏经缘起》，没有写成，只留下几段，又有《记日本最近八十年中校印的四部大藏经》笔记。

8月13日，有《慧忠与灵坦都是神会的弟子？》一文约三千余字，考订二人同门，均为神会的弟子，见手稿七集。

8月16日，写成《跋裴休的唐故圭峰定慧禅师传法碑》（《金石萃编》百十四、《全唐文》七四三）约五千字（9月28日又修改了一次）。8月22日又写了《后记》两千字。8月，还写了《白居易唐东都奉国寺禅德大师照公塔铭》《宗密自记他得圆觉经及后来作疏的始末》和《宗密记圆觉经的译主》等笔记。

10月8日，写《记嵩山老安》三千字。手稿七集。

10月11日，作《嵩山（会善寺）故大德净藏禅师身塔铭》笔记。并写信给陈槃请教。

10月15日，作《嵩山（会善寺）故大德净藏禅师身塔铭》的后记。

10月24日，《记李朝正的"重建禅门第一祖菩提达摩大师碑阴文"》，讨论《全唐文》卷九九八的这一文字。见手稿七集。

10月27日（又误作12月），有《沈德符野获编二七记明朝的僧家考课》笔记。

10月28日，有关于《七修类稿》中五山十刹的笔记。10月30日，又写了有关此书"六祖"的笔记，让人知道六祖故事到明代已经成了什么样子（第3749页）。又有抄自黄溍《金华黄先生文集》中有关五山十刹的笔记。10月31日，又从《道园学古录》中讨论有关《晦机禅师塔铭》笔记，11月1日，则有《李华左溪大师碑及鹤林寺径山大师碑所记南北诸宗世系》笔记及讨论虞集文集卷四八《大办（希陵）禅师塔铭》。

11月15日，这个月，医生已经禁止胡适工作，但仍有《教院五山十刹》笔记，并从宋濂文集中摘录教寺资料。以及《峦坡前集》中《送觉初禅师还江心序》中找到资料。

❧【附录4：胡适有关禅史的两段论述】

　　胡适《禅宗史草稿》(《胡适全集》第九卷，安徽教育出版社，第56—57页)有关神会一段，写于1925年3月4日，批评《宋僧传》"这书颇能征集原料，原料虽未必都可靠，总比后人杜撰的假史料好的多多"，又说"禅宗书往往把后世机缘话头倒装到古先师传记里去……我们所以借神会一传，给读禅宗史者下一种警告"。他对于禅宗史尤其是惠能以后的禅宗史，多采《宋僧传》和各种碑铭史料。

　　《中国禅宗的发展》(《胡适文集》第十二册，卷三，第301页以下)批评过去研究禅学的，第一个缺陷是"大都用一种新的宗教的态度去研究，只是相信，毫不怀疑"；第二个缺陷是"缺乏历史的眼光"；第三是"材料问题"，他认为要从日本寺庙、敦煌石室去找。他一一讨论了达摩、惠能、神会的思想方法，并且在最后归纳了五种禅学的方法，一是不说破，因为自身就是佛，不必向外人求；二是怀疑，要自己去想；三是禅机，就是有意无意之间的暗示；四是行脚，到处参访；五是悟，完全贯通觉悟。——彻头彻尾就是"自得"。但是最后他又指出，禅学的革命不彻底，到了理学才真正彻底，以客观的格物代替了主观的心理，辨明事物的是非真伪。目标转移了，不再是做普通人做和尚，而是要先天下之忧而忧后天下之乐而乐，进步更伟大了。

第六讲

《明儒学案》以及
明代思想与社会研究

引言：明代思想史的基本脉络及其定型

这次课讨论的重心，是思想史研究怎样重建历史背景。

如果我们相信，历史、政治和社会背景，对于思想、学术、文化很重要，那么，我们一定会问：（一）思想、学术和文化的历史背景，究竟该如何研究？（二）过去各种思想史著作的那种宏大背景，是否能够说明具体的思想、学术和文化？（三）什么才叫作社会史和思想史的结合，所谓思想史背后的社会史，是在"定性"式地描述社会性质，还是在具体地叙述政治事件和社会生活？像侯外庐《中国思想通史》那样的写法，是否就是社会史和思想史的结合了？最后（四）我们要用明代中叶，具体说，就是弘治、正德、嘉靖三朝王阳明之学兴起的具体政治和社会背景作为例子，来看一下这种历史背景描述，究竟应该怎么做？

其实说到底，就是在讨论思想史怎样回到历史里面去。

（1）传统历史文献中有关明代中叶思想的历史背景

对于明代思想史研究影响最大的传统文献，当然是《明儒学案》。康熙二十九年（1690），黄宗羲编纂《明儒学案》，在卷五《白沙学案》里说，"有明之学，至白沙始入精微……至阳明而后大"，对于这个线索，他好像有一些疑问，他指出，阳明的弟子薛氏，在正德十四年（1519）的上疏里就曾经要求以陈献章从祀孔庙，应当是当年王学自己承认这个学脉的证据，可是，王阳明本人为什么闭口不提这个学术和思想的渊源呢？虽然有疑问，但他没有再说下去。接着，他在卷十《姚江学案》里面倒又一次提到，"有明学术，白沙开其端，至姚江而始大明……"，他指出，王阳明专门提出"良知"二字的重要性，他觉得这改变了"此亦一述朱耳，彼亦一述朱耳"的局面，所以才超越和延续了朱熹。

黄宗羲在《明儒学案》里面，对明代以儒家为中心的学术和思想，以地域为章节，以人物和著作为单位，进行了大体的归纳和叙述，后来很多关于明代思想史的论著，都大体上是依赖这部书的，所以它影响极大。应当说，它的叙述和分类还是很可靠和正确的，当然，它也有不足，（1）作为明代思想史的基本著作，它只涉及儒家，而不涉及佛教、道教以及其他思想如天主教；（2）因为歧视的缘故，它不收李贽等异端人物，也不收受到天主教影响的一些人物；（3）分类有问题，如把受到王畿影响的浙中学者周汝登（海门）归于泰州学派；（4）思想和著作的崇拜、门弟子的关系，有时大于地域的关系，因此完全以地域为划分标准，是有问题的。但是，应当说它对于明代思想的脉络的说法，大体还是有它的道理的。

从陈白沙到王阳明，尤其特立独行的是王阳明，开创了心学，并开启明代思想的主流[1]，这个说法被普遍接受并且书写进历史，加上官方的正史

---

[1] 日本的冈田武彦说，"王（阳明）学是通过陆学，溯源到孟子的心学而加以发展的，但陈（白沙）学则可以说是出自吴康斋（与弼）的朱子学而提倡心学的，其（陈白沙）心学是静澄端本之学，其中具有与依靠具体的流动之心的陆学相悖的，而有与以本心之静虚为宗的象山门人杨慈湖之学相通的地方"（氏著《王阳明与明末儒学》第一章《序论》，吴光、钱明、屠承先译，上海古籍出版社，2000年，第9页）。

也是这个说法，《明史》卷二八二《儒林传一》说，明初诸儒，像胡居仁、曹端，都谨守朱子之学，不敢越雷池半步，"守儒先之正传，无敢改错"，但是到了陈白沙、王阳明大变化，"嘉隆而后，笃信程朱，不迁异说者，无复几人矣"。也就是说，明代初期的胡居仁、罗钦顺、吴与弼、曹端、薛瑄都守程朱的规矩，在思想史上没有变化，但是吴与弼的学生里面（《崇仁学案》），胡居仁之外，出了一个陈献章陈白沙，就开始有了变化了。

尽管黄宗羲的立场和《明史》修纂者的立场不同，但是，基本上他们都是把程朱和陆王分开，算是儒学内部的两脉，所以，根本上说都是从理学内部的学风差异，来叙述明代思想史。但是，这种说法只能用"陌生化"来解释思想的变化，却说不清以下这几点：（一）为什么会变化？仅仅是图新鲜、去熟悉的冲动吗？这仅仅注意到内在背景，而没有关注社会和政治的外部背景。（二）这种思想内部变化以追求新颖和超越的解释，可以适用于任何时代的思想史，就像《影响的焦虑》里面说的，是一种比赛和较量，可是并不能解释为什么在明代一定变化。（三）也不能解释清楚，为什么学术和思想会朝着这一方向（就是从天理走向人心）变化，而不是朝另一方向变化。

（2）近代主义与唯物史观关于明代中叶思想的历史背景的分析

1930年代以后，随着（1）以欧洲近代历史为普遍历史范式的新学说传入，（2）以马克思主义和唯物史观为解释基础的背景分析流行，（3）社会（性质）史论战兴起后的刺激，对于明代思想背景，出现了新的历史解释。其中，容肇祖《明代思想史》（原序称，本书写于1935年，序写于1940年，齐鲁书社重印本，1992年）、嵇文甫《左派王学》（开明书店，1934年）、《晚明思想史论》（1943年，东方出版社重印本，1996年），可以算是典型的代表。

容肇祖《明代思想史》第三章《陆学的复活与陈献章学派》开始讨论明代学术变化的社会和政治背景。他说，明初官方尊崇朱子之学，考试制度和《五经大全》，已经把"读书人的思想，统治在程朱学之下……"由于朱学独霸正统，那种本来的博学致知传统渐渐衰落，走向烦琐、拘守、实践，"为有天才的人所厌弃"。因此，"（理学的堕落）引起本身革命"（第33—35页）。他特别突出了李贽（1527—1602）、焦竑（1540—1620）、何心隐（1517—1579）为近代自由的追求者的一面。从思想史的内在脉络上看，基本上还是《明儒学案》的说法，但是，它包装上了一个社会政治的外衣，值得注意的是，这种解释的背后实际上是"五四"精神，还有一个走出中世纪的神学控制，就是明代心学走出宋代理学系统控制的意思，所以，实际上是欧洲历史背景下的中国思想史脉络。

影响更大的，是嵇文甫的《左派王学》和《晚明思想史论》，他更明确地在"五四"新文化运动的延长线上，用了文艺复兴的背景，他把王畿（1498—1583）、王艮（1483—1540）称为"左派"，说他们是自由解放。而《晚明思想史论》中他进一步讨论，如果说，宋代理学是古代中国意识形态主流，八股是约束人自由的枷锁，那么，明代王阳明"无论是从'致良知'上或'知行合一'上，处处可以看出一种自由解放的精神，处处是反对八股化道学，打破道学的陈旧格套"，在他的书里，好多地方你可以看到"自由主义倾向""道学的马丁·路德""渗入新时代的成分""摧毁传统思想的权威，替新时代做一种扫除工作"这样的话（第13—14页）。不过，按照他的叙述，更加近代性的，是明代王学以后，因为从明代到清代，又表现了这样的倾向：

一、从悟到修，二、从思到学，三、从体到用，四、从理到气。

总的来说，就是从超现实主义到现实主义，从神学到哲学，从唯心的到唯物的，从超越的到现实的，所以，中国当时也是像西方一样，逐渐趋向"近代"[1]。

可是，你仔细看，他们一方面在外在历史和社会上，虽然用了西方文艺复兴历史做背景，接受了走向近代的历史脉络，但是，另一方面在内在的逻辑和理路上，他们实际上还是在传统的所谓"反程朱"的脉络里面。只是过去"反程朱"的说法，是把理学内部的变化，看成是明人对宋人的超越和批判，是儒学内部的事情。他们把程朱看成是"八股化""烦琐""正统""陈旧格套"，所以，明代超越宋代，是自我为中心的进步思潮"心学"，批判天理为中心的反动神学"道学"，这就像欧洲中世纪宗教一样，需要一个马丁·路德的改革，使真理变成每一个人心中"因信称义"的体悟，所以，王学强调的"心"也就成了和西方近代提倡的精神相通的东西，是"活泼"的、"自由"的、"解放"的，所以有近代意义。这就和西方近代所谓的进步历史画上等号了。

这一说法在日本也有很大的势力，很多人都注意到，日本如山井涌、山下龙二、岛田虔次等学者，虽然立场各有差异，但是，那种把王阳明学说放在"近代"也就是欧洲近代历史背景下，肯定其"走出中世纪"意义的说法，都差不多，其实是受到容、嵇等人的影响和启发的。岛田的《中国における近代思维の挫折》一书是一部名著[2]，他是把明代中叶的王阳明

1　在这一脉络上，最容易突显和论述的是李贽，比较早的论述，可能是吴虞《明李卓吾评传》（1921年以前），接着有容肇祖《李卓吾评传》（1937）、吴泽《儒教叛徒李卓吾》（1949），以及朱谦之《李贽——十六世纪中国反封建思想的先驱者》（湖北人民出版社，1956年）。

2　狭间直树在岛田的《中国思想史の研究》（京都大学出版会，2002年）一书《解说》中说到此书的意义是：（一）明确了从朱子学到阳明学的产生过程，是儒家史内在的展开，王阳明作为朱子学的门徒出发，为探究圣人之学而渐渐走向朱子学的反面，这正是朱子学的正常而重要的成果。（二）对王阳明历史地位的确定，作为京都学派的继承者，对于自己所继承的清代考据学的反面明代学问，进行了正面评价。（三）对于与西洋思想同质的，具有人的观念、自我意识、理性精神的明代王学的形成与展开，进行了分析，使中国与欧洲的精神史在同一层次上得到成功把握。（四）用"挫折"这一词，使传统与现代的中国思想连接起来。第645—646页。

到李贽，看成是近代中国思想发展的萌芽，而这个时代，恰恰是"明代文化的烂熟期"[1]。为什么他们的思想有"走出中世纪"的意义？他提出的标志性证据是：

（1）这个思潮，和西洋近代思想一样，具有人的观念、自主意识和理性精神。因为它特别突出了"心"的自主性，所以有自我意识的凸显和个人精神的确立。所以他觉得，王学使得人性和自由得到了凸显。他说，"心学的根本问题是人和人性的问题"，而人的问题可以分为两个部分，一是人作为内在的人的概念，这是"心灵精神"的层面，一是人之所以为人的外在实践，就是心灵决定的外在"社会行为"[2]。岛田认为，人终究是社会的人，所谓实践终究是社会的实践，而这里说的社会，即作为对象的古代中国，由于古代中国的基础是由士大夫组成的，所以，士大夫的任何倾向的变化，都将是社会性质的变化，所以，他认定这个时代和社会，是一个具有新倾向的时代和社会。

（2）个人的精神或者心灵世界，是否能够成为自由，和外在社会有密切的关系。宋代是在"天理"，也就是依靠外在于内心的他力约束，来规定人心的范围的，可这个天理究竟是什么？显然，天理的合理性是一个超越人心之上的神圣性存在，它与包弼德所说唐以前的"自然"虽然不同，但仍然是不需论证的外在力量。而明代心学则把它转向了"心灵"的自力约束，就是说，人的心灵和行为是否合理，判断标准来自我的内心，它的判断，是依靠良知来实现的。这是一个很大的差别，因为这里背后涉及一个如何处理社会与秩序以及自由和个人的问题。

---

1 他在《王阳明集·解说》中指出，王阳明之后，正好是嘉靖万历时代，而这个时代，恰恰是"明代文化的烂熟期"，是"庶民文化，商人，《水浒》《金瓶梅》等口语小说盛行，出版文化异常发展的时代，也是才子、狂士、异人横行，政治弛缓，道德颓废的时代"。见其《中国の传统思想》，みすず书房，2002年。

2 《中国における近代思维の挫折》序，第2页。

（3）阳明心学，已经到了儒家的极限，再走一步，就走向了儒家的另一面，就是强调个人、自由、平等等价值的近代了[1]。

这是日本战后很普遍的看法，一直到1971年，冈田武彦出版的《王阳明与明末儒学》还是这一看法，所以他的第一章《序论》开篇就说，"一言以蔽之，由二元论到一元论，由理性主义到抒情主义，从思想史看就是从宋代到明代的展开。在明代，以'情'为中心比以'理'为中心更突出的理情一致主义、兴趣比技巧更受重视的感兴主义、性情自然比理智规范更受尊重的自然主义、主观比客观更受强调的主观主义、提倡反传统并高喊从传统中解放出来的自由主义，都相当的盛行，甚至还出现了近代革新思想的萌芽"。这里一连用了"理情一致主义""感兴主义""自然主义""主观主义""自由主义"五个词，说起来就是一个，从"理"到"心"，从社会性伦理规范到个人自由精神，其实也是接续了这一说法[2]。

因此，他们一定会强调这样的社会背景：（1）明代初期以来严厉的程朱学说和科举制度的约束及其反抗；（2）明代中叶社会的动荡和危机；（3）明代中叶城市和市民的崛起。其中，特别是1949年以后的一些著作，如朱谦之在讨论李贽的时候，就一定要说到嘉靖万历时代东南的新贸易与封建地主的约束，说到新兴商人阶层的崛起，说到城市和货币经济，说到地

---

1 这种思路和观念，可能受到中国学术界的影响，1931年嵇文甫写成《十七世纪中国思想史概论》（此书未出版，据《嵇文甫文集》整理者说，是他在1931年北京中国大学的讲义，其中第四章1932年发表于《百科杂志》一卷一期，第一章则为1934年《左派王学》一书的附录。参见《嵇文甫文集》，河南人民出版社，1985年，第131页）；1934年他出版《左派王学》（后来1944年又出版《晚明思想史论》），基本上是把王学和左派王学与"五四"联系起来，构成近代性的资源。他和后来侯外庐都是这一观念，觉得明代中后期有思想解放潮潮。吴震指出，先是后藤基己（1915—1977）在1942年的论文《清初政治思想の成立过程》中采用了左派王学的说法，后来岛田也用了这一观点，并在书中特意介绍嵇文甫的说法。见《十六世纪中国儒学思想的近代意涵——以日本学者岛田虔次、沟口雄三的相关讨论为中心》，载《东亚文明研究学刊》第一卷第2期，台大东亚文明研究中心，2004年。
2 冈田武彦：《王阳明与明末儒学》（吴光等译，上海古籍出版社，2000年）第一章《序论》，第1页。

主与商人的矛盾等等，然后把程朱学与阳明学与这些矛盾和冲突的阶层对应起来。但是，我有三个疑问：

（一）和欧洲中世纪并不一样的明帝国，产生这样的思潮的具体社会背景和政治背景是什么呢？为什么程朱理学在这个时候而不是另外的时候被超越和反抗，为什么社会的动荡会产生强调"心灵"和"良知"的王学？城市和平民真的像欧洲一样可以产生自由空间和个人主义吗？它们为什么会刺激出王学这样的"自由"思潮？

（二）这种"自由"的王学是和欧洲"自由主义"一样的民主思潮吗？这些精神上的相似是真的，还是后来比附和想象出来的？

（三）是否时代越近就一定会"进步"到新时代呢？这会不会落入"目的论"的窠臼，好像历史一定会朝着欧洲近代一样的方向前进？

（3）侯外庐《中国思想通史》论明代中叶思想的历史背景

这种解释在侯外庐那里发展得很极端。但是有一个问题，就是王阳明和他的后学，是否是一样具有进步意义？在前面的几部著作里面，这一点是比较含糊的，大体上是把王阳明和弟子划在一起说的。可是，1960年代出齐的《中国思想通史》四卷下册二十章，题目叫《王阳明的唯心主义思想》。按照马列主义通常的认识，（一）唯心主义不可能是进步的，也不可能是新兴阶级的；（二）王阳明反农民起义，所以是反动的和落后阶级的；（三）因为蒋介石鼓吹王阳明学说、梁漱溟赞扬王学"向内用力"、贺麟把王学和新黑格尔主义结合，所以他必然是应当受到批判的。这个预设就把王阳明"定性"了。所以，侯外庐认为，王阳明一生都在做两件事，"破山中贼"和"破心中贼"。前一个当然是指他的"事功"（即平定瑶叛和宸乱）。后一个则是说他的"思想"——"阶级意义上的'贼'还原为抽象的观念，即破'人欲'"（第875页），而促使这种思想学说产生的社会背景，也就当然有了需要另外寻找的方向。

侯氏的思想史，常常被称为是社会史和思想史的结合，但是，这个社会史有两个问题，一是总在为社会性质和社会阶层定性，然后规定某个思想家和思想属于什么社会什么阶级；二是常常先有某种性质的认定，然后再按图索骥地寻找可以用来说明的社会史证据。所以，侯外庐在分析王学背景的时候，就说到了当时社会的动荡，比如正德年间（1516）的农民起义，王阳明等人的建团练，当时为稳定社会秩序而行的十家牌法和宣传告谕等等。这样，好像就建立了一个社会史的背景，也证明了站在农民阶级对立面的思想观念的"反动性"，证明了属于"主观唯心"的思想的必然落后。他的结论是"王阳明要人在良知上用功，以期消解社会矛盾而统一于心灵的'无对'，则起着一种反个性斗争的麻痹人们头脑而甘于妥协的奴婢作用"（第905页），认为这和朱熹学说没有本质的不同。

但是，他没有办法来证明和解释：（一）为什么这种反动的意图可以和"致良知"相关，农民也没有可能相信或接受"致良知"这样的观念？（二）为什么王学要改变朱学的取向？难道说重建封建秩序只能与主观唯心主义相关？可是，为什么客观唯心主义在当时就不能起到重建秩序的作用？（三）如果王学是反动的、唯心的，那么何以后来竟开启了进步、启蒙的思想？

最后这个问题，在岛田虔次给日本编的《王阳明集》的《解说》里面也提出过，这个问题对于当时要坚持社会史和思想史两面通贯的侯氏来说，是很棘手的，因为按照一种历史观，"时间的推移必然引起时代的变化"，中国即使没有西方的冲击，也是要走向近代的，因为有资本主义萌芽，有城市市民阶级的兴起，而且只有证明"走向近代"在世界各个地区的普遍性，你才能够说，这种走向近代的趋势是一个普遍规律。按照容肇祖和嵇文甫的说法，明代出现了这么强烈的具有近代意味的思想，刚刚好证明走向近代的趋势，可是，按照侯外庐的说法，明代出现了这么厉害的反动和落后思潮，那么怎么能够走向近代呢？他是这么解释的，在《十六世纪中国进步哲学思潮概述》（《历史研究》1959年第10期，收入《侯外庐史学论文集》下册，人民出版社，1988年）里面，他是这么判断的：

1. 十六世纪中叶中国社会虽然开始出现资本主义萌芽，封建社会有危机了，但是总的说来还是封建社会，新兴阶级难以成长。

2. 进步思想是"城市中等阶级反对派异端"，这种城市平民为中心的异端思想和理论，因为他们不能超越阶级的局限，所以不能彻底。

3. 在明代中叶，进步思想是在和程朱理学、地主阶级做斗争中表现出来的唯物主义、平民主义，其表现为四种：一是启蒙者的先驱，如王廷相、吕坤等人的反道学；二是泰州学派反封建的异端，如王艮、何心隐、李贽；三是东林党人关于社会政治和人道主义的思潮；四是在自然科学里面表现出来的相关的唯物主义，如方以智等等。

这种说法基本上是用欧洲近代历史为尺度，对中国历史做解释的。大体上他们判断历史的基础是（一）唯物主义即科学，（二）自由精神与人性，（三）表现为对欲望的肯定和对天理的否定，（四）肯定欲望是市民阶层的表现，强调天理是地主阶级的表现，因此有进步与反动之分。

他们按照这样的标准对明代中后期思潮做切割，但是，并不能解释和实证的是，（1）这些思想何以来自城市平民阶级，为何反对大地主阶级？（2）这些本身就是官僚或士绅的人，为何反封建反专制？（3）这些思想真的是有意识的唯物主义吗？唯物主义就一定是进步阶级的思想吗？（4）那些关于心性理气的争论，怎么就成了"平民"思想和"地主"思想的斗争？那些关于"情欲"和"天理"的争论为什么是近代启蒙的思潮与落后封建的思潮的冲突？（5）特别是，本来反动的、落后的、唯心的王学，如何就因此转化成了进步的、人性的思潮？

可是很长时间里面，这种简单化的、贴标签的、唯物唯心、进步落后的两个对子论述，始终是大陆学术界的主流。比如，1960年代初版影响最大的**任继愈《中国哲学史》**，在第三册第十章《王守仁的主观唯心主义哲学思想》中大体上也是这样分析的，他提出的也是一方面有社会危机（土地兼并、农民痛苦、起义不断），一方面有国家危机（北方胡族威胁和内部宗室斗争），要维护腐朽的明代政权，镇压少数民族和宗室叛乱，但是程朱理学不灵光了，所以会有王阳明思想的出现。这成了大陆哲学史和思想史关于明代思想最标准的背景分析和思想解释，一直到北京大学哲学系最新修订的教科书《中国哲学史》第八章《王守仁》，还是这样分析的（第323页）。

可是，这种所谓的思想史的社会背景分析，看似把社会与思想结合，实际上是拼合，因为社会史说明不了思想史"为什么如此这般"，而思想史也说明不了"何以这样回应社会"，所以需要重新寻找背景分析的途径。

一、明代思想史的背景（一）
——道德成为制度、政治作为理想与历史成为记忆

我总觉得，如果想要真切地理解"历史的感受"和"思想的动机"，要分析这个时代思想的历史背景，恐怕要对"背景"研究得更加仔细，要回到历史场景，而且要有大、中、小背景，用一个美术的比喻来说，就是这个背景分析要有远景、中景和近景等不同层次。

1. 从典范到规范（宋到明初）

这里用"从典范到规范"来比喻政治社会史变化，是借用了现在已经

在宾州大学教书的学者费丝言女士的台大硕士论文的题目。

加拿大的卜正民（Timothy Brook）在《纵乐的困惑》里面讨论"明代的商业与文化"，本来是要从嘉靖、隆庆、万历（1522—1620）开始的，但是他一开头却引用了一个1560年才出生的，叫作张涛的明代人的回忆，去讨论明代初期那种平静而有秩序的生活，说那时候特别好，一是家给人足，人人有田耕，有柴砍；二是没有盗贼，没有富豪，没有竞争的商业市场，没有生活糜烂的城市，大家都按照规矩过日子；三是社会安定，没有尔虞我诈的风气——这有一点儿同我们现在很多大陆的人怀念二十世纪五十年代。在回忆里面，那个时代是个公平的、安定的、满足的，甚至有点儿麻木的社会——我们发现，从明武宗正德年间开始，也就是王阳明的时代，这种回忆就开始成了风气了，那么，明代初期真的是那么好的社会吗？为什么人人都要这样回忆和想象那个时代？关键不在那个被回忆的时代，而是这个产生回忆的时代，就是说，这种回忆和想象的背景是什么？这才是找到王阳明学说产生的时代背景。

怀旧常常是一种无可奈何的情绪，因为"旧"已经消失，而"新"又不能让人满意。尤其是对于"秩序"有极大兴趣的读书人来说，怀旧常常是他们的习惯或者专利，因为已经消失的"旧"，总会通过后来人的历史想象，来复制它的一个虚幻形象，让读历史的人在读这个历史回忆的时候，以为"过去"真的就是这样。可是实际上呢？大家看看明代初期真实的情况，这一点，五十岁以上的中国人可能比较有经验，二十世纪五十年代的中国，刚刚从战争和混乱中走出来，一个依靠理想主义（合理性）和集中权力（合法性），两方面合力建立起来的制度，确实好像在实现儒家传统理想中的秩序社会，可是实际上呢？并不是这样的，这只是一个由海市蜃楼式的理想和极其高度集中的权力建构的暂时秩序。明代初期也是这样呀。

（一）明初，对外在生活和制度的严厉化规定——规定了社会不同等级的位置、待遇、权利——也许这是对元代城市生活繁荣、汉族礼仪崩溃的批判和挽救。元代是蒙古人统治，它在一定程度上破坏了汉族家族、社会和乡村秩序。可是明代初期，尤其是朱元璋，强制地规定了官员的等级和相应的房舍、服饰、鞍辔、器皿、丧葬制度，这种身份等级制度，对于重建秩序有很大的作用[1]。

（二）依靠官方的权力，把理学的那些真理高调化，以极高的标准要求人，使人无颜以对似的，自惭形秽，从而遵守，并强行规定了绝对真理与政治权力的一致性。从洪武年间对科举考试的反复折腾，颁布《大诰》《圣谕》，修《孟子节文》[2]，一直到永乐时代修纂《五经大全》《四书大全》，加上考试制度和考试内容的确定，已经有效地确立了思想的一致，这与外在社会生活秩序的同一化相配合，内在思想生活也同一化了。

（三）强行矫正风俗，纳入法律轨道——不仅乡间要读《大诰》，像跳忠字舞、唱语录歌一样，建立乡老读圣谕的习惯。一方面严厉整顿吏治，严厉要求官员遵守道德规矩；一方面把道德问题当作法律问题，把风俗习惯当作规定的规范。比如建立乡老人宣讲制度、建立不祀厉鬼坛碑，五十家设一塾，让童蒙从读《孝经》开始。你看柳应龙《新刊社塾启蒙礼教类吟》里面，就讲理想的教育儿童程序是：（1）孝亲、悌长、尊师、敬友；（2）读、说、写、立、坐、揖、行、拜的规矩，这是幼学的入门；（3）

1　可以集中看《皇明制书》中的资料。

2　朱元璋对于科举士人其实是相当戒备的，对士大夫对抗皇权也是很警惕的，这才有所谓南北榜的事件，和《孟子节文》事件（洪武三年，钱唐被贬，孟子罢配享，二十七年，刘三吾奉命修《节文》，二十八年，游义生死谏下狱，永乐九年，孙芝谏复《孟子》全文）。但是，真正把儒学和制度，思想与考试结合起来，消解了儒学与政治对抗性危机，成为彼此支持的政治制度和意识形态的，是永乐年间。美国学者艾尔曼（Benjamin Elman）在分析科举制度时，已经说到了这一点。

各种有关道德的歌吟，如《好学》《隆师》《齐家》《睦亲》等等，就像道
德律令一样，让它深入人心；（4）设讲案、讲鼓、设立教规，讲《圣谕六
条》《大诰》等等[1]。

可以说，儒家理想中的社会秩序和道德秩序，只是在明初才最终短暂
地形成。结果是什么？就是同一性社会的建立。什么是同一性？就是社会
秩序化，道德严厉化，真理绝对化，这是一个泛政治化的时代，农民出身
的朱元璋，借了（1）乡村社会基础上建立的儒家理想，和（2）制度化
的法家政策，（3）配合以整体的教育和宣传，建立了一个以乡村社会秩
序为基础的国家政治秩序。看上去好像整齐有序，但是这种整齐有序是以
大多数人的自由的牺牲为代价的，也是以遏制城市商业和生活的发展为代
价的。这种方式，主要依靠的是理想主义和政治权力，所以，一方面朱元
璋会杀很多人，用很严酷的刑罚，当然另一方面也会从他自己苦出身的角
度，体会民众吁求，要求人人都恪守规范，这样，就使得宋代理学家规定
的那些本来有些陈义太高、要求太严的道德原则和政治主张，从只是提倡
的"典范"，变成了人人必须遵循的"规范"。

大家看当时的一些资料：（1）《明史》卷一三九《叶伯巨传》，记载
洪武九年（1376）其上书说，朝廷征召士大夫，"有司敦迫上道，如捕重
囚"，但是到了京师，"却学非所用，用非所学"，"一有差跌，苟免诛戮，
则必在屯田工役之科"。（2）方孝孺《逊志斋集》卷十四《送祝彦芳致仕
还乡序》，讲州官和县官都必须小心翼翼，制度严厉到"如神明临其庭，
不敢少肆，或有毫发出法度，悖礼义，朝按而暮罪之"（所以方孝孺才忠
心于建文帝的舒缓政策，而对同样继承朱元璋的朱棣有所不满）。（3）后
来的管志道在《从先维俗议》的回忆和想象中，也觉得应当恢复明初社

1　柳应龙：《新刊社塾启蒙礼教类吟》，《故宫珍本丛刊》476册。

会，一是对乡绅、官员的等级要分明；二是宗族和祠堂、称谓和礼节要有序；三是重提各种基本的道德，如谦忍思敬、立身谨始、忠厚正直等等；四是需要强调理学的话头来提醒人们，遵守和服从这些真理。

2.从规范到典范（正德以后）

道理一旦到了"规范"，说明那些很高明的道理，已经不得不靠政治力量和法律手段来推广和落实了，换句话说，是每况愈下，不得不负隅顽抗的尝试。可是，当这种"规范"一旦崩溃到要人怀旧和追忆，那说明是这个规范的时代再也回不来了，只好用怀旧来满足自己的遗憾，用传统来表示对现实的批判，而"规范"一旦到了"典范"，则说明连规定的伦理道德也崩溃到了要虚构和推崇这种"规范"的地步，就好像是本来理所当然的规矩，现在要靠奖励"守规矩"来维持了，本来是"正常"，如今却成了"非常"，就好像现在要用奖金来鼓励"见义勇为"和"恪守道德"一样。

正德、嘉靖时代，社会生活已经和过去很不一样了。过去研究"资本主义萌芽"，曾经刺激出了很多资料，包括（1）地方志，（2）经济文书，（3）城市生活的小说戏曲等等，被发掘出来。我们可以看到这个时代是在"变"，服饰、饮食、礼仪以及阶层的地位，都在变化，简单地说，是从朴素转向奢华，从守成转向放荡，从传统转向激进。——城市生活方式、商人生活方式变成了"时尚"，而"时尚"则引起追随者的疯狂，就像现在都市里追时髦的风气一样。

但是，更重要的是"生活同一性""观念共识"的瓦解，整个社会开始"分化"：

——皇权笼罩下明帝国的各区域的政治同一性，被打破了（特别是江南与其他地区的差异尤为明显）。

213

——城市和乡村的文化同一性被打破了（如游冶、夸耀、侈靡、聚敛VS保守的秩序；商业消费型文化VS农业生产型文化；日夜分明VS日夜颠倒）。

——阶层和阶层的价值同一性被打破（城市商贾、贵族由于富庶而产生的新的生活方式和生活取向，传统士大夫却期望保持原来的生活秩序的严肃性，以保护自己熟悉的价值）。

——士大夫内部的生活同一性被打破（富裕起来的人：通过仕进、经商、置产的士大夫VS地主型士大夫）[1]。

这种"分化"本来是从传统走向近代的重要环节，可是这种（1）"一人一义，十人十义"的多元取向，（2）士大夫不再能够掌握话题和解释，（3）过去士大夫独享的"价值"让位给现在城市富人的"价值"，（4）不能看见和把握的未来变化，已经让士大夫感到危机，而危机就让人开始怀念和追忆，这其实是：（1）乡村对城市的畏惧；（2）地主对商人的畏惧；（3）农业对商业的畏惧；（4）固定收入阶层对贫富重新分配的畏惧；（5）特别是，包括了恪守传统的"公"与"私"界限的士大夫，对一切"私"被公开，被化为"公"，从而导致文化指导权失落的畏惧。所以总的来说，就是：在现实里面，南北之间、城乡之间、贫富之间、士人之间的同一性丧失，而意识形态上，思想同一性却依靠着皇权的需要、传统的惯性，表面上仍然存在并控制着所有的话题和领域，但是，它是否会被现实生活中的分化所"撕裂"？

正是在这样的背景下，产生了大量士大夫对于明初社会和政治秩序的

1　比如罗伦（一峰，1431—1478）就是一个好例子，他在成化年间，于江西永丰老家推行乡约族规，由于他过于严厉，"或致人于死"，"乡人不平，讼于官"，所以受到抵制，最终是理想受挫，邵宝评论他是"公之进言，人曰太讦，君子曰忠，公之去位，人曰太激，君子曰介"，关注世俗生活世界的人和关注理想境界的君子已经分裂了。

回忆和想象。这些回忆和想象，其实是一种批判，但是需要注意：

——回忆只是士大夫的回忆，焦虑也只是士大夫的焦虑，士大夫对于（1）文化指导权和文化垄断地位的消失，（2）秩序和未来不受控制，（3）原有的文化规范失落的恐惧，促使儒学士大夫思想和感受发生变化。本来，这种经验和感受，也可能是一个区域内的事情，但是，它通过士大夫的书信往来、邸报的传播、赴京考试的口耳相传，成为超地域和超个人的，表现为对整个明帝国秩序的焦虑，这是王阳明之学产生的大背景。

但是它还不是直接的背景。

3.使典范再成为规范（王学崛起）

这就是为什么明代中期以后，那么多讨论"四民异业"文字出现的原因。但是，究竟为什么会讨论"四民异业同道"呢？它的意义何在呢？[1]（一）发现士、农、工、商稳定结构的变化；（二）承认这种变化带来的秩序混乱，也被迫承认这种变化的合理性，但是希望引导所有阶层采取"同道"；（三）试图通过这种"道"的凸显，使道德严厉化、真理内心化。在承认士农工商的平等的背后，是观念和价值重新同一化的努力，应该在这个层面上理解王阳明。王阳明之学就是在这样的背景下进入思想史，并成为士大夫兴趣所在。

大家看，王阳明其实并不只是重视"自由心灵"的，其实恰恰相反，可能他更重视如何收束这个"心灵自由"，重建同一性观念和价值。你可以看到，王学士大夫还是有很多现实关怀的，也是要努力建立像明代初期那样的理想社会秩序的，他们并不只是空谈。所以你看王阳明——

1　参看余英时：《士商互动与儒学转向》，载郝延平等编：《近世中国之传统与蜕变：刘广京院士七十五岁祝寿论文集》，"中研院"近代史研究所，1998年。

他重社学、乡约，到处发布告示，劝谕人们遵守道德和伦理。

他对科举出身的士大夫的批评，和对朱子作为主流意识的不信任（如"格竹子"的故事）。

他试图重建道德本体和自觉意识，"心"作为"良知"这个道德基础的凸显，和"知行合一"的指向生活。

虽然张居正看了王艮的书，感慨他"单言孝悌，何其迂阔也"，但是大多数王门弟子，都是关怀社会，有明确制度观念的，像王畿的弟子周海门，要人学《大明律》，罗汝芳一方面讲"求诸放心"，一方面讲《大明律》、讲《圣谕》、主张常读《圣谕》，并作乡约、作会规，他们希望，使提倡的道德、伦理、良知、良能，从典范再成为"规范"，所以你看，从这个背景和动机上去推测，王阳明等等学者他们的用心，最终还是为了"重建秩序"。这是大背景，大动机。

不过，说到这里，还是没有能够说明，为什么王阳明学说偏偏在正德、嘉靖之间盛行起来。所以，问题还是要深入到当时具体的政治和社会中去讨论。

二、明代思想史的背景（二）
——弘治、正德、嘉靖三朝的状况与王阳明学说之关系

1.明代君主与士大夫的新关系

前面我们说，明代初期是一个很严厉地推行秩序的时代，从朱元璋到朱棣，除了建文皇帝稍稍宽容一些之外，推行严格管理都很凶。这种秩序里面，皇帝首先考虑要管束的，就是士大夫。《明史》卷九十四《刑法二》

里面说到，明太祖朱元璋在开国之初，就对士大夫订立了很严厉的规则，"凡三《诰》所列凌迟、枭示、种诛者，无虑千百，弃市以下万数"，像贵溪夏伯启、苏州姚润等人不肯出来做官，就被杀头抄家，所以还有了一个新的制度，凡是"寰中士夫不为君用"的，就要处以罪罚，可是用了又怎么样呢？明明应该礼遇的，可是，正如前面我们引用的《明史》卷一三九记载叶伯巨的话就说，"有司敦迫上道，如捕重囚"，不仅如此，还学非所用，用非所学，"一有差跌，苟免诛戮，则必在屯田工役之科"，就是说会被送去劳改。特别是思想罪更厉害，比如《国朝典故》卷四五引用杨士奇《三朝圣谕录》的记载说，永乐二年，饶州的朱季友写书痛批宋代理学，永乐皇帝很火大，就说他是"儒之贼"，让周围的李至刚、解缙、杨士奇、胡广这批文人看，大家都只好说朱书很荒唐，朱棣就说，"谤先贤，毁正道，非常之罪，治之可拘常例耶"，意思就是说，可以不按照法律来治罪[1]。

不按法律，只凭圣意，这就使得皇权越来越大[2]。皇帝的东厂、西厂、锦衣卫、镇抚司狱和廷杖之刑[3]，对士大夫是全面控制和压迫的手段，明代知识分子的处境就在这样的政策下，相当被动、紧张和委屈。可是，偏偏在明孝宗就是弘治年间，出现了一种相当宽容和松动的情况，首先，是弘治皇帝和士大夫的关系很好，在这一朝里他用了很多士大夫，比如徐溥、刘健当了内阁大学士，著名的李东阳、丘浚、倪岳、杨一清、杨廷和也都成了重要官员；其次，是明代逐渐形成的票拟制度，开始刺激了内阁对君主权力的限制可能性；第三，是正统年间（1499）的土木堡事变之后，君权也有所减弱，虽然于谦被处死是一个悲剧，但是君主的权力由于要依靠

---

1 《国朝典故》卷四五引杨士奇《三朝圣谕录》上。

2 有人指出，陈献章对出仕很有顾虑，想退隐求心灵宁静，就是因为这个原因。

3 《明史》卷九五《刑法三》。

士大夫，也多少有一些削弱。应该说，这种宽松的气氛在一定程度上刺激了士大夫"得君行道"的精神，也促使议论政治的风气和议论学问的传统开始复活，王阳明学说就是在这种背景下开始的。

但是，弘治皇帝去世后，武宗即正德皇帝却改变了这一切[1]。明武宗是难得的嫡生太子，这使他避免了很多名分上的纠缠，又据说他天资很聪明，也相当英俊，但是，这种很好的条件，也导致他相当刚愎自用，从史料上看，他有三个特点，一是喜欢宦官和佞臣，比如刘瑾之类，所以司礼监很有权；二是喜欢游冶骑射，像建豹房之类的事就是他干的，京剧《游龙戏凤》就是讲他的风流故事嘛；三是脾气很大，动不动就处罚官员。可是他的这一朝，偏偏政治又没有那么平静，内有宦官佞幸专权，外有安化王和宁王的两次叛乱，就上民变不断。所以，有人就说这一朝"纲纪日弛，风俗日坏，小人日进，君子日偃，士气日靡，言路日闭，贿赂日行，礼乐日废，刑罚日滥，民财日殚，军政日弊"，这个时候，弘治一朝激励出来的士大夫议政精神，不断有上书议论，可是偏偏又遭到这个吃喝玩乐的皇帝极其严厉的压制，发生了多起贬谪、牢狱和廷杖的事情，而王阳明就是最早遭到"去衣廷杖"的人之一，正德元年（1506）为了替直言上谏的戴铣等人辩护，他便遭到这种侮辱性的处罚，过去很长时间，廷杖是不去衣的，受这种去衣廷杖的，王阳明是最早的一个。

其实从明太祖起，就有廷杖之辱，《明史》卷九五《刑法三》说，明代创造的新方法里面，有廷杖，有东西厂，有锦衣卫，有镇抚司之狱等四种，这是对士大夫的全面管制，可是，过去的廷杖，并不脱掉小衣呀，有人说，这是刘瑾的发明，目的是既要侮辱你，又要打死你。所以这种惩罚就太惨烈了，大家有兴趣的话，可以看林俊的《谏廷杖疏》，你就能体会

1　左东岭已经指出这一点，见其书第129页。

王阳明的心情了，这种心情会一直影响到他在龙场的思考[1]。

由于皇权的客观衰落和皇权的主观强化，明代士大夫和皇帝的关系，就在弘治到正德年间发生了这样微妙而复杂的转折。**首先**，是士大夫的政治热情和"道统"的高扬。弘治年间，因为士大夫的议政精神和主体性被刺激起来，形成"道统"对"政统"的反击，而正德年间，武宗的暴政，使"政统"对"道统"形成压制，使得矛盾凸显起来，这样就形成了一个紧张，可是正是在这种紧张中，士大夫开始觉醒，王阳明学说开始形成。**其次**，在这种情况下，他们虽然也想像宋代士大夫一样"得君行道"，但是因为严峻的形势，只能把理想建立在另外的方向，什么方向？不是依靠中央政治权力和政治制度的掌控，而是依赖自己的努力，一个是回到内心，依靠"良知"的发掘，刺激士大夫的自觉意识，形成一种高调的道德严格主义，通过这种方式重建秩序；一个是走向下层，这就是余英时讲的"觉民行道"，通过这种方式，使已经混乱的士农工商阶层重新回到一个同一的伦理基础上来[2]。**再次**，大家不要忘记，王阳明真正学说的开始，就是在正德元年受廷杖之辱后，被发配龙场，才觉悟到的，那场奇耻大辱，使他心里一直有一种悲凉和愤懑，他在给邹谦之的信里就说，"遭家多难"，就越发觉得"良知"重要，同时称赞邹氏《谕俗礼要》是"切近人情"，是有意"化民成俗"，这是因为良知是"人人所自有，故虽至愚下品，一提便省觉"[3]，而对于朝廷庙堂之上的状况，他也有些灰心。在他去世前的嘉靖六年（1527）给黄绾的几封信里，他的心情很不好，第一封信里，他说自己"多病积衰，潮热咳嗽，日甚一日"，身体不好，而且

---

1 参看《明史》卷一九四林俊在嘉靖年间写的《谏廷杖疏》。

2 余英时：《明代理学与政治文化发微》，载氏著《宋明理学与政治文化》，广西师范大学出版社，2006年，第55—56页。

3 《王阳明全集》，第201—204页。

"谗构未息",甚至连从征江西的人,都被整得"废业倾家,身死牢狱";第二封信又说,他觉得"百念俱息",他说最可悲的是"群僚百司各怀谗嫉党比之心",尤其是"当事之老",党同伐异,所以一切不可为;第三封信里他又说,"由学术不明,近来士大夫专以客气相尚,凡所毁誉,不惟其是,而惟其多",所以他告诉各个学生,凡事要小心,连写信都要谨慎,因为"京中方严书禁,故不敢奉君",这大概是他很常见的心情[1],在同一年的《答见山冢宰》里也说到,他对朝廷"至今未有同寅协恭之风"深为忧虑,暗示"谗邪不远",而正直的人却"不能安其位"[2]。我想,这个遭遇一定对他的学说形成有极大的作用,加上在正德嘉靖间平定叛乱的过程中,社会状况也一定刺激和坚定了他的这种想法,使他的思考方向,逐渐转向内心自觉,和寄希望于基层。

换句话说,就是如果依靠政治权力和制度力量已经不再可靠,那么便转向依靠道德力量和民众舆论,形成道德和真理的制高点,来"重建秩序",这可能是王阳明及其弟子的最重要的"历史背景"和"思想动机"。

2.嘉靖年间王学的政治背景

(1)大礼议

王阳明活动的年代,是弘治、正德、嘉靖三朝。虽然决定其思想基本格局和基本方向的,是在正德年间,但是促使他的学说成型、传播,最终大盛的,是嘉靖一朝。

武宗当皇帝只有十六年,三十一岁就去世。他的去世,把原来遮蔽的混乱一下子都摊开了。新的皇帝嘉靖皇帝,叫朱厚熜,并不是武宗的儿

---

1 《与黄宗贤》一二三(丁亥),见《王阳明全集》,第829、830、832页。
2 《王阳明全集》,第833页。

子，而是武宗的兄弟辈，是宪宗成化皇帝朱见深第四子，兴献王朱祐杬的儿子，他的父亲和弘治皇帝朱祐樘是平辈，他和武宗是平辈。

一个诸侯王入继大统，好像有点儿名不正言不顺，所以，有点儿弱势的他面临着四种势力，一是总想行使内阁权力、代表了官僚士大夫的杨廷和，二是代表了武宗旧勋戚势力的武宗之母张太后，三是原来掌握了大权力的司礼监领导的宦官，四是率领边镇军队进入京师的江彬等人，所以一开始他处在很艰难也很紧张的状态。可是，对于他来说，最根本的是他自己的合法性和他是否被认同的问题。

由于他的出身和名分问题，他遇到的第一个棘手的事情，就是所谓"大礼议"。什么叫"大礼议"呢？就是要确定谁是"皇考"，朱厚熜的生身父亲是兴献王，但是他继承的是弘治、正德这一系的皇位，按照政治统绪来说，他应当尊弘治皇帝就是朱祐樘为"皇考"，这是继"宗"的问题，但是按照儒家的人情和道德来说，他又不能背离他的生父，应当尊朱祐杬为"皇考"，这是忠孝的矛盾，这也是从宋代的"濮议"以来一直纠缠不清的问题[1]。他自己希望尊自己的生身父亲，这样不仅放大了自己一脉相承的谱系，也摆脱了弘治、正德一系和势力尚存的后党的笼罩，而武宗的母亲即孝宗的皇后张太后等人，则希望尊弘治为皇考，这当然是希望延续弘治、正德的影响。当时的首辅杨廷和，曾经试图和稀泥，引用了宋代"濮议"为依据，认为最好嘉靖皇帝虽然尊崇兴献王夫妇，但是称为"皇伯父""皇伯母"，这样既尊了父母，也容纳了张太后等人的"政统"，"隆重正统与尊崇所生，恩礼备至，可以为万世法"，但是，究竟是继"统"还是继"嗣"，还是不能调和的。杨一清反对这种说法，和张璁

---

[1] 当时欧阳修、韩琦主张宋英宗尊生父濮安懿王为"皇考"，而王珪、司马光主张只尊为"皇伯"，而尊前一皇帝宋仁宗为"皇考"，因此引起激烈争论，史称"濮议"。

一道，支持嘉靖皇帝尊"本生父为皇考"，王阳明也加入其中，他的学生像方献夫、席书、霍韬、黄宗明、黄绾等等，都卷了进去，尤其是邹守益，曾经为此上疏被责，但是一月以后再次上疏，被"下狱拷掠"，还是不甘心，再上书，一直到他被落职。看得出来，他们试图通过这一次争论话题为突破口，一方面以"礼本人情"为说，宣传以人心自然本性为依据，争取重塑三纲五常的机会，一方面借机争取嘉靖，让皇权给予王学以合法性，借助皇权的倾斜，来反对杨廷和。大家有兴趣的话，可以看王阳明《与霍兀崖（韬）》和《寄邹谦之（丙戌）》[1]。

（2）嘉靖九年的孔庙争论

本来，支持嘉靖与张璁尊兴献王为"皇考"即本生父，王阳明及其弟子们，是期待在新皇帝支持下，得到学说的合法性的，但是事与愿违。嘉靖初一直不解除对"伪学"的禁令，即使是在杨廷和被削籍之后，还是照旧禁止，所以王阳明对皇帝有点儿灰心，这在前面引用的嘉靖六年写给黄绾的几封信里面，表达得很清楚。

在嘉靖一朝，始终没有给王阳明机会。第二年就是嘉靖七年，王阳明因病去世。这一年，还有人在朝廷控告王阳明和他的学生攻击朱熹，"事不师古，言不称师，欲立异以为名，则非朱熹格物致知之论，知众论之不与，则著《朱子晚年定论》之书，号召门徒，互相唱和"，实际上是亡国的清谈，并建议一方面因为他的功劳而"免夺封爵，以彰国家之大信"，一方面因为他的言论而"申禁邪说，以正天下之人心"。这一建议得到嘉靖皇帝的支持，于是再次下诏，定王阳明是"放言自肆，诋毁先儒，号召门徒，声附虚和，用诈任情，坏人心术"，下诏都察院榜谕"天下有敢踵习邪说，果于非圣者，重责不饶"[2]。

---

1 《王阳明全集》，第834页。
2 《明世宗实录》卷九十八，《明实录》，第8035页。

可见嘉靖皇帝仍然对这个和主流的程朱理学对立的学说很有戒心，也许是生怕它会成为士大夫的风气，他借了王阳明重病时离职的事情，大做文章，不仅不同情，而且自己下诏批评，说王阳明"擅离重任，甚非大臣事君之道，况其学术、事功，多有可议"，让大臣们讨论，讨论的结果当然可想而知，结论是王阳明"欲立异以为名"，"传习转讹，悖谬日甚"，嘉靖皇帝看后，还加上"放言自肆，诋毁先儒，号召门徒，声附虚和，用诈任情，坏人心术"这样的话[1]，等于是把王阳明从个人到学说，全面否定。嘉靖八年（1529）二月宣布王学是伪学。正是在这个时候，嘉靖左手把杨廷和打下去之后，又用右手把王阳明也打下去，在这一轮士大夫的"道统"和皇帝的"政统"较量中，皇权赢得了全面的胜利。

两年以后，秉承皇帝的旨意，日益得势的内阁大学士张璁对士大夫的文化下手，提出这样的建议：（1）孔子不称王；（2）孔庙不立塑像而用木主，同时减少祭器；（3）更改从祀的名单；（4）大成殿改叫孔子庙[2]。但是，倾向于王阳明学说的徐阶却坚决反对，王阳明的弟子辈，像唐愈贤、朱廷立、魏良弼、孙应奎等人，也和张璁意见不合。本来，这并不一定只是王阳明一派的心情，可能是很多士大夫共同的心情，但皇帝却代表"政统"立场，要压制士大夫，所以亲自写了两篇文章，一篇叫《正孔子祀典说》，一篇叫《正孔子祀典申议》，其中最重要的一句话是"夫礼乐制度从天子出，此淳古之道也，故孔子作此言以告万世"，皇帝亲自写文章加入论战，这简直是罕见的事情，这么强烈地表达皇帝高于一切的旨意，也是很少有的。而张璁则很迎合地说，这是愚蠢的人不懂得义利之别，所

1　《明世宗实录》卷八嘉靖八年二月甲戌"吏部会廷臣议故新建伯王守仁功罪，言：'守仁事不师古，言不称师，欲立异以为名，则非朱熹格物致知之论；知众论之不与，则著朱熹晚年定论之书'"，建议"免夺封爵，以彰国家之大信，申禁邪说，以正天下之人心"。

2　《明世宗实录》卷一〇九。参看《明史》卷五十《礼四》。

以应该由皇帝来独断，"惟皇上仁义中正，断之以心，所谓唯圣人能知圣人者也"，因此嘉靖便毫不犹豫地把孔子的"王"给免了，所以沈德符就说，这是"上素不乐师道与君并尊"[1]。

这一改革，显示了（1）皇权对士大夫的压制；（2）原来怀抱得到皇帝支持愿望的王学，再一次失望；（3）王学仍然没有翻身机会，只好把自己的学说中心，转移到"觉民行道"和"自我提升"的方向上来；（4）但是有一点很重要，这也巩固了王学作为批评精神的象征，作为道统的力量的威望和影响。

（3）夏言的建议和王学的批评

应该说，这种政治形势对士大夫相当不利，余珊曾经给嘉靖上疏说，"乃自大礼议起，凡偶失圣意者，遣谪之，鞭笞之，流窜之，必一网尽焉而后已"[2]，说到王学在"伪学"之名的压制下，反而更兴盛和更有人缘，以至于成为反潮流的精神力量，这和他们不断集会、讲学有关。王阳明在世的时候，他们就在浙江余姚、绍兴的佛教道教寺观里面集会讲学，到了嘉靖年间，这种集会和讲学活动更多，王学不断地集会、讲学、组织团体，搞得声势浩大，也使得皇帝和朝廷很担心。

不过，这个嘉靖皇帝，对付起知识阶层来，其实是一个很有心计也野心勃勃的人。**一方面**，《明史》卷一九六就说他"以制作礼乐自任"，古代中国制礼作乐，在某种意义上就是重建一个制度和秩序，他把这种大事当作自己的事业，其实是很有心的，所以你看他：（1）下令勾龙不再配社稷祭祀，（2）分祭天地，（3）对文庙从祀人名单的更改。这说明他实际上是很厉害的，想通过这些看起来是虚拟世界的事情，来试探士大夫的反

---

1 《万历野获编》卷十四《祀典》。参看左东岭《王学与中晚明士人心态》第三章，第294—295页。
2 《明史》卷二○八《余珊传》。

应[1]。**另一方面，**他用士大夫对付士大夫，他先是用张璁，张是一个"性狠愎，报复相寻，不护善类"的人。接着又用夏言，他也是一个特别能够揣摩皇帝心情的人，他本来和张璁联手，支持嘉靖对于祀典的改革，受重用以后，便又和张璁发生矛盾，他在和张璁的冲突中，本来应该引用和张璁对立的王学吧，可是他深知皇帝对于士大夫"朋党"一向警惕，士大夫群体是皇帝的大忌，特别是欧阳德、罗洪先先后上书建储，得罪了一心垄断权力的嘉靖以后，他更对王学士大夫加以压制，在他和王学的重要分子戚贤发生纠纷后，就借口朋党名义，把邹守益、戚贤、王畿等人统统贬斥下去，并且把他们叫作"伪学"。

这个时候还有一件事很重要。嘉靖十五年（1536），针对民间宗族力量和地方士绅的壮大，夏言提出重要的建议：（1）三品以上可以建庙，祭五世祖，为大宗，后世之为祖宗；（2）四品以下不可以建庙，只能主祠堂，为小宗，不可以为祖宗，因此逐渐退出祭祀名单；（3）大宗、小宗构成共同体，开放各地宗族祠堂祭祀和谱系的编纂，使全国联宗；（4）这样皇帝是一切的来源，和最大的大宗。正像小岛毅所说的，嘉靖年间这个建议很重要，它配合打击各种淫祠，重新整顿了国家控制下的祭礼和制度，也实践了丘浚《家礼仪节》《大学衍义补》里面关于"秩序"的设想，主观上，是想在客观上秩序同一性瓦解的时候，强化皇帝、国家、社会的同一性。

在这种皇帝和朝廷越来越权力集中并且对异议士大夫压制的情况下，王阳明的学生们，只好把学问的方向，转向内心和关注下层。

---

1 《明史》卷一九六《张璁传》："帝自排廷议定'大礼'，遂以制作礼乐自任。而夏言始用事，乃议皇后亲蚕，议勾龙、弃配社稷，议分祭天地，议罢太宗配祀，议朝日、夕月别建东西二郊，议祀高禖，议文庙设主，更从祀诸儒，议祧德祖正太祖南向，议祈谷，议大禘，议帝社帝稷。"（第5178页）

三、明代思想史的背景（三）
——讲学、结社的意义

下面要讨论的是，王学包括王阳明和他的弟子们的讲学、结社活动。

（1）讲学是王学吸引人的原因之一

台湾学者吕妙芬曾经指出，王阳明之所以能够成为学派，吸引很多人，是因为一是他很善于培养年轻的接班人，二是他的事功和实践，给他带来很大的力量，三是良知之学成为新的时尚。其中我觉得，第二个原因就是事功很重要，王阳明在江西时代即1517—1519年的时候的巨大政治成功，使他具有极高的声望，所以，加上他在正德十三年（1518）前后出版他的《古本大学》《朱子晚年定论》等等，正如火仗风势一样，使人有经典文献可以作为基础；然而，其中特别重要的，就是他的讲学活动，这种活动影响和传播了他的学说，特别是他得到乡绅们的支持，更如燎原之火一样。从正德十六年到嘉靖六年，算是王阳明晚年，王阳明在浙江余姚、绍兴一带的能仁寺、光相寺、至大寺、天妃宫讲学，已经开启了讲学的风气。

这个风气很有吸引力。我们稍稍回顾一下明代的知识分子历史就可以知道。（一）本来，底层出身的枭雄明太祖，也觉得科举出不了人才，所以在洪武年间曾经停止科举十年之久，洪武三十年（1397）还曾经不满意科举，重新阅卷另拔了六十一个人。但是，终究他也无法除去科举选士的途径，所以，从洪武十七年（1384）颁布定式，规定了四书五经注本，规定了朱子之学为官学，又广建州、府、县学达1500所以上。这样的结果是什么呢？就是一方面读书的士人人数越来越多，都想通过这一途径上升，但是另一方面路径狭窄，而且考试、教材、试卷极其教条和呆板，所以引起私下里对制度、权力和知识的不满。（二）到了弘治、正德、嘉靖年间，批判这种"俗学"的声浪越来越高，王阳明及其弟子就常常批评这种世俗功利之学，很迎合时尚风气，得到习惯于趋向新潮的年轻人的喜爱。王阳明学派里面的中坚力量，是比王阳明小二三十岁的年轻人，即还没有经历科举就受到王学影响的人。这是因为当时的时代气氛，一是弘治年间的宽松政治气氛，二是生活富裕的江南士人无须一定要走科举之路，三是奢华风流的城市生活和新风气的流行，四是王阳明的个人声望的巨大影响和王学反潮流的吸引力。所以王阳明一系越来越有影响。（三）可是一方面江南社会生活、观念和风气虽然已经超前了明帝国的社会秩序，一方面明帝国的整体同一性仍然控制着意识形态，拖住江南的文化观念；一方面这里的人们觉得科举、理学是"俗学"，一方面又期待进入那个荆棘之门。当时每三年取约300进士，但全国有60万生员，其中30名生员中有一人可中举人，60个举人有一个可以中进士，所以，这个狭窄的门既引起怨怼和愤怒，又惹起了更高的艳羡和仰慕，当时的士人处于两难的境地，一方面批判科举，一方面依傍科举。王阳明之学就是在这种情况下成为时尚的。

（2）王阳明之后的讲学结社之风

可是，大家要注意，这种公然集会和讲学，对于朝廷是一种讽刺，在朝廷宣布他们是"伪学"的时候，他们还这样公然蔑视，结成团体，实际上是很厉害的。有时候，反潮流是一种很吸引人尤其是年轻人的方式。在王阳明嘉靖七年冬天（1529）逝世以后，他的学生就继承他的传统，每年祭祀时都要"陈礼仪、悬钟磬、歌诗、侑食"，然后"讲学终月"。这在后来形成了习惯，比如嘉靖十二年（1533），由于王学弟子们在南京留都任官（《南中王门学案》讲邹守益、欧阳德、何廷仁在南京的影响），他们在国子监、鸡鸣寺办讲会，另外，邹守益在广德的复初书院讲学，王艮在泰州的安定书院讲学，这里都成为后来王学的根据地，此外还有中天阁（余姚）、龙沙会（江西洪都）、惜阴会（江西吉安）、青原会（江西）和《南中学案》提到的种种讲学和讲会。请注意这种明代出现的讲学和集会，和此前的士大夫讲学集会很不同，一是空间地点，不再是官方太学，而是借用寺庙道观，或者自己的书院；二是议论的话题更加广泛和具有批判性；三是参加的人成分要广泛得多，不再仅仅是太学生之类，而是加入了很多商贾、贩夫和下层人士；四是最终会形成组织，形成定期的、有固定倾向的集会，这是和过去最重要的差异。

嘉靖三十一年（1552），在王阳明去世二十四年以后，徐阶入内阁，嘉靖四十一年（1562）到隆庆二年（1568），他成为首辅，这可能是王阳明学说盛行的重要契机。他曾经在嘉靖年间，以内阁大学士的身份，在北京的灵济宫举行大规模的讲会，请了欧阳德（南野）、聂豹（双江）、程文德主讲，吸引了千人以上。大家有兴趣，可以看吴震和吕妙芬的书。不过，据朱鸿林的研究[1]，在隆庆、万历之交，关于王阳明是否可以从祀孔庙的问题，尚有很多争论，在高拱和徐阶当政的时候，是很不一样的，徐阶当政的时候，把王阳明的问题正面化了，但是在高拱当政的隆庆三年到六年，还是禁止讲学，打击王学士人，但是毕竟挡不住潮流，在他罢相时，刚好《王文成公全书》刊行，从祀孔庙的提议再次摆上朝廷的桌面，这次是从王阳明的事业成就上提出来的，所以反对之声渐小，到了万历二年，

---

[1] 朱鸿林：《王文成公全书刊行与王阳明从祀争议的意义》，载杨联陞等编：《国史释论》下册，（台北）食货出版社，1988年。

大体上同意了王阳明从祀，到万历十二年（1584）正式施行。而讲学之风，也就势不可挡了[1]。

（3）天启五年（1625）的禁令

可是，经历了万历年间的兴盛，万历以后，这种趋势被突然打断，这是因为两个因素决定的。（一）是由于形势发生变化，形势永远比人强，因为这个时候，东边的倭患变成了日本经由朝鲜的真正挑战，东北的满族人形成势力，内部各种纷乱开始出现，所谓西贼也开始形成，朝廷不能再容忍秩序的混乱，而士大夫内部也对这种自由得有些失去控制的思潮感到恐惧，因此出现了对王学的激烈抨击；（二）是朝廷挟政治权力，以国家和秩序的名义，对这种自由议论的风气进行了大规模的压制，天启二年（1622）九月，朱重蒙引用传统对于"朋党"的偏见，对邹元标、冯从吾在都城创建讲坛进行弹劾，认为这可以"学士儒主挟之以扦文网，冠裳仕进借之以树党援"，也就是说这种讲学方式会造成门户[2]。天启五年（1625）

---

1 很多人（如陈来、吕妙芬、吴震）之所以注意到王学的讲学、集会等等，虽然有其史料上的根据，但问题意识显然受到哈贝马斯的刺激和启迪。哈氏在其《公共领域的结构转型》一书里，讨论了城市里面出现的一些谈论文学和社会的咖啡馆、沙龙、宴会等等，他说，这些愉快的社交和交谈，常常会很快发展成为公开批评的政治场合，因为这样的由私人集会而成的公众活动，会形成一种领域，它们被要求成为表达对权力的意见的空间，并且迫使政治权力和宗教权力承认它的合法性，使权力"遵从理性标准和法律形式"（第33页），这是近代社会出现的一种现象，这些空间要求：1.具备一种平等（作为个人的平等）的社会交往方式。2.讨论限制在普遍性话题上，本来这些话题的解释权被国家或宗教垄断，但在这里它像是"商品"一样，可以被评头论足。3.使文化脱离权力、权威和贵族，成为大众商品。这些公共的空间，包括（一）报纸、杂志、各种印刷品。（二）展览馆、博物馆、音乐会。（三）咖啡馆、沙龙和酒吧。在近代欧洲，它们成了具有政治权力认可的批评政治权力的场合，因此，合法化的、政治化的舆论（公共领域的监督和批评），与制度化的权力产生机制（受到法律和制度约束），便是近代资本主义社会中公共领域的形成。可是，王学的讲会和讲学，是这种公共领域吗？这需要好好讨论。

2 《明熹宗实录》卷二十六，天启二年九月庚子，《明实录》缩印本第13468页。据说这一年倪文焕建议禁止首善书院的奏折中，对书院讲学有这样的形容，是"聚不三不四之人，说不痛不痒之话，作不深不浅之揖，啖不冷不热之饼"，张尔岐：《蒿庵闲话》第八十条，《蒿庵集》，齐鲁书社，1991年，第324页。

六月，御史李万上疏批评"今学者动引宋人互相标榜，日以讲学为事"[1]。八月御史张讷又建议拆毁天下的讲坛，批评这种讲学的风气是："南北相距不知几千里，而兴云吐雾，尺泽可以行天；朝野相望不知几十辈，而后劲前矛，登高自为呼应。其人自缙绅外，宗室、武弁、举监、儒吏、星相、山人、商贾、技艺，以至于亡命辈徒，无所不收；其事则遥制朝权，掣肘边镇，把持有司，武断乡曲，无所不为；其言凡内而弹章建白，外而举劾条陈书揭文移，自机密重情以及词讼细事，无所不关说。"其实，最重要的就是由于有了这种空间，士庶各种人都介入了政治，朝廷不再垄断所有的真理话语，官方意识形态也不能控制整个舆论。

于是在这一年，皇帝下诏，真的决定拆毁东林、关中、江右、徽州一切书院[2]，于是这种自由风气受到了相当大的挫折[3]（当然，真正依靠禁令来彻底禁止讲学和结社，要到清代初期才真正实现，这一点可以参看小野和子、谢国桢关于党社的书）。

四、区域研究的意义与局限

最后，我们顺便讨论一下区域研究的问题。

通常，在中国思想史上，两汉经学、魏晋玄学、隋唐佛学、宋代理

---

1 《明熹宗实录》卷六十，天启五年六月戊寅，《明实录》缩印本第13838页。

2 《明熹宗实录》卷六十二，天启五年八月壬午，《明实录》缩印本第13870页。参见天启六年二月庚寅徐复阳奏议，戊戌李实参周起元及圣旨，十月乙丑李鲁生上言等等，《明熹宗实录》卷六十八、卷七十七，《明实录》缩印本第13955、13959、14077页。

3 也许有学者会把这种对士人的打击算在魏忠贤等人的头上，但是，我以为思想史不应当过分纠缠在具体事件的具体起因上，这一事件背后，隐隐约约是皇权与士绅之间争夺思想话语控制权的冲突。

学、明代心学、清代考据学，都被当作主流，代表了整个的学术和思想世界，可是现在渐渐知道，主脉络不等于全景史，现在的趋势是，越来越注意主流之外的东西，所以，原来一些被当作全景的思想和学术，渐渐也都被认识到它可能只是一部分，你要注意这之外还有太多的其他东西在，可以发掘更多的边缘资料。把原本边缘的思想和学术重新放回这个思想世界和学术世界里面，就可能改变原来的研究，因为所谓边缘，所谓中心，不过是一个注意焦点的问题，焦点转移，可能图像就变化了。

比如艾尔曼在《从理学到朴学》里面，对于清代考据学的界定，觉得它只是"清代江南学术共同体"，就很有启发性，因为当时除了江南以外的很多地方，除了考据学家之外的很多士大夫，都还是以理学为中心，以科举为目标，以符合伦理与制度为荣誉的呀。像北宋南宋的理学，你如果看宋代的整个资料，你也会知道，其实整个宋代，理学还是一小批精英分子的创新思想，并不是生活世界的主要观念，你不能轻视宋代佛教、道教、民间信仰和一般士大夫的传统学风，以及更广大士人的观念世界。

那么明代王阳明学说呢？确实，这个思潮在明代虽然相当流行，但是主要还是在今天的浙江、江苏、安徽和江西一带，应当说，也是江南学术和思想，因为它的流行，确实也和当时江南地区的城市、商业、阶层变化、生活气氛有关。日本的学者小岛毅已经指出，在日本，包括岛田虔次、沟口雄三等人，在研究明代思想史的时候，太过于放大王学了，我们看现在各种明代思想史，确实除了王学之外，其他思想和人物也是微不足道的，那么，是否把江南的王学之风太夸张了呢？明代王学之外，还有其他东西是否应该在思想史里面多写一些，是否整体观察的时候，应当把王学看成是区域学术和思想？可是，这种质疑，是否对呢？这是需要我们重新来仔细研究的。

五、结语：研究方法上的问题

因此，今天我讲的中心问题就是：

一个时代思想史的背景，应该如何来研究，是否需要改变过去各种思想史那种笼统的做法，对远景、中景、近景有细致的重建和分析？如果这样做，是否思想史就回到历史学和文献学的基础上来了？这是一个大大的问题。

另外，大家也可以想一想下面两个话题：第一，讲学、结社在王学兴盛的时代，是否具有欧洲那种公共领域的性质？西洋的各种新理论，究竟应该如何与中国历史结合？第二，区域研究和整体观察如何协调？过去那些流行于江南的思想，为什么会被视为整个帝国的思想？这种把局部当作全体的看法如果不对，那么，我们应当如何改变？

〜【参考论著】

《王阳明全集》卷一至卷三《传习录》，上海古籍出版社，1992年。

《明儒学案》（中华书局点校本）。

容肇祖：《明代思想史》，原出版于1940年，齐鲁书社重印本，1992年。

嵇文甫：《左派王学》，开明书店，上海，1934年。

嵇文甫：《晚明思想史论》，原出版于1943年，东方出版社重印本，1996年。

岛田虔次：《中国における近代思维の挫折》，（东京）筑摩书房，1970年。

冈田武彦：《王阳明与明末儒学》，吴光、钱明、屠承先译，上海古籍出版社，2000年。

吕妙芬:《阳明学士人群体——历史、思想与实践》,"中研院"近代史研究所,2003年。

陈来:《明嘉靖时期王学知识人的会讲活动》,《中国学术》第四辑,2000年。

左东岭:《王学与中晚明士人心态》,人民文学出版社,2000年。

吴震:《明代知识界讲学活动系年(1552—1602)》,学林出版社,2003年。

邓志峰:《王学与晚明的师道复兴运动》,社会科学文献出版社,2004年。

⚙【阅读文献】

1.《明史》列传第一百七十《儒林传一》(清代张廷玉等撰)

粤自司马迁、班固创述《儒林》,著汉兴诸儒修明经艺之由,朝廷广厉学官之路,与一代政治相表里。后史沿其体制,士之抱遗经以相授受者,虽无他事业,率类次为篇。《宋史》判《道学》《儒林》为二,以明伊、雒渊源,上承洙、泗,儒宗统绪,莫正于是。所关于世道人心者甚巨,是以载籍虽繁,莫可废也。

明太祖起布衣,定天下,当干戈抢攘之时,所至征召耆儒,讲论道德,修明治术,兴起教化,焕乎成一代之宏规。虽天亶英姿,而诸儒之功不为无助也。制科取士,一以经义为先,网罗硕学。嗣世承平,文教特盛,大臣以文学登用者,林立朝右。而英宗之世,河东薛瑄以醇儒预机政,虽弗究于用,其清修笃学,海内宗焉。吴与弼以名儒被荐,天子修币聘之殊礼,前席延见,想望风采,而誉隆于实,诟谇丛滋。自是积重甲科,儒风少替。白沙而后,旷典缺如。

原夫明初诸儒,皆朱子门人之支流余裔,师承有自,矩矱秩然。曹端、胡居仁笃践履,谨绳墨,守儒先之正传,无敢改错。学术之分,则自陈献章、王守仁始。宗献章者曰江门之学,孤行独诣,其传不远。宗守仁者曰姚江之学,别立宗旨,显与朱子背驰,门徒遍天下,流传逾百年,其教大行,其弊滋甚。嘉、隆而后,笃信程、朱,不迁异说者,无复几人矣。要之,有明诸儒,衍伊、雒之绪言,探性命之奥旨,镵铢或爽,遂启歧趋,衮谬承讹,指归弥远。至专门经训授受源流,则二百七十余年间,未闻以此名家者。经学非汉、唐之精专,性理袭宋、元之糟粕,论者谓科举盛而儒术微,殆其然乎。

今差别其人,准前史例,作《儒林传》。有事功可见,列于正传者,兹不复及。其先圣、先贤后裔,明代亟为表章,衍圣列爵上公,与国终始。其他簪缨逢掖,奕叶承恩,亦儒林盛事也。考其原始,别自为篇,附诸末简,以备一代之故云。

2.《明儒学案》卷十《姚江学案》(节选)

有明学术,白沙开其端,至姚江而始大明。盖从前习熟先儒之成说,未尝反身理会,推见至隐。所谓"此亦一述朱,彼亦一述朱耳"。高忠宪云:薛文清、吕泾野语录中,皆无甚透悟。亦为是也。自姚江指点出良知,人人现在,一反观而自得,便人人有个作圣之路。故无姚江,则古来之学脉绝矣。然致良知一语,发自晚年,未及与学者深究其旨,后来门下,各以意见掺和,说玄说妙,几同射覆,非复立言之本意矣。

......

先生以圣人之学,心学也,心即理也,故于致知格物之训,不得不言致吾心之天理于事事物物。以知识为知,则轻浮而不实,故必以力行为功夫。良知感应神速,无有等待,本心之明即知,不欺本心之明即行也,不得不言"知行合一"。此其立言之大旨。

3.《明儒学案》卷二十五《南中王门学案》(节选)

南中之名王氏学者,阳明在时,王心斋、黄五岳、朱得之、戚南玄、周道通、冯南江,其著也。阳明殁后,绪山、龙溪,所在讲学,于是泾县有水西会,宁国有同善会,江阴有君山会,贵池有光岳会,太平有九龙会,广德有复初会,江北有南谯精舍,新安有程氏世庙会,泰州复有心斋讲堂,几乎比户可封矣。而又东廓、南野、善山,先后官留都,兴起者甚众。

第七讲

有关戴震研究的学术史

引言：思想史中的人物研究

上次我们讨论《明儒学案·南中学案》，主要是讨论思想史的历史背景应该怎样重建和叙述，这次我们讨论戴震，想换个方式，来讨论思想史中个别精英人物应当怎样研究。过去，我曾经批评说，思想史里面总是以人物（或著述）为单位，大的一章，小的一节，再小的几个人合一节。这种思想史写法的问题是：第一，在安排章节上面就显示了价值判断，这个人物，占一章的很重要，占一节的较次要，合了好几个人才占一节的，当然就不那么重要。如果，过去只是一节，现在变成一章的人物，就说明他在思想史中的地位越来越重要，像王充、范缜、吕才的地位，在唯物主义历史观主脉络里面，就开始升级，这就暗示给读者一个意思，好像评劳模等级或者学术评奖，有一二三等，表示思想史表彰的程度。第二，由于以人物为单位，淡化了"历史"的纵（思想连续脉络）横（同时代人的声音）面，即突出了个人，而忽略了环境。比如，讲某人的思想史意义，可能就会出现这样的毛病，当你只看这一个的时候，好像他很了不起，"爱屋及乌"是很容易犯的毛病，好像俗话里说的，"丈母娘看女婿，越看越欢喜"。可是，你要是把他摆在同时代历史背景和群体活动里面，也许他也就是作为背景的合唱团里的一个队员而已。第三，因为能够上榜的都是显赫的人物，所以作为合唱的、背景的声音，就是丸山真男说的"执拗低音"，就容易被忽略。我一直建议要写"一般知识思想和信仰世界"，作为精英的背景和土壤，但是，这种以人物为主的写法，很难让我们写好这样的思想史著作。

不过话说回来，并不是说这样的写法没有意义，对于个别人物的研究，尤其是作为思想史关键和枢纽的那些人物，对他的生平、交往、教育经历、思想形成与著作传播的研究，还是很有必要的，过去像南京大学，就有以思想家人物传记为中心的研究群体。可是，思想史里的人物研究，究竟应当怎么研究？现在的研究方法有没有问题呢？

今天，我就以戴震，这是清代学术史和思想史上最重要人物的研究为例，讨论一下思想史里面人物研究的方法。

一、同时代人关于戴震的记忆和理解

我们知道戴震（1724—1777）是清代中叶徽州籍的读书人，也是当时最著名的学者，通常学界讨论到戴震，都是把他放在乾隆时代的学术史和思想史中来看的，一般都会强调以下两个方面。

一方面，学术史研究会把他视为乾嘉考据学潮流的中坚力量，会突出地讨论他考据学的成就及其创造性的方法。大家知道，他参与整理过《四库全书》，校过《水经注》，他是考据学里面所谓"皖派"的领袖，影响很大。首先，他从字音求字义的小学方法影响了金坛段玉裁（有《六书音韵表》），影响了高邮王念孙、王引之父子（有《广雅疏证》《经传释词》）；其次，他对礼制的重视（他考证过"明堂""辟雍""灵台"，也研究过《考工记》），影响了后来的凌廷堪（如《复礼》中"以礼代理"的观念）；再次，他对天文地理数学的研究（如他有《勾股割圆记》《续天文略》），影响了后来的焦循等人。

另一方面，思想史研究则把他放在官方以程朱理学为意识形态的思想史背景下，突出地讨论他对程朱理学的批判意义。比如，我们会讲他通过历史语言学的进路，以字词训诂和还原古义的方式，批评宋代理学对"性命理气"等等的解释（如他的《原善》《孟子字义疏证》），影响了阮元（如《性命古训》）、孙星衍（如《原性篇》）、焦循（如《性善解》）等，确认他是清代乾隆时代对于宋明理学批判的中心人物，并从此开启了后来的启蒙思潮，并且把他的思想看成是后来有现代意义思想的来源之一。

不过，这个学术史和思想史上的"**戴震**"印象，究竟是怎么来的？有哪些值得注意的变化呢？我们还是要通过重新回顾历史的方法，或者换一个时髦说法，在"知识系谱学"的意义上，讨论这个"戴震"印象的形成，这就是通常说的"戴震学"。研究清代学术史和思想史，为什么要重新讨论"戴震"印象呢？我觉得，这是因为两个原因，第一，我们现在研究戴震的时候，其实已经接受了很多前人的说法，这一层层的说法，好像是在眼睛上戴眼镜，眼镜上又蒙上了层层有色玻璃纸，所以，未必是原来"乾隆时代"的"戴震"的学术和思想，要真正了解他，需要一层层剥离这些玻璃纸，让我们的眼睛尽可能直接看当时的戴震。第二，这一层层的玻璃纸是怎么蒙上去的？它们一层层地遮蔽本身的历史，也构成了另一种学术和思想史的资料，就是说，不同时代、不同学者、不同说法，层累地构成了"戴震学"，这本身就是在戴震研究上，所表现出来的"学术史"和"思想史"。

今天我们关于"戴震学"的讨论，要简单地讨论一百多年来，王国维、刘师培、章太炎、梁启超和胡适的研究。不过，他们这些研究和论述，无论是以民族主义立场的，还是哲学解释的，还是启蒙性历史追溯的，基本上属于"**现代戴震学**"。而在这些现代解释之前，就是从戴震乾隆四十二年（1777）去世以后，还有一个长达一百多年的同时代人和后辈学人的戴震回忆在前面，从王国维到胡适的戴震研究，用的都是他们提供的资料，显然也会受到他们提供的戴震印象的影响。比如——

1.洪榜（1744—1779）的《戴先生行状》[1]。这是一篇很可靠的戴震传记，因为它是戴震去世后一个月时写的。大家要注意，他对于戴震学术形象的描述有两个重点，一是他有意强调，戴震年轻时就质疑过朱熹关于《大学》的说法，这是为了后面突出地强调《原善》论性理归六经而做的铺垫，在这里塑造的是一个"反宋学"的汉学家形象；二是他同时强调，戴震"每一字必求其义"，因为"经之至者道也，明道者其辞也"，一方面要通过字词训诂理解古代经典，一方面要"综其全而核之"，所以他很博学，包括天文、历算、推步、鸟兽、虫鱼、草木，甚至山川、疆域、州镇等等，就是强调考据学的博学家的意义。这是戴震同时代人对戴震的理解和回忆，也是后来很多戴震印象的来源和基础[2]。

2.段玉裁（1735—1815）《戴东原先生年谱》[3]。这是一个戴震最信任的人的回忆，戴震在给他的信里，曾说到和《与是仲明论学书》里一样的话[4]，就是要想理解"道"或者"理"，一定要从字义到词义，才能真正贯通，这是做学问的最重要途径；而戴震在乾隆四十二年临终前一个月（四月廿四日），又给段玉裁写过信，明明白白告诉他，《孟子字义疏证》是他自己最重要的书，这部书是"正人心之要"，也是对祸民的"理"的批判[5]。

---

1 收入洪榜《初堂遗稿》中，亦收入《戴震文集》（中华书局，1980年）"附录"中，第251—260页。

2 洪榜与朱筠有一篇讨论这篇《行状》及戴震之学的书信，相当重要，收于江藩《汉学师承记》卷六《洪榜传》内，参见漆永祥：《汉学师承记笺释》，上海古籍出版社，2006年，第622—626页。

3 也收入《戴震文集》"附录"中，第215—250页。

4 《戴震文集》卷九，第139—141页。

5 《戴震全书》（黄山书社，1995年）第六册《与段茂堂等十一札》第十札"仆生平论述最大者，为《孟子字义疏证》一书，此正人心之要，今人无论正邪，尽以意见误名之曰理，而祸斯民，故《疏证》不得不作"，第543页。

　　所以，段玉裁和洪榜一样，在年谱里面突出的重点，也是（一）戴震年轻时即质疑朱熹说的关于《大学》是孔子传曾子，曾子传门人，暗示了他的反程朱取向（第216页），在乾隆三十一年（1766）一条里，他比洪榜更清楚地描述了《原善》和《孟子字义疏证》，强调了它们的意义是批评宋代理学家，不是六经孔孟的正道，"所谓理者，必求诸人情之无憾而后即安，不得谓性为理"（第228页）。而且在叙述戴震死后事时，又引其答彭绍升书，凸显戴震反程朱、反佛教的一面（第240页）。（二）在戴震的学术方面，他也同样强调戴震对于古代经典的看法，引用他回答姚鼐的话说，是"徵之古而靡不条贯，合诸道而不留余议，巨细毕究，本末兼察"（第222页），所以，一方面要"每一字必求其义"，以《说文》之学为根基，"由字以通其辞，由辞以通其道"，一方面也强调要博学多识，说戴震对音韵、训诂、名物、礼制无不精通，有很多著作[1]。

　　这确实是批判和瓦解宋代理学的途径。但是，大家要注意，段玉裁是否真的觉得戴震是有意识地、自觉地彻底批判宋代理学的原则，要把人的欲望和情感从"理"中解放出来呢？未必，他在另外给《戴震文集》作序的时候就说到，戴震自己曾说过，《孟子字义疏证》一书最重要，因为古往今来，都把"六书九数"当作大学问，却"误认轿夫为轿中人"，千万别把我当作"轿夫"，好像只会"六书九数"。这段话，章学诚《书朱陆篇后》在提及戴震《原善》的时候，反驳有人攻击《原善》"空说义理，可以无作"的时候也引用过，说"训诂、声韵、天象、地理四者，如肩舆之隶"，可见是真的。但是，这并不等于戴震不讲"理"，他只是觉得，用外在的、抽象的、严厉的"理"约束人，却把真正的符合人性人情的"理"丢掉了，用现在的话讲，就是把工具理性当作价值理性，用高调的

1　《戴震文集》"附录"，特别是第216、228、240、222页。

天理去杀人。

所以，他并不一定反对宋代人所讲的"理"，只是觉得，第一，宋学的天理太严酷，不能兼容人情；第二，宋代理学缺乏知识性的基础，需要有严格的字辞知识为依据；第三，真正真理的源头，还是在古代六经。——所以，段玉裁也并不见得是真的认为，戴震在反对专制皇权的政治意识形态，而是认为，戴震是想超越宋学的笼罩，通过学术，重建这个社会的政治、伦理和思想秩序。所以，段玉裁在嘉庆十九年（1814）的时候给陈寿祺（陈寿祺也是一个大考据家）写了一封信，其中就说，我看现在社会上的大毛病，就是抛弃了洛、闽、关学不讲，反而说，这些学问是"庸腐"，可是，如果你不讲这些，就没有廉耻，气节很差，政治也搞不好，"天下皆君子，而无真君子"，所以，他的结论倒是这个时代"**专订汉学，不治宋学，乃真人心世道之忧**"[1]。

3.接下来，对于戴震的思想学术，和洪榜、段玉裁说法最相近的，还有王昶（1725—1806）的《戴东原先生墓志铭》等[2]。王昶说他"晚窥性与天道之传，于老庄释氏之说，辞而辟之"。不过，说得最清楚的，恐怕是章学诚（1738—1801）《文史通义》内篇卷三《朱陆》后附《书朱陆篇后》和凌廷堪（1757—1809）《校礼堂文集》卷三十五《戴东原先生事略状》[3]，他们对戴震学术与思想的解释，沟通了批判理学和文献考据、思想表达与知识依据两方面，这给梁启超和胡适的戴震解释提供了基础[4]。

1　陈寿祺：《左海文集》卷四《答段茂堂先生书》"附录"。

2　原载王昶：《春融堂集》，亦收入《戴震文集》"附录"，第260—264页。

3　章学诚：《文史通义》卷三，叶瑛校注：《文史通义校注》，中华书局，1985年，第274—277页；凌廷堪：《戴东原先生事略状》，载《校礼堂文集》卷三十五，中华书局，1998年，第312—317页。

4　凌廷堪在《戴东原先生事略状》中特意指出，人们往往把"故训"和"义理"分开，其实这是不对的，因此戴震学术的意义，就在于"先求之于古六书九数，继而求之于典章制度"，"既通其辞，始求其心"。《校礼堂文集》卷三十五，第312页。

4.但是，对于戴震的理解，还有另外的一个侧重的面向。这来自钱大昕（1728—1804）《戴先生震传》和余廷灿（1729—1798）《戴先生东原事略》[1]。钱大昕是当时最有影响和最有学问的学者，他的《戴震传》里面，强调的就是戴震识字、训诂、博学、修地方志、参加《四库全书》编纂等等，他特别突出地表彰戴震考据学的成就，比如考证《周易》《周礼》，研究古代的明堂之制、勾股之学，校勘《水经注》等，但是，并不提他的《原善》和《孟子字义疏证》。余廷灿的《事略》也一样，主要推崇戴震的历算之学，考证《周礼》土圭之法、《考工记图》、明堂、六书说和反切说，考证《水经注》等，这又凸显了一个"作为考据学家"的戴震形象[2]。

二、汉学还是宋学，考据学家还是哲学家，民族主义者还是启蒙主义者？戴震的研究史

关于"戴震学"，前些年，台湾东海大学的丘为君教授写了一部很好的著作《戴震学的形成》[3]，这部书第一次从学术史上去讨论"戴震学"的知识系谱，可是，我总觉得还有一点点缺憾。为什么有缺憾？就是因为他没有专门和全面地清理"戴震"印象的形成史。

过去，从现代的学术与思想的角度谈戴震的意义，常常认为这是从章太炎开始的。比如钱穆就说，"近儒首尊戴震，自太炎始"。这个说法很被人接受，像侯外庐《近代中国思想学说史》（生活书店，1947年）也

1　原载钱大昕《潜研堂文集》与余廷灿《存吾文集录》，现均收入《戴震文集》"附录"，第264—269、269—274页。

2　任兆麟《有竹居集》卷十《戴东原墓表》（卷八又有《戴东原制义序》）。

3　丘为君：《戴震学的形成》，（台北）联经出版事业公司，2004年。

说，自《检论》和《訄书》中的《学隐》（1900）、《清儒》（1904），开启了研究戴震的风气。大概，丘为君教授的这部书也接受了这个说法的。但这个说法是不是对呢？恐怕一半是对的，一半是不对的。为什么？说他对，章太炎的戴震论述确实比较早；说他不对，因为真正现代戴震形象的塑造，却未必是从他开始的。

我们回过头来看一看资料。

1. 章太炎1900年《訄书》（初刻本）中有《学隐》，1904年《訄书》（二刻修订本）中增加《清儒》一篇，但这两篇均仅对戴震的考据学做民族主义解释。比如《学隐》中说，戴震"知中夏黮黯之不可为，为之无鱼子蚔蝱之势足以藉手，士皆思偷惄禄仕久矣，……故教之汉学，绝其恢诡异谋，使（之）废则中权，出则朝隐，如是足也"。所以，虽然戴震也是大师，但他的起点也是出于民族主义，而给无奈的士大夫找一个文献学空间，让士大夫有隐匿的场所。而1904年《清儒》一篇，也只是说戴震"治小学，礼经，算术，舆地，皆深通"，他教了很多门生，影响了王念孙、段玉裁等人。

应该说，这是章太炎早期对戴震的认识，显然并没有深入到他的观念和思想上来，即使深入，也只是停留在民族主义的解释上，在这个时候，戴震成了一个活在清帝国，却始终坚持汉文化立场，用学术对抗政治的民族主义学者。

2. 真正开始以西方概念工具重新在现代哲学意义上解释戴震的，是王国维，他也是在1904年，写了一篇《国朝汉学派戴阮二家之哲学说》。那个时候，王国维正好热心于叔本华、尼采的哲学，觉得这种整体解释宇宙和历史的学问，很深刻也很系统，我想，这是一个来自西洋哲学世界的强烈刺激，这种刺激可以使学者对过去的资源进行"重组"，所以，他觉得清代三百年，虽然汉学发达，但是"庞杂破碎，无当于学"，找来找去，只有戴震和阮元两个人的《原善》《孟子字义疏证》《性命古训》才有一点"哲学"的意思，他评价说，这是"一方复活先秦古学，一方又加以新解释"，重新讨论孟子以来的"人性论"，建设心理学和伦理学。

你可以看到，这显然是在西方哲学背景下来看中国思想的。所谓人性论、心理学、伦理学，这些原本都是西方的东西。新的概念工具，有时候看起来只是一些"词语"，但是通过这些"词语"去重新"命名"，会彰显出历史资料中另外一些过去不注意的意义。西洋哲学进入中国，就把过去的人物、著作、观念，从"考据"与"义理"、"宋学"与"汉学"的解释，转移到哲学还是文献学、传统还是近代这个意义上来，另外给它赋予了新的意义。王国维也是要在这个新尺码下面，来给戴震加以新解释的，所以他特别指出，戴震和宋儒最不一样的地方，就是对"天理"和"人欲"的解释：首先，宋代理学家是把"理义之性"和"气质之性"分开，前者是"理"，后者是"欲"，所以，这种"理欲二元论"渐渐就扩大了理和欲、性和情之间的对立和紧张；其次，他又指出，戴震反对这种区分，指出"欲在性中，理在欲中"，他主张理欲、性情的"一元论"，而且承认"情"发之自然，"性固兼心知（性）与血气（情）言之"，这样就开始承认"人"的心灵中理性和感情的合理性，换句话说，就是承认"人"的自由的合理性[1]。这就把原来戴震同代人对戴震认识中的反"理学"那一面给突出起来，并且提升到哲学上来了。

1　王国维在《国朝汉学派戴阮二家之哲学说》特别提到《戴东原集》卷八里面另外一篇《读易系辞论性》，其中说到"有人物，于是有人物之性。人与物同有欲，欲也者，性之事也；人与物同有觉，觉也者，性之能也"；又提到阮元《揅经室再续集》卷一《节性斋主人小像跋》指出，"性"一方面从"心"，包含了仁、义、礼、智，一方面从"生"，包含了味、臭、色、声，所以应当对"性"和"情"有重新包容的观念，这就在"性善"的基础上，肯定了欲和觉的合理性。见《王国维全集》第一卷《静安文集》，浙江教育出版社、广东教育出版社，2009年，第96—104页。

毫无疑问，在1904年提出在西方哲学背景下重新解释戴震思想，是一个很新的做法。我觉得，王国维在很多方面都是时代的先驱，这个时候，他使戴震成了一个"哲学家"。但是要说明，王国维这个时代，对中国哲学史还没有一个贯通的、整体的脉络，所以，他只是说，戴震恢复了古代北方哲学重实际的传统，但中国哲学后来被南方、印度影响，成为纯理论哲学，专门讨论"幽深玄远"的问题，并不适合中国人。所以他的结论是，戴震和阮元"以其考证之眼，转而攻究古代之性命道德之说，于是北方之哲学复明，而有复活之态"。这话对不对，要分两方面来看。一方面，我们要明白，王国维基本上是用西洋哲学观念来看清代学术的，他说戴震是复活古学，这是为了说明它渊源有自的合法性；可另一方面，王国维虽然说它是"汉学派"，但没有特别去讨论"汉学"在论证"理""性"等等方面，有什么特别的知识方法，只是笼统地说，它超越了宋学，回归到古代。

3.更重要的，是刘师培1905年所作《东原学案》[1]。你现在回头看，应该承认刘师培这个人，很聪明也很敏感，他常常能短平快地提出好些问题来。在戴震的认识上，他注意到戴震在学术史的"知识方法"和思想史的"观念表达"之间，有很深刻的贯通意义。这是刘师培的聪明处，他说，"（戴震的）《原善》《孟子字义疏证》为最著"，什么原因呢？"盖东原解'理'为'分'，确宗汉诂，复以'理'为'同条共贯'也，故'理'字为'公例'。较宋儒以浑全解'理'字者，迥不同矣，至谓'理'在'欲'中，亦非宋儒可及"，这篇论文很长，其中涉及的是，（1）以训诂方式解释"理"，（2）"理"为公例，（3）"理"在"欲"中。他认为，戴震思想大致上以这三点最为要紧。

---

1 《刘申叔遗书》下册，江苏古籍出版社影印本，1997年，第1759页以下。

虽然，刘师培在1904年12月在《警钟日报》上发表的《近儒学案书目序》中已经论述到戴震，但那个时候，对于戴震的理解和说法，大体上接近章太炎。他虽然表彰戴震"倡导实学，以汉学之性理，易宋学之空言"，但是，他还是把汉、宋对立看成是"实"和"空"的学风差异，所以，在《清儒得失论》里面，他也还只是强调说，戴震"彰析名物，以类相求，参互考验，而推历审音，确与清廷立异"。看起来，这还是章太炎把汉学说成是"反清"的老调调，比如说，戴震的《声韵考》是为了破《康熙字典》啦，他的门下如王念孙等反和珅、轻名利啦等等，都还是从政治和民族角度来看戴震的。直到1905年的《东原学案序》，才超脱出来，站在更高的角度重新评价戴震，这就和王国维的评价大体一致了。而1906年作《戴震传》[1]，刘师培更进一步评价戴震晚年所作的《原善》和《孟子字义疏证》的重大意义，是"穷究性理之本"，全面推翻了宋儒，使儒学回归到孔孟。

刘师培的论述，其重要意义在于，一是超越了1900、1904年章太炎式的反满为中心的汉族民族主义解释；二是把戴震的著述重心，突出地转移到思想领域，而不是政治领域或学术领域；三是把戴震的意义提升到了全面超越和批判道学，重新发现孔孟传统。这等于重新书写了思想史[2]。所以我要说，刘师培的论述相当关键，可是，这也许被学术史家们忽略了[3]。

4.这里又要提到章太炎了，虽然很多人像钱穆、侯外庐都觉得最先表彰戴震哲学的是章氏，但是，前面我们说了，从学术史和思想史的脉络上

---

1 《刘申叔遗书》下册，1821页以下。

2 他说，"殆及晚年，穷究性理之本原，先著《原善》三篇，以'性'为主，以仁义礼为性所生，显之为天，明之为命，实之为化，顺之为道，循之为常，曰理合此数端，斯名为善。……又作《孟子字义疏证》，以为宋儒言性言理言道言才言诚言权言仁义礼智，皆非六经孔孟之言"。

3 李帆《刘师培与中西学术》（北京师范大学出版社，2003年）已经指出这一点，第177—179页。又，参见郑师渠：《晚清国粹派》，北京师范大学出版社，2000年，第194页。

看，有一点误会。其实一直要到1910年，四十三岁的章太炎写《释戴》[1]，才开始讨论到戴震对宋代理学的批判，不过，他依照惯性，还是要把戴震放在反抗清朝统治的立场上来。他认为，清代皇帝"亦利洛、闽，刑爵无常，益以恣雄"，生于雍正末年的戴震，一方面"自幼为贾贩，转运千里，复具知民生隐曲"，能够体察民情，面对雍正以来，官方不以法律，总是"以洛、闽儒言以相稽"，使百姓"摇手触禁"，所以，对理学有所批评。他还分析说，戴震是从下看上，希望约束皇权，解放民众之心灵，在这个时候，他才提出戴震的思想和荀子很像，主旨**一是斥理崇法，二是批判以理杀人的正当化，三是提出理在欲中的一元论**。我怀疑，这可能是受了王国维尤其是刘师培的影响，所以，在这篇文章里面，他不再多说戴震的考据学，而是较多地讨论戴震提出来的"理"的问题。不过，刚才说到，他仍然把重心转移到反满的民族主义论述基础上来，凸显戴震对"以理杀人"的批判，是对清政府的批判，谴责清廷利用宋代理学，使自己的专制控制合法化合理化。章太炎的戴震形象，仍然不太涉及思想史问题，倒是把它归为政治史，好像在进行历史社会学的解释，因此还没有进入戴震和近代"科学"和"民主"的关系的讨论。

更有现代意味的学术史与思想史讨论，我以为，应当是从梁启超和胡适开始的。

三、梁启超和胡适：1920年代对戴震的解释

本来，在1904年为《论中国学术思想变迁之大势》补写的"近世学

---

1 先刊于《学林》第二册，后收入《太炎文录初编》卷一，收入《章太炎全集》，上海人民出版社，2014年新版，第122页。

术"一节里，梁启超（1873—1929）对戴震评价并不算太高，他说到戴震是考据学里面"皖派"的开祖，主要在叙述他的考证成就，强调他"以识字为求学第一义"，虽然在末尾，他也提到了他的《孟子字义疏证》和《原善》"近于泰西近世所谓乐利主义者"，但主要还是批评他，说"二百年来学者，记诵日博而廉耻日丧，戴氏其与有罪矣"[1]。应当说，当时梁启超对戴震并没有多少认识，他自己也承认，主要是根据章太炎的说法，觉得考据对人的思想自由有约束，所以，批判的意味就很重。但是，到了1920年写《清代学术概论》的时候，态度大变，对戴震做了很高的评价，说《孟子字义疏证》"实三百年间最有价值之奇书也"。不过，就算是这样，梁启超的主要重心也还是把戴震放在考据学的"实事求是"的"科学脉络"里面讲，强调的是他"不以人蔽己，不以己自蔽"，是他不仅博学，而且既有识断又能精审，当然这时，梁启超也讨论了《孟子字义疏证》"欲建设一戴震哲学"，突出地表彰他批判宋代理学的意义，"欲以情感哲学代理性哲学"[2]。因此，1923年10月在筹备纪念戴震诞辰二百周年纪念会时，五十岁的梁启超在《戴东原生日二百年纪念会缘起》里提出，要特别注意研究戴震的研究方法和哲学世界，并自己设计了研究戴震的八个课题[3]，第二年也就是1924年初，他发表了《戴东原先生传》和《戴东原哲学》[4]。

在这两篇论文里面，他提出戴震的意义有两方面，一是**考据学领域**：

---

1 梁启超：《论中国学术思想变迁之大势》，《饮冰室合集》（中华书局影印本）第一册《文集之七》，第93页。

2 梁启超：《清代学术概论》，朱维铮：《梁启超论清学史二种》，复旦大学出版社，1985年，第35页。

3 这八个课题是（1）戴东原在学术史上的位置，（2）戴东原的时代及其小传，（3）音韵训诂的戴东原，（4）算学的戴东原，（5）戴东原的治学方法，（6）东原哲学及其批评，（7）东原著述考，（8）东原师友及弟子。见《饮冰室合集》第三册《文集之四十》，第39页。

4 梁启超：《戴东原先生传》与《戴东原哲学》，载《饮冰室合集》第三册《文集之四十》，第40—51、52—77页。

他说戴震之学的特点是，淹博、识断和精审，而他的领域又在三个领域即小学、测算、典章制度，梁启超觉得这三个领域不再是传统的经学史学，而戴震的研究方法又体现了"科学精神"，这当然是凸显他关于清代学术就类似欧洲的"文艺复兴"的说法。二是**哲学领域**：他认为戴震的哲学著作如《原善》《孟子字义疏证》，其写作目的是"正人心"，也就是针对现实问题的，而他的哲学论述则涉及了五个方面——（1）客观的理义与主观的意见（物理和事理），（2）情欲问题（理存乎欲），（3）性的一元与二元，（4）命定与自由意志，（5）修养与实践。

上述两方面的论述，都关联了现代的历史意识和概念工具，无论是"文艺复兴"还是"哲学"。但请大家注意，梁启超虽然讨论了历史和哲学两个方面，可是，在戴震的考据成就和哲学批判之间、治学方法和民主意识之间，还没有一个特别贯通的解释。

这里就要说到胡适（1891—1962）。1923年，梁启超发起纪念戴震诞辰二百周年的纪念会，胡适答应参加，并在当年就开始了对戴震的研究，并在1924年1月19日安徽会馆开纪念会的时候担任主席并讲话。不过，要到1925年，他才在《国学季刊》二卷一期上发表了《戴东原的哲学》一文[1]。据他在文末的附注中说，文章写于1923年12月，如果这一点可信，那么，看来也是因为纪念戴震二百周年生日而引起的写作[2]。这篇长长的论文，分为"引论""戴东原的哲学""戴学的反响"三大部分，涉及了好几

1 胡适：《戴东原的哲学》，载《胡适文集》第七册，第239—342页。
2 胡适作《戴东原的哲学》一文，应该受到王国维和梁启超的影响和启发。1923年12月16日，胡适与王国维谈话，王曾告诉他"戴东原之哲学，他的弟子都不懂得，几乎及身而绝"（见《胡适日记全编》第四册，第131页）；18日他读焦循的书，19日给梁启超写信讨论，写出《戴东原在哲学史上的位置》（同上，第137页），29日作《戴氏哲学》第一章《戴东原的前锋》论颜李学派（第144页）。1924年1月14日，与梁启超在饭间讨论，1924年1月19日戴震生日纪念在安徽会馆举行，胡适担任主席并讲话，梁启超也做了讲演。

个方面的问题，让我简单地说——

1.引论。从"反玄学的运动"即清代初期的学术与思想变化开始，论述清代初期即第一个世纪（1640—1740）是"反玄学的时期"，学术界出现的"注重实用"和"注重经学"的两个趋势。又从颜元、李塨说到实用主义与理学家空谈虚理的分歧，从顾炎武代表的清代经学复兴，说到注重"历史的眼光""经学的工具""归纳的研究"，"注重证据"等等学风对明代理学心学的冲击。他指出，前者那里产生了"新哲学"，后者那里延伸出"新学问"，这是戴震之学产生之前的时代背景，"颜元、李塨失败以后，直到戴震出来，方才有第二次尝试"[1]。

2.戴东原的哲学。胡适的论述，主要讨论戴震的"两部哲学书"即《孟子字义疏证》和《原善》。他一方面认为，从哲学渊源上，戴震受到颜元、李塨的影响（但是他也承认，除了有一个徽州人程廷祚，"找不到戴学与颜李学派有渊源关系的证据"，可见所谓颜李学派与戴震的渊源关系，只是逻辑上的推断），有一元的唯物论宇宙观、人性论和理的观念，既是为破坏理学的根基，也是为建设新哲学的基础。另一方面从社会背景上指出，戴震"生于满清全盛之时，亲见雍正朝许多惨酷的大案，常见皇帝长篇大论地用'理'来责人，受责的人虽有理，而无处可申诉，只好屈伏而死"[2]，所以才会有感而作，对宋儒大力提倡的"理"进行批评。他指出，戴震认清了考据名物训诂不是学问的最终目的，只是"明道"的方法，由于戴震的"道"有"天道"和"人道"，前者是自然主义，是阴阳五行的流行不已，生生不息，后者是血气人性，也与自然相应，因此，"天理"并不能离开"人性"，所以戴震提出"人伦日用，圣人以通天下

1　见胡适：《戴东原的哲学》，《胡适文集》第七册，第240、249页。

2　胡适：《戴东原的哲学》，《胡适文集》第七册，第268页。

之情，遂天下之欲，权之而分理不爽，是谓理"，通过字义的训诂，他提出所谓"理"不像宋儒说的那样高高在上不近人情，而只不过是条理分合。而在知识领域，戴震虽然是精通经典而且擅长文字音韵训诂的考据学家，但是他的人生观，是"要人用科学家求知求理的态度与方法来应付人生问题"，因此，他在学问上既能"剖析精微"，又能"重在证实"，通过剖析精微得来的"理"，比较归纳出来的"则"，解释一切事物和道理"靡不条贯"，所以，这是"最可以代表那个时代的科学精神"[1]。

3.戴学的反响。胡适认为，"清朝的二百七十年中，只有学问，而没有哲学，只有学者，而没有哲学家"。只有颜元、李塨和戴震，算是有建设新哲学的意思。而戴震的想法，就是打倒程朱，是反理学，"打倒程朱，只有一条路，就是从穷理致知的路上，超过程朱，用穷理致知的结果，来反攻穷理致知的程朱"[2]。下面，胡适比较详细地叙述了戴震学术与思想的后世反应，从洪榜、章学诚、姚鼐、凌廷堪、焦循、阮元、方东树等等一路叙述下来，说明后世对戴震无论是褒是贬，都证明了戴震哲学引起的巨大反响。所以，戴震是建立了新哲学，"是宋明理学的根本革命，也可以说是新理学的建设——哲学的中兴"。

在这篇论文后面，他提出两个"伤心的结论"。其实，我觉得恰恰是最重要的关键，他说："我们生活在这个时代，对于戴学应取什么态度呢？戴学在今日能不能引起我们中兴哲学的兴趣呢？戴学能不能供给我们一个建立中国未来的哲学的基础呢？"胡适又说："我们还是'好高而就易'，甘心用'内心生活''精神文明'一类的揣度影响之谈来自欺欺人呢？还是决心不怕艰难，选择那纯粹理智态度的崎岖山路，继续九百年来致知穷

1　胡适：《戴东原的哲学》，《胡适文集》第七册，第272页。

2　胡适：《戴东原的哲学》，《胡适文集》第七册，第281页。

理的遗风，用科学的方法来修正考证学派的方法，用科学的知识来修正颜元、戴震的结论，而努力改造一种科学的致知穷理的中国哲学呢？"[1]

在梁启超和胡适的笔下，戴震渐渐形成了一个完整的新形象，他批判宋代程朱理学，思想与学术隐隐有"走出中世纪"的意思，他一手提倡自由和人性，一手实践科学方法，他本人也仿佛一个启蒙主义者。

应该说，梁启超和胡适都受到章学诚和凌廷堪的影响。章学诚在《书朱陆篇后》中对戴震的说法非常重要，他说，戴震所学的学问，"深通训诂，究于名物制度，而得其所以然，将以明道也"，他说当时人的风气是推崇博学和考据，看见戴震的学问淹博，又会训诂考证，就以为戴震的学问重心在这里，其实是误解。因为有误解，所以不能理解《原善》《论性》这些著作的意义，有人觉得，这样一个大学问家，这种著作可以不必写，其实"是固不知戴学者"，他说，这是"于天人理气，实有发前人所未发者"[2]。这一思路对胡适很有启发，所以，他注意到把这两者贯通起来说戴震，指出：（一）戴震的学术背景是重新整理"国故"，是用新手段治旧学，试图用西学激活中学；（二）"贯通"即戴震的方法，与西方理性批判的科学方法是相通的。胡适觉得，戴震用"考据"来批判、颠覆和重建"义理"的论述，是很有近代性的。凌廷堪《戴东原先生传》的一个说法也很重要，凌廷堪说，"义理不可舍经而空凭胸臆，必求之于古经；求之古经而遗文垂绝，今古悬隔，然后求之故训，故训明则古经明，古经明则贤人圣人之义理明……义理非他，存乎典章制度者也"[3]。这样，一是把戴震（考据）和宋儒（义理）在研究方法上区分开来，二是强调理学没有"故训、典章、制度"的基础，三是没有经典文献的支持，所以是应当批判

1　胡适：《戴东原的哲学》，《胡适文集》第七册，第342页。

2　章学诚：《文史通义》卷三，第274—277页。

3　凌廷堪：《戴东原先生事略状》，《校礼堂文集》卷三十五，第312页。

的。胡适显然接受了这个说法，戴震当然就是符合"近代科学"精神的先驱人物，戴震对"理"的重新解释，应该就是宋代理学的终结。

这两个说法影响了梁启超和胡适。大家注意，在这里，（一）"科学"的方法，和中国的"哲学"，是两个关键，而这两个关键词是有联系的，没有"科学"的态度和方法，就不可能有真的"哲学"，这样，所谓"致知"和"穷理"被贯通了。（二）戴震就是在这一解释路径里面，他的训诂考据成为瓦解理学义理的方法，而建立新哲学又成了考据的目的，考据学因此成了有意义的知识领域[1]。在这个时候，一个现代所需要的启蒙主义者"戴震"，就被塑造出来了，他既是哲学家又是科学家，而戴震以及他那个时代的学术和观念，也就被这样安置在启蒙和近代为背景的思想史脉络里面了，一个新的思想史或学术史就这样被写出来了。

四、放回历史背景中：重新理解戴震

要注意的是，过去有关戴震的学术史和思想史研究遗留的问题是，第一，把颜、李与戴震联系起来，其实是一种"逻辑的相似"而不是"历史的证据"[2]；第二，前人并没有提出具体文献证据，以讨论戴震学术与思想的

---

[1] 余英时《论戴震与章学诚》（生活·读书·新知三联书店，2000年，第103页）中曾经说到，在"乾隆时代有两个戴东原，一是领导当时学风的考证学家戴东原，另一个则是与当时学风相悖的思想家戴东原。这两个戴东原在学术界所得到的毁誉恰好相反。而把这两个戴东原贯通起来成为一个，则是后来学者尤其是胡适的理解和解释。

[2] 把颜元、李塨一派，与戴震联系起来，多少有一些牵强附会。所以，钱穆《中国近三百年学术史》（中华书局重印本，1984年）第八章《戴东原》就不同意这个说法。第355页。余英时《论戴震与章学诚》一书中讨论"儒家智识主义的兴起"，也指出从清初到戴震的思想与学术变化，主要是从"尊德性"转向"道问学"，即经学中"由虚转实"，这是考据学风兴起的脉络。见余英时：《论戴震与章学诚》，第18—34页。

社会背景和历史语境。戴震在乾隆时代受到过哪些政治刺激？他的学说是针对什么社会背景的反应？有什么证据可以证明戴震"反程朱理学"是因为看到了清朝统治者"以理杀人"？这些都还不清楚。第三，还有一点疑问是，以戴震为标本突出所谓"科学"与"启蒙"，是否会把戴震过度现代化了？可是，以往思想史中的人物研究，似乎都有这样的问题，就是在讨论人物思想之背景、渊源和影响的时候，不仅"逻辑的联系"大于"历史的联系"，而且"笼统的推想"多于"精细的考证"，正是由于缺乏历史学的细致考察，所以，会顺从某种简单的和粗率的"决定论"，而忽略他和他那个群体真正生活的那个政治环境、生活环境和真实心情。

戴震是一个思想史上的人物，前面我讲到，其形象在历代学术史里被逐渐塑造，他又在不同政治和社会背景下被解释，在这个过程中形成了"戴震学"。因此，在研究这样一个人物时，我们需要仔细地考察他的生平、经历、交往和他生活的地区，因为我总觉得，对于思想史上的人物研究，一定要经由学术史（即针对他的方法、工具、手段的知识领域的讨论）、思想史（即针对他的义理诠释、微言大义、针对批判的观念领域的研究）、社会史（针对他的知识与观念所产生的环境条件与刺激因素的梳理）互相结合，才能真正地认识他。当然，历史研究中总有遗憾，也许是因为资料常常不足，想要的未必能有，已有的未必能满足，作为一个研究历史的学者，只有尽可能搜集，在这些有限的资料中，重建那个人物的时代环境、个人经历以及真实心情。

好在过去，也有一些学者发掘了各种资料，来考察历史语境中的戴震，我们来看看这些资料。

第一，**生平、交往与从学**。

戴震生活在雍正、乾隆时代，大体上说，这个时代的特点是政治严厉、秩序稳定。他从小生活在福建、安徽等地，他的父亲是在江西南丰客居的安徽商人，安徽这个地方的商人，在明代就到处走，正像王世贞《赠程君五十叙》说的，因为新安"僻居山溪中，土地小狭民人众，世不中兵革，故其齿日益繁，地瘠薄不给于耕，故其俗纤俭习事。大抵徽俗，人十三在邑，十七在天下，其所蓄聚，则十一在内，十九在外"[1]。戴震年轻的时候就跟着父亲在外闯荡，但是他一直想读书，他父亲也支持他读书，以便"填平士绅与商人身份上的沟壑"，十八岁到二十岁在福建邵武教书，二十岁的时候回到家乡徽州休宁。婚后，他的妻子朱氏承担了全部生活事务，"米盐凌杂身任之，俾先生专一于学"，他大约在二十岁的时候，见到徽州婺源的学者江永（1681—1762），向江永学习，因为他那时已经对天文历算典章礼制很有研究，甚至已经有了一些著作，他先后得到是镜（1693—1769）、齐召南（1703—1768）、惠栋（1697—1758）的提携和称赞，而江永也非常赏识他。特别是，他的同乡学术朋友里面，还有像金榜（1735—1801）这样精通三礼，同样师从江永的同学，还有从乾隆十四年（1749）就和戴震交往，也同样懂得很多工艺、水利、音律等杂知识的程瑶田（1725—1814），那么，大家要考虑，他在福建和徽州的时代，这种个人经历、商人家庭和治学环境，对他的思想和学术是否有影响？最近，胡明辉、黄建中有一篇论文《青年戴震：十八世纪中国士人社会的"局外人"与儒学的新动向》，对这个话题有较深入的研究，大家可以参看[2]。

第二，**地域与生活环境。**

也有学者指出，我们可以通过地方志、徽州文书、笔记小说等，重新看看徽州那个地方的风俗和生活，把戴震再重新放回那个"环境"里面去

1　《弇州山人四部稿》（中国基本古籍库所收明万历刻本）卷六十一，第678页。
2　胡明辉、黄建中：《青年戴震：十八世纪中国士人社会的"局外人"与儒学的新动向》，载《清史研究》第三期（2010年8月）。

考察。日本有一个学者叫吉田纯，他在一篇题为《阅微草堂笔记小论》的文章中说，戴震对宋儒"以理杀人"的抗议，也许与徽商家庭处境有关。他发掘了不少资料，指出徽商的妻子通常会面临复杂的道德困境，由于丈夫外出，妇女背负家庭与经济的双重责任，面临社会和道德的双重压力，如果"守节"，那么生活现实相当艰苦，如果"逾节"，宋儒的罪名就会迫使她们走上自杀之途，这也许会刺激戴震反理学的思想[1]。戴震是否会思考及此？我还不很清楚。不过，他个人和家庭的一个遭遇很值得注意，据说，戴震的祖坟风水很好，当地的豪族要侵占，于是打起官司来，因为县令收受贿赂，所以戴震无法胜诉，而且还要被治罪，于是，在乾隆十九年（1754），他连随身衣服都没有携带，就匆匆逃离家乡，到达北京，开始了他在外地的学术生涯。这种地方社会的贫富、上下、不公平的现象，对他的反理学的思想是否会有影响？[2]当然这值得考虑。

第三，**同时代学术世界与思想世界的交互影响。**

钱穆曾经指出，戴震和惠栋之间，或者吴、皖之间，并不像梁启超说的那样，在学术与思想上有根本的原则差异，通常说吴派"凡古皆好"而皖派是"实事求是"，其实，他们是五十步和百步。"故徽学与吴学较，则吴学实为急进，为趋新，走先一步，带有革命之气度；而徽学以地僻风淳，大体仍袭东林遗绪，初志尚在阐宋，尚在述朱，并不如吴学高瞻远瞩，划分汉宋，若冀越之不同道也。"[3]钱穆尊崇宋代学问，这是他的立场，所以，他的说法是否正确，可以姑且不论，但他指出的一点可以相信，即

1　吉田纯：《阅微草堂笔记小论》，载《中国：社会と文化》（东京大学）第四号，1989年，第182—186页。

2　参见蔡锦芳：《戴震避仇入京等生活经历对其理欲观的影响》，载氏著《戴震生平与作品考论》，广西师范大学出版社，2006年。

3　钱穆：《中国近三百年学术史》第八章《戴东原》，第321页。

惠栋对于戴震确实是有影响的。戴震于1757年到扬州拜见惠栋，可能是一个关键性的转变。钱穆曾引用1765年戴震写的《题惠定宇先生授经图》为证[1]，说明戴震和惠栋见面，对于戴震思想的转变是一个很重要的关键[2]。

那么，惠栋是不是反理学呢？牟润孙写过一篇《反理学的惠栋》，说到惠栋"亲身尝到事事讲天理的皇帝的苛酷对待，他再仔细看看这位皇帝的行事，原来口口声声讲存天理，而骨子里却是在放纵自己的人欲"，所以，在《周易述》的《易微言》下卷"理"字条里面，就曾经说"理字之义，兼两之谓也……后人以天理人欲为对待，且曰天即理也，尤谬"[3]。看上去，惠栋也是对理学深深不满的。这种对程朱理学的不满，据说是来自惠栋个人和家庭的经历和经验，这种心情导致学者对主流政治意识形态的批评。那么，惠栋的这种思想又是怎么来的？牟氏提到，惠栋的父亲惠士奇在雍正四、五年间（1726—1727）曾被罚，不得已变卖产业来修镇江城，他根据钱大昕给惠士奇作传时曾极力表彰他"居官声名好"这一点[4]，反过来追问：为什么他会被皇帝惩罚？牟润孙根据雍正六年（1728）广东巡抚杨文乾奏折保荐柳国勋，胤禛批语中有质疑惠士奇保荐的人"不堪下劣"，"举动轻佻，神气浮乱，抑且迂而多诈，毫无可取人也"等等，发现官方对惠氏的不满，而惠家可能因此破产，正因为如此，虽然惠周惕、惠士奇都曾是翰林，但到了惠栋却只能以授徒为生。由于他遭遇这种"毁家修城"的家庭变故，处于"饥寒困顿，甚于寒素"的窘境之中[5]，又常常

---

1 戴震：《题惠定宇先生授经图》，《戴震文集》卷十一，第168页。

2 钱穆：《中国近三百年学术史》第八章《戴东原》，第322页。

3 牟润孙：《反理学的惠栋》，见其《注史斋丛稿》（增订本）下册，中华书局，2009年，第619—624页。

4 钱大昕：《惠先生士奇传》，见《潜研堂文集》卷三十八，《嘉定钱大昕全集》第九册，江苏古籍出版社，第650—654页。

5 钱大昕：《惠先生栋传》，见《潜研堂文集》卷三十九，《嘉定钱大昕全集》第九册，第661页。

在扬州、苏州行走，在卢见曾衙署和盐商门下，看惯了当时的腐化和铺张，也许就由此产生对理学的怀疑。而他的门下钱大昕，其实也是对理学有很多批判的，无论你看他对《宋史·道学传》的质疑，还是看他的《大学论》上下篇，你都可以看到这一点，所以戴震和钱大昕才会有这样深的同道交情[1]。

这样看来，戴震的"反理学"是否也与这种交往有关呢？也许，惠栋确实是在某种程度上影响过戴震，而且从后世的解读来看，戴震好像是更激烈地反理学。很多学者都注意到一件事情，就是后来开四库全书馆的时候，同为馆臣的姚鼐（1731—1815）曾经要"屈尊"去拜见戴震，并且尊称他是"夫子"，但遭到戴震的婉拒。这件事情被解释为是因为两人对理学的观念不同，很多人都引用了姚鼐在《惜抱轩尺牍》里，曾经痛斥戴震和考据学家，甚至搞人身攻击，而戴学后人却都对此沉默不言为例，说明站在宋代理学立场上的姚鼐指责有根据，戴震一系真的可能是"反宋学"的[2]。

但是，仔细体会那个时代的情况，恐怕也未必。思想史研究，恐怕应当像王梵志诗说的那样要"翻著袜"，也就是说，看问题要透过一层看。尽管戴震反对理学尤其是"以理杀人"，尽管他也批判宋代理学的学风，但是在普遍尊崇程朱的乾隆时代，他对"理学"不一定是那么有意识和有目的的批判，也未必是一个对"理学"有意识的整体超越。特别是应当注意到，他（也包括他的同道朋友）对朱熹常常有好评，你看他的《郑学斋记》（1759）、《凤仪书院记》（1763）、《王辑五墓志铭》（1770），以及更

1　对《宋史·道学传》的质疑，参见钱大昕《廿二史考异》卷八十一《宋史》部分，《嘉定钱大昕全集》第三册，第1506页；对宋儒《大学》解释的质疑，见《大学论》上下，载《潜研堂文集》卷二，《嘉定钱大昕全集》第九册，第21—23页。

2　参见戴震：《与姚孝廉姬传书》，《戴震文集》卷九，第141—142页。

晚的《闽中师友渊源考序》（有人认为撰写在1773年之后，所以应当是晚年定论），均对朱熹称赞有加，甚至把郑玄和朱熹连起来，显然对于朱子一系的"道问学"传统很有会心。这就是很多学者指出的，他恰恰是从朱熹那里衍生出来的，也许应当说，只是"反理学的理学"[1]。

因此，对于戴震的分析不要那么简单。他对于宋代理学的尖锐批判，可能有他个人的身世感受和对社会的焦虑和关心，而他对朱熹的称赞和认同，又可能有当时意识形态和普遍观念的影响，至于他是否要真的走出理学的束缚，有近代意识或者有个性、自由、情欲的张扬意识？恐怕是要重新检讨的问题，历史并不像理论，可以把枝蔓撇得那么清楚，把证据选得那么随意。近年来，很多学者也很推崇"以礼代理"，觉得这是一个很了不起的变化[2]，但是，也得看到，戴震、阮元、凌廷堪、焦循等等，虽然一方面反对以"理"杀人，用所谓的天理使道德内在化和严厉化，建议以"礼"建立秩序，用礼仪制度让人得以规避无所不在的道德谴责，似乎有"解放"的意义；但是，另一方面因为立场仍然在传统伦理规范之中，所以，对于社会伦理制度的"先后秩序"表现出极其保守的性质，在夫妇之道、父子之道、君臣关系、室女守贞等等问题上，更强调了子对父、妻对夫、臣对君的无条件服从，只是把内在道德意识的自觉，转向外在伦理秩序的规定，而这种"道德严格化"加上"伦理制度化"，也许恰恰适合当时越来越呈现危机的政治秩序[3]。

---

1 章太炎《国学讲义》（海潮出版社，2007年，第25页）就说到，戴震"形似汉学，实际尚含朱子的臭味"。

2 如张寿安：《以礼代理：凌廷堪与清中叶儒学思想之转变》，"中研院"近代史研究所，1994年。

3 王汎森《明末清初的一种道德严格主义》已经指出这一点，载郝延平等编：《近世中国之传统与蜕变：刘广京院士七十五岁祝寿论文集》；可参见徐立望：《通儒抑或迂儒——思想史之焦循研究》，载《浙江学刊》2007年第5期，第54—60页。

五、结语：取代顾炎武？戴震作为新思想的典范

1923年10月，梁启超与朋友发起筹办"戴东原生日二百年纪念会"，他还专门写了一篇《缘起》，说明这次会议的意义。他给胡适写了一封信，邀请他参加，11月13日，胡适给梁启超回信表示愿意参加，而且还表示正在托人在徽州寻找戴震的遗像。1924年1月29日，是旧历的十二月二十四日，在北京召开了戴东原生日二百年纪念会，会前，梁启超用一昼夜写了《戴东原先生传》，又连续三十四个钟头写好了《戴东原哲学》。这一年，胡适也撰写了《戴东原的哲学》一文，据说是为了这个会议专门写的，但一年之后才正式发表[1]。自此，由于梁启超与胡适的参与和鼓动，戴震成了清代学术史和思想史上的典范，他们对于戴震的学术与思想的理解和解释，也成了梳理清学史脉络中的一个模式。

原本，清代学术与思想的典范是清初的顾炎武。在很长时间里，顾炎武都是清代考据学的开创者，也是知识人的人格楷模。所谓"行己有耻，博学于文"，所谓"经学即理学"，甚至《日知录》那种札记式的学术与思想表达方式，都是清代学术思想的渊源所在。特别是道光、咸丰年间北京"顾祠"的举行，在当时学界顾炎武已经是首屈一指的领袖与标杆，即所谓"汉学开山""国初儒宗"[2]。但是，在1923年之后，戴震逐渐成为清代

---

1 关于梁启超与胡适在这一段时期内有关戴震的研究活动，这里只是简略说说，大概的情况可以参考丁文江、赵丰田：《梁启超先生年谱长编（初稿）》（重印本），中华书局，2010年，第533—536页；有趣的是，胡颂平《胡适之先生年谱长编初稿》在这一段时间里，却没有任何胡适有关戴震研究的记载。

2 参见何冠彪：《黄宗羲、顾炎武、王夫之合称清初三大儒考》，收入其《明清人物与著述》，香港教育图书公司，1996年，第49—63页；又可以参考段志强《顾祠会祭研究（1843—1922）》（复旦大学博士学位论文，2014年）。

学术与思想的新典范，这个新典范一方面由于批判宋代程朱理学，而有
"走出中世纪"的意义，另一方面由于沟通了考据（科学）与思想（民主）
两端，而有"启蒙"的意义，因此更具有学术史和思想史的重要性。

　　值得注意的是，正是在这段时间里，"科玄论战"正如火如荼。梁启
超一面在讨论人生观中的"爱"和"美"，一面在与高梦旦讨论颜李学派
知行合一的"实践"意义；而胡适也在一面大谈科学与人生观，提出要宣
传我们信仰的"新人生观"，一面又在表彰古史辨运动通过考证文献呈现
历史演变的"科学方法"。这两个现代中国最重要的学者，恰恰又正在中
国哲学史领域中较长论短彼此竞争。因此，两个人同时提出对于戴震的新
研究和新解释，在现代学术史上倒是一个很有趣的案例，也许很值得大家
深入研究和讨论。

〰【参考论著】

　　王国维：《国朝汉学派戴阮二家之哲学说》，载《静庵文集》，《王国维全集》
第一卷，浙江教育出版社、广东教育出版社，2009年。

　　刘师培：《东原学案序》《戴震传》，载《刘申叔遗书》下册，江苏古籍出版社
影印本，1997年。

　　章太炎：《释戴》，原载《太炎文录》，收入《章太炎全集》第四册，上海人民
出版社。

　　梁启超：《戴东原先生传》，载《饮冰室合集》第三册《文集》之四十，中华书
局重印本。

　　胡适：《戴东原的哲学》，载《胡适文集》第七册，北京大学出版社，1998年。

　　钱穆：《中国近三百年学术史》第八章《戴东原》（中华书局重印本，1984年）。

　　余英时：《论戴震与章学诚》，生活·读书·新知三联书店，2000年。

丘为君:《戴震学的形成》,（台北）联经出版事业公司,2004年。

路新生:《理解戴震》,载其《经学的蜕变与史学的转轨》,上海古籍出版社,2006年。

❧【阅读文献】

1.《与是仲明论学书》【张岱年主编:《戴震全书》第六册《东原文集》卷九,黄山书社,1995年,第370—372页。按：整理者将此信标注为"癸酉"即乾隆十八年（1753）,但钱穆曾认为此信写于己巳或庚午,即乾隆十四年（1749）或十五年（1750）】

仆自少时家贫,不获亲师,闻圣人之中有孔子者,定六经示后之人,求其一经,启而读之,茫茫然无觉。寻思之久,计于心曰:"经之至者道也,所以明道者其词也,所以成词者字也。由字以通其词,由词以通其道,必有渐"……

仆闻事于经学,盖有三难:淹博难,识断难,精审难。三者,仆诚不足与于其间,其私自持,暨为书之大概,端在乎是。前人之博闻强识,如郑渔仲、杨用修诸君子,著书满家,淹博有之,精审未也。别有略是而谓大道可以径至者,如宋之陆,明之陈、王,废讲习讨论之学,假所谓"尊德性"以美其名,然舍夫"道问学"则恶可命之"尊德性"乎？未得为中正可知……

2.《与段茂堂等十一札》之"第九札"【张岱年主编:《戴震全书》第六册,黄山书社,1995年,第540—542页。按：据年谱,此札作于丁酉即乾隆四十二年（1777）正月十四日,在戴震五月去世之前不到半年】

仆自十七岁时,有志闻道,谓非求之六经、孔孟不得,非从事于字义、制度、名物,无由以通其语言。宋儒讥训诂之学,轻语言文字,是欲渡江而弃舟楫,欲登高而无阶梯也。为之卅余年,灼然知古今治乱之源在是。

……

好货，好色，欲也。"与百姓同之"，即理也。后儒以理、欲相对，实杂老氏无欲之说，其视理、欲也，仅仅为邪、正之别。其言存理也，又仅仅为敬、肆之别。不知必敬、必正，而理犹未得。其言人欲所蔽，仅仅以为无欲则无蔽，不知欲也者，相生养之道也。

1.梁启超（1873—1929）：现代中国历史叙事的兴起

【阅读】

梁启超《中国史叙论》第一节《史之界说》、第二节《中国史之范围》、第三节《中国史之命名》（1901）（中华书局影印本:《饮冰室合集》第一册"饮冰室文集之六"，1989年），第1—3页。

【参考】

梁启超《新史学》第一部分《中国之旧史》（中华书局影印本:《饮冰室合集》第一册"饮冰室文集之九"）；

梁启超《中国历史研究法》及《续编》（河北教育出版社，2000年）

2.夏曾佑（1863—1924）：重编新型历史教科书

【阅读】

夏曾佑《最新中学中国历史教科书》（1904）（1933年，商务印书馆重版，改称《中国古代史》，河北教育出版社重印本，2000年）第一编《序例》。

【参考】

梁启超《亡友夏穗卿先生》，载《饮冰室合集》第三册（饮冰室文集之四十四，上，中华书局，1989年），第19—23页

钱穆《评夏曾佑〈中国古代史〉》，原载《图书季刊》第一卷第二期，1934年（原署名"公沙"），收入《钱宾四先生全集》（联经出版事业公司，1998年）第23册《中国学术思想史论丛（九）》，第279—292页。

3.胡适（1891—1962）：来自现代的历史叙事典范

【阅读】

蔡元培《胡适〈中国古代哲学史〉序》，《胡适文集》（北京大学出版社，1998年）第六册，第155—156页。胡适《中国古代哲学史》第一篇《导言》（《胡适文集》第六册），第163—184页。

【参考】

冯友兰《中国哲学史》上册序言（中华书局重印本）。

陈寅恪《冯友兰中国哲学史上册审查报告》《冯友兰中国哲学史下册审查报告》，载陈寅恪《金明馆丛稿二编》（陈寅恪文集，生活·读书·新知三联书店，2001年），第279—283页。

4.王国维（1877—1927）：新史料与新历史

【阅读】

王国维《最近二三十年中中国发见之新学问》，原载《学衡》第二卷45期（1925），见《静安文集·续集》第65—69页；见《王国维遗书》（商务印书馆，1940年，上海古籍出版社重印本，1983年）第五册。

【参考】

王国维《库书楼记》（1922），载《观堂集林》卷二十三，《王国维遗书》（上海古籍书店影印商务印书馆1940年本，1983年），第三十四页。

抗父《最近二十年间中国旧学之进步》，《东方杂志》第19卷3号，1922年2月。

陈寅恪《王静安先生遗书序》，《金明馆丛稿二编》（陈寅恪文集，生活·读书·新知三联书店，2001年），第247—248页。

胡适《近年来所发现有关中国历史的新资料》（*Recently Discovered Material for Chinese History*），郑群中译文，见《中国历史学评论》（上海古籍出版社，2014年）第四辑，第50—54页。

5.顾颉刚（1893—1980）：追求客观性的现代历史书写

【阅读】

顾颉刚《答刘、胡两先生书》（1923），载《古史辨自序》，河北教育出版社，2000年重印本，第14—17页。

【参考】

顾颉刚《古史辨自序》，《古史辨》第一册，上海古籍出版社，1981年重印本；英文本，*The Autobiography of a Chinese Historian*，恒慕义（Arthur W. Hemmel）译，Brill，1931。

又，参看恒慕义的介绍：What Chinese Historains are doing in their Own History? 载 *American Historical Review*, 34-4 (1929), 715-724。

6.傅斯年（1896—1950）：史学就是史料学

【阅读】

傅斯年《历史语言研究所工作之旨趣》（1928），《傅斯年全集》第三卷，湖南教育出版社，2006年，第3—8页。

【参考】

傅斯年《史学方法导论》第四讲《史料论略》开头部分论述"史学就是史料学"，《傅斯年全集》第二卷，第308—309页。

傅斯年《中西史学观点之变迁》（原为未刊稿）特别是第154—156页，《傅斯年全集》第三卷，第308—309页。

傅斯年《东北史纲》卷首《引语》，《傅斯年全集》第二卷，第374—375页。

7.陈寅恪（1890—1969）：预流的学问

【阅读】

陈寅恪《大乘稻芊经随听疏跋》，《寒柳堂集》（陈寅恪文集，生活·读书·新知三联书店，2001年），第169—174页。

【参考】

陈寅恪《朱延丰突厥通考序》，《寒柳堂集》（陈寅恪文集），第162—163页。

陈寅恪《陈垣敦煌劫余录序》，《金明馆丛稿二编》（陈寅恪文集），第266—267页。

陈寅恪《吾国学术之现状及清华之职责》，《金明馆丛稿二编》（陈寅恪文集），第361—363页。

葛兆光《预流的学问——重返学术史看陈寅恪的意义》，载《文史哲》2015年第5期，第5—17页。

8.钱穆（1895—1990）：民族危机下的国史书写

【阅读】

钱穆《国史大纲》（上）卷首"凡读本书请先具下列诸信念"及《引论》第一、第二小节（1940），载《钱宾四先生全集》第27册，联经出版事业公司，1998年，第19—25页。

【参考】

余英时《钱穆与中国文化》（上海远东出版社，1994年）。

余英时《〈国史大纲〉发微——从内在结构到外在影响》（《古今论衡》第29期，2016年），第4—16页。

后　记

　　这是我近二十年来给硕士研究生开"中国学术史专题"课程的讲稿，这门课在清华大学讲过，也在复旦大学讲过，原意是想给刚刚进入研究之门的硕士生们一点儿有关学术史的常识，从学术史里学到做学问的方法。我一直觉得，从学习常识的大学生，变成创造新知的硕士生，是一个大转折，之所以叫"研究生"，就是说要开始自己独特的研究，而要有自己独特的研究，就得对自己从事的这个领域里前人的研究状况，多少有一点儿了解，而前人的研究状况，也就是我们通常所说的"学术史"。

　　不过，"学术"的内容太广，"学术史"的范围太大，我知识有限，只是讲了很小的部分，也只是在我熟悉的思想史领域。所以严格地说，这本书的书名应当叫"古代中国知识、思想与信仰研究的学术史"。但是，作为出版物，书名不宜太冗长太缠绕，所以不避疑义，干脆就叫"学术史讲义"，为了说得明白，又在下面加了一个副标题叫"给硕士生的七堂课"。

　　这回又是钱锺书先生讽刺过的"拿讲义当著作"。这份讲义从2001年起，先是打草稿，后是一面讲一面改，手写的和打印的文稿从少到多，就成了现在这个样子。我本来也没想出版，但听过这门课的学生，特别是同在文史研究院任教的张佳博士却很鼓励我出版。为什么？他说"这门课很有用"。"有用"这个词在如今大学人文学科里，多少有一些不合时宜。现在的大学人文学科，有人常常标榜"无用之为大用"。有时候说得兴起，甚至把坐在虚空云端里讲的一些不着边际的话头，以及类似"安慰剂"一样的心灵鸡汤，也当作人文学科祛除自卑、傲视众生的本领。所以，他们不免对工具性的"有用"嗤之以鼻，以至于害得有些研究生也走上"游谈无根"和"放言高论"的路向。

曾经读到宋人引用米芾（1051—1107）论书法的一段话，这个大书法家说，前人讲书法，常常是"征引迂远，比况奇巧，如龙跳天门，虎卧凤阁，是何等语？或遣词求工，去法愈远"。他觉得，这对学习书法的人毫无意义。他倒是要讲实在的方法，"故吾所论，要在入人，不为溢辞"。这里的"入人"二字，相当有深意，就是你讲的道理和方法，要让人能真的进入书法之门。我很赞同这个说法，当老师的，不能不多讲一些"有用"的课，让硕士研究生从一开始，就学一些基本知识和有用方法，免得将来成为徒有屠龙技却无所施展的空头学者。

那么，什么是有用的？我曾经说过，人文学科应该"给大学生常识，给硕士生方法，给博士生视野"。这门课是给硕士生开设的，我曾经强调这是给硕士一年级学生开设的，所以，格外注重入门的"途径"和"方法"。正如我在《开场白》里所说的，从大的来说，就是通过学术史了解你从事的这个领域或者这个主题，"现代学术"是怎样从"传统学术"中转型而来的，了解这一领域的"学术转型"之背景是什么，这一领域的当下学术研究的趋向、理论和方法如何，未来学术发展的可能方向是什么；从小的来说，就是通过学术史，看看各领域里前人做了什么，他们怎么做的，谁做得好谁做得不好，谁的研究是典范，还有什么地方什么课题可以做。

古代中国有一个人所皆知的故事，就是点石成金。当老师的，是给研究生现成的金子让他花，还是给他一个可以点石成金的指头？我觉得后者更重要。古人曾说"鸳鸯绣出从教看，莫把金针度与人"，可现代学术和现代教育，却偏偏强调要"金针度人"。老话说，"授人以鱼，何如授人以渔"，我想，我这门课不敢说是"金针度人"，但至少我有"授人以渔"的愿望。

2020年4月

最终修订于东京不忍池